Klaus Behling

Das Grab unter der Couch

Klaus Behling

Das Grab unter der Couch

Spektakuläre Kriminalfälle in der DDR

Jaron Verlag

2. Auflage 2021

www.jaron-verlag.de
Umschlaggestaltung: Bauer+Möhring, Berlin, unter Verwendung eines Fotos des Bundesarchivs (BArch, Bild 183-K0303-1005-005/ Friedrich Gahlbeck)
Satz und Layout: Prill Partners | producing, Barcelona
Druck und Bindung: CPI books GmbH, Leck

ISBN 978-3-89773-084-7

Inhalt

Vorwort

Der Traum vom Leben ohne Verbrechen

Ein Leben ohne jegliche Kriminalität gehörte seit jeher zu den großen Menschheitsträumen. Jahrhundertelang versuchten die verschiedenen Religionen die Regeln zu setzen. Mit den tief greifenden Umwälzungen der industriellen Revolution im 19. Jahrhundert entstanden jedoch neue Gegensätze in der Gesellschaft, die neue Fragen aufwarfen.

Zu jenen, die frühzeitig nach Antworten suchten, gehörten 1845 Karl Marx und Friedrich Engels. In ihrer ersten gemeinsamen Streitschrift *Die Heilige Familie* forderten die zornigen jungen Männer, man solle „nicht das Verbrechen am Einzelnen strafen, sondern die antisozialen Geburtsstätten des Verbrechens zerstören und jedem den sozialen Raum für seine wesentliche Lebensäußerung geben". Engels verkürzte das auf die Formel „Wir legen die Axt an die Wurzel des Verbrechens", Marx nannte Verbrechen „Muttermale der alten Gesellschaft". Das verband sich mit der Hoffnung, in einer neuen und gerechteren Form des Zusammenlebens würde es keine Kriminalität mehr geben.

Der Traum vom Leben ohne Verbrechen erfüllte sich nicht. Dennoch war es ein moderner Gedanke, da er die wirren Anfänge der Kriminologie korrigierte. Diese gingen vom „geborenen Verbrecher" aus – eine Vorstellung, die bis heute tiefer sitzt, als es einer aufgeklärten Gesellschaft ansteht. Die immer noch gebräuchliche Redewendung „Der Apfel fällt nicht weit vom Stamm" in Bezug auf kriminelle Karrieren ist ein Beleg dafür.

Die Wurzeln von Kriminalität erklären solche Volksweisheiten nicht. Dazu ist diese zu vielschichtig. Verstöße gegen die selbst gesetzten Normen reichen vom Ladendiebstahl bis hin zum Mord, es gibt sie bei Frauen wie bei Männern, und sie kommen von der Jugend bis in das Greisenalter vor.

Das war unter den gesellschaftlichen Bedingungen der DDR nicht anders. Verbrechen haben die unterschiedlichsten Gründe. Oft wirken sie miteinander.

Das Befolgen von Normen und Regeln muss erlernt werden. Das ist kein intellektueller, sondern ein Erfahrungsprozess. Deshalb sind Regelverletzungen bei Jugendlichen besonders weit verbreitet. Sie führen aber nicht zwangsläufig zu kriminellem Verhalten, sofern das soziale Umfeld angemessen darauf reagiert. Doch auch solche angemessenen Reaktionen können kriminelle Karrieren nicht immer verhindern. Trotzdem ist Wegsperren keine Lösung, weil auch Täter das Recht auf Wiedergutmachung haben müssen.

In der DDR wurde viel Wert auf eine zentral gesteuerte Sozialisation gelegt. Jedoch konnte sie nicht das Entstehen sich wiederholender Kriminalität verhindern. Auch unter „sozialistischen Verhältnissen" gab es Defizite, wenn zum Beispiel in der Kindheit vertrauenswürdige Bezugspersonen fehlten oder falsche Erziehungsmethoden wie etwa Hartherzigkeit und überzogene Fürsorge kindliche Charaktere negativ beeinflussten. Für die Verminderung von sozialen Notsituationen wurde viel getan, äußerer sozialer Druck konnte jedoch nie ganz beseitigt werden.

Nicht nur Regeln, sondern auch kriminelles Verhalten

werden erlernt. Dazu gab es früher weniger Möglichkeiten als heute. Das DDR-Leben insgesamt verlief in eng begrenzten Bahnen. Gewalttätigkeit in der Familie war auch in Ostdeutschland eine der Wurzeln von Kriminalität. Das System von Privilegien auf der einen und Diskriminierung auf der anderen Seite beeinflusste das Rechtsbewusstsein nachteilig. Die stets propagierte, aber nie realisierte Gleichheit aller führte auch noch Jahrzehnte nach Gründung der DDR zu Konflikten, die sich des Öfteren in Kriminalität entluden.

Bei der Erklärung von Gewaltkriminalität sieht die heutige Wissenschaft auch Frustration und Aggression als Ursachen. Wer sich in seiner persönlichen Lage ohnmächtig fühlt, sucht sich vorzugsweise Schwächere als Ventil für das Ausleben der negativen persönlichen Gefühle. Auch das gab es in der DDR. Zu den Opfern zählten meist Kinder und Frauen. Je geringer der Bildungsgrad war, umso verführerischer schien es, eigene Ängste derart zu bewältigen.

Widersprüche zwischen den gesellschaftlichen Leitbildern und den eigenen Möglichkeiten, seine Wünsche und Bedürfnisse zu realisieren, führten in der DDR zu kriminellem Verhalten in Bezug auf privates und gesellschaftliches Eigentum. Wer in „seinem" volkseigenen Betrieb etwas für sich abzweigte oder diesen auch nur um die eigene Arbeitskraft prellte, bestahl sich letztendlich selbst. Gesehen wurde das bisweilen nicht so. Der Traum vom Leben ohne Kriminalität im Sozialismus führte oft dazu, dass beide Augen zugedrückt wurden. Den gesellschaftlichen Fortschritt förderte dies nicht.

Weit verbreitet in der DDR war der Etikettierungsansatz. Er nutzte die Definitionsmacht des Staates, um zu sagen, was kriminell ist und was nicht. Die zugeschriebene Kriminalität bezog sich auf viele Delikte mit politischem Hintergrund, zum Beispiel wenn „Rowdys" für die Demonstration staatlicher Macht herhalten mussten. Neue Straftatbestände schufen neue Tätergruppen. Konnte sich ein Dieb oder ein betrunkener Unfallverursacher auf die umfangreichen Maßnahmen zur Resozialisierung verlassen – von der Bereitstellung einer Wohnung bis hin zur Wiedereingliederung in die Arbeit –, wurden Täter aus diesem Bereich oftmals stigmatisiert. Das trug zum Zerfall der Gesellschaft bei, die ihren Traum vom Aussterben der Kriminalität niemals einlösen konnte.

Auch in der DDR zeigte sich, dass die Neigung zu strafbaren Regelverletzungen in allen Menschen angelegt ist. Obwohl schwere Delikte tatsächlich nur von einer Minderheit verübt wurden, war die Kriminalität auch dort ein Seismograph für gesellschaftliche Missstände. Insofern stellt dieses Buch natürlich nicht die gesamte DDR-Wirklichkeit dar – es zeigt lediglich, was und warum unter jenen Verhältnissen geschehen konnte, obwohl die DDR für sich in Anspruch nahm, eine fortschrittliche Gesellschaft zu sein.

Obwohl es viele anders erinnern mögen, wurde auch in der DDR-Presse über Kriminalität berichtet. Dies geschah immer wieder in Form von Meldungen, in denen die Volkspolizei (VP) um Mithilfe bat, aber auch in ausführlichen Gerichtsberichten. Den dort stets vorhandenen erhobenen Zeigefinger zeigten auch für das Fernsehen dramatisierte Fälle in den Reihen *Polizeiruf 110* und *Der Staatsanwalt hat das Wort*. Die wahren Hintergründe solcher Fälle und die Prozessberichte darüber bilden die Basis für die Auswahl der hier erzählten Geschichten.

Es gab jedoch auch Delikte, die strengster Geheimhaltung unterlagen. Hier machte es der Zugang zu den im Zuge der friedlichen Revolution in der DDR geöffneten Akten des Ministeriums für Staatssicherheit (MfS) möglich, die teilweise unglaublichen und damals verschwiegenen sowie vertuschten Verbrechen zu rekonstruieren.

Und dann gibt es noch die Zeitzeugen. Tausende DDR-Bürger haben an den Gerichten ehrenamtlich als Schöffen gearbeitet. Viele denken bis heute darüber nach, ob das, was damals „nach bestem Wissen und Gewissen" von ihnen mitentschieden wurde, auf der Grundlage des Rechts stand. Bei der Aburteilung krimineller Delikte war das der Fall – Diskussionsbedarf blieb trotzdem. Andere, die damals als Kriminalisten, Sachverständige oder Gutachter tätig waren, sehen ihre Arbeit im Rückblick des geeinten Deutschlands wenig anerkannt. Auch ihnen war es wichtig, darüber zu sprechen, denn es war ihr Lebenswerk, welches sie meist mit viel Engagement und Erfolg leisteten.

So ergab sich ein Mosaik aus rund 40 Jahren Kriminalität in der DDR. Den Anspruch auf Vollständigkeit erhebt es nicht.

Das Grab unter der Couch

Rachetat eines missbrauchten Mädchens in Berlin-Karlshorst

Im November 1955 berichtete die Ost-Berliner *Neue Zeit* über ein höchst ungewöhnliches Verbrechen. Die Überschrift lautete: „Schuld und Sühne des Karlshorster Mutter-Mordes – Die Nachbarn tuschelten unter der Hand". Worüber damals in dem Berliner Nobelviertel, das 1945 zu großen Teilen zum sowjetischen Sperrgebiet erklärt worden war, gemunkelt wurde, fasste das Blatt in einem einzigen langen Satz zusammen: „Eine 19-jährige Tochter erschlägt im Verlauf eines hasserfüllten Streites ihre leibliche Mutter mit einem Beil, versteckt dann die Leiche in der Wohnung unter einer nicht benutzten Couch, erzählt abends dem von der Arbeit heimkehrenden Stiefvater, die Mutter habe ihn verlassen, und lebt fortan drei volle Jahre mit dem Stiefvater und der verwesenden Leiche in der Wohnung!"

Das klang eher nach einem Thriller von Alfred Hitchcock, dessen Filmkomödie *Immer Ärger mit Harry* just in jenem Jahr in die Kinos kam. Es ging um eine schwarze Komödie mit makabren Handlungssträngen. Auch Rechtsanwalt Friedrich Wolff, der die Angeklagte Sonja H. aus der Cäsarstraße als Pflichtverteidiger vor Gericht vertrat, erinnert sich später: „Tragisches und Komisches lagen für mich in diesem Verfahren dicht beieinander."

Als Wolff am 15. Juli 1955 die Anklageschrift zu dem bereits am 6. Oktober 1951 geschehenen Mord erhielt, erschien der Fall noch recht einfach. In dieser wurde Sonja H. vorgeworfen, vorsätzlich getötet zu haben, „ohne Mörder zu sein". Rechtsanwalt Wolff: „Mit der jungen Frau war ihr 49-jähriger Stiefvater angeklagt. Ihm wurde vorgeworfen, unzüchtige Handlungen, ‚zum Teil gemeinsam' mit der Mutter meiner Mandantin, an dem Mädchen vorgenommen und diese Handlungen nach dem Tode der Mutter allein fortgesetzt zu haben."

Was damals geschehen war, war der Anklageschrift zu entnehmen: Sonja H. „schildert zum Tatablauf, dass sie am Morgen aufgestanden war, um ihre Hausarbeit zu verrichten. Sie hatte von ihrer Mutter die Weisung, Badewasser zu bereiten, da die Mutter gleich baden wollte, um anschließend fortzugehen. Hierbei sei es zwischen der Mutter und der Tochter zu einem erheblichen Streit gekommen, in dem Moment, da [Sonja H.] vor dem Badeofen kniete, um mit dem Handbeil Holz zum Feuer-Anmachen zu zerkleinern. Die Mutter habe ihr hierbei das Beil entrissen, sie selbst sei von der Badestube in die Schlafstube geflüchtet, und vor dem im Schlafzimmer stehenden Ofen sei sie von der Mutter, der sie waffenlos gegenüberstand, mit dem Handbeil bedroht worden. Vorher habe sie die Mutter mit den hässlichsten Ausdrücken wie ‚Kommunistenschwein' u. a. beschimpft. Sie habe die Hände der Mutter, die den Stiel des Handbeils umschlossen, zurückgedrückt und dadurch mit der stumpfen Kante des Beiles auf den Kopf der Mutter eingeschlagen mit dem Erfolg, dass diese sofort zu Boden fiel. Dann habe sie die am Boden Liegende auf den Kopf geschlagen, bis die Mutter tot war. [...] Eine Decke, die zum Plätten benutzt wurde, habe sie anschließend auf dem Fußboden ausgebreitet und den Leichnam der Mutter in diese Decke gewickelt. Sie war zunächst unschlüssig, wo sie den Leichnam verstecken sollte, ob unter den Betten im Schlafzimmer oder im halben Zimmer unter der Couch. Sie habe sich dann für Letzteres entschieden, die Kissen von der Couch heruntergenommen, das Couchgestell selber hochgerichtet und dann die Decke mit dem Leichnam in das halbe Zimmer gezogen. Aus Kleidungsstücken und Schuhen der Toten habe sie mehrere Pakete gemacht, die sie noch vor die Leiche gelegt habe und über alles dann das Couchgestell gesetzt. Danach habe sie versucht [...], Blutflecke mit Wasser zu entfernen, was ihr ihrer Meinung nach auch gelungen war. Sie konnte nicht vermeiden, dass einzelne Teile der Tapete durchgescheuert wurden."

Diese Schilderung basierte auf dem Geständnis der Angeklagten Sonja H. Gegenüber ihrem Verteidiger verhielt diese sich merkwürdig. Friedrich Wolff entsinnt sich daran, dass die junge Frau am liebsten ganz auf seine Dienste verzichtet hätte: „Als ich die Angeklagte das erste Mal im Untersuchungsgefängnis in der Barnimstraße besuchte [...], empfing sie mich mit den Worten: ‚Was wollen Sie bei mir verteidigen? Ich habe das Schlimmste getan, was ein Mensch tun kann: Ich habe meine Mutter getötet.'"

Das Interesse des Publikums an der merkwürdigen Geschichte war enorm. Verteidiger Wolff schreibt später: „Der Fall hatte alles, was die Öffentlichkeit auch schon 1955 interessierte, und das im Superlativ: nicht nur Mord, nein, Mord an der Mutter; nicht nur Sex, sondern Sex einer Minderjährigen mit dem Stiefvater; nicht nur eine Leiche versteckt, sondern mit dieser Leiche drei Jahre in einer Wohnung gelebt. [...] Und um das Maß vollzumachen: Der Sexualtäter war nicht nur Stiefvater, sondern auch noch Parteisekretär, und die Ermordete nicht eine gewöhnliche Mutter, sondern eine Prostituierte. Die Summe all dieser die Fantasie beflügelnden Details wirkte zwangsläufig als Handicap der Verteidigung." Dennoch sah er eine Chance:

Schließlich war es möglich, dass Sonja H. aus Notwehr gehandelt hatte.

Im Laufe des Prozesses kam zunächst der traurige Werdegang von Sonja H. zur Sprache. Als uneheliches Kind wurde sie von ihrer Mutter abgeschoben, angeblich nachdem diese ihren neuen Mann Hellmuth, damals als Polizist tätig, kennengelernt hatte. 1937 heirateten die beiden und holten das Kind zurück in die Familie. Über die Verhältnisse dort berichtete der Gerichtsreporter der *Neuen Zeit*: „Der Kern des Verbrechens liegt in dem unbeschreiblich amoralischen Lebenswandel der Getöteten begründet, die ihre Tochter von frühester Jugend an zur Zeugin und späteren Mitbeteiligten ihrer sexuellen Exzesse erzog. Der Ehemann und Stiefvater, nach außen hin der untadelige Bürger, war zu Hause der labile ‚Pantoffelheld', wagte es nicht, dem Treiben seiner Frau Einhalt zu gebieten. Ja, er ließ sich im Laufe der Jahre immer wieder dazu hinreißen, sich im Beisein der Mutter an der minderjährigen Stieftochter zu vergehen. Doch auch seine äußere Korrektheit war löchrig. Durch Fragebogenfälschung und Verschweigen seiner Tätigkeit als Verwaltungsoffizier der Naziwehrmacht erschlich er sich Stellung und Ansehen." Sonja H. fristete also als ungeliebtes Kind ihr Dasein und wurde später wie eine Sklavin behandelt. Sie litt unter Depressionen und versuchte zweimal, sich selbst das Leben zu nehmen.

All das zeigte nun vor Gericht seine Auswirkungen. Friedrich Wolff: „Als dann auch noch zur Sprache kam, wie das Kind von der Mutter zu lesbischen Aktivitäten mit Partnerinnen der Mutter bzw. der Eltern hinzugezogen wurde und Zeugen [...] die Mutter als hysterisch und dominant schilderten, schlug die Stimmung im Gerichtssaal vollends um."

Merkwürdig aber war das Verhalten der Angeklagten vor Gericht. Mal wiederholte sie ihr Geständnis, dann wiederum behauptete sie: „Ich habe sie getötet, um ihren Schmuck zu bekommen." Offensichtlich wechselte sie ihr Tatmotiv mit Blick auf ihren Stiefvater Hellmuth.

Der saß nur wegen des sexuellen Missbrauchs seiner Stieftochter auf der Anklagebank. Der Gerichtsreporter notierte: „Wenn es jetzt auch noch unglaubwürdig klingt, dass der Stiefvater sich die ganze Zeit täuschen ließ, weder das spurlose Verschwinden seiner Frau verdächtig fand, noch den Verwesungsgeruch, der in der Wohnung herrschte, wahrgenommen haben will, so bot eine eingehende Überprüfung aller Umstände keine Handhabe für einen Gegenbeweis." Seine Behauptung, er habe den Geruch nicht wahrgenommen, stützte Sonja H. mit der Aussage, sie habe in der Wohnung regelmäßig Parfum und mit einer Flitspritze – einem damals gebräuchlichen luftpumpenähnlichen Gerät – Desinfektionsmittel versprüht und ansonsten im Winter wie im Sommer die Fenster offen gehalten. Stiefvater Hellmuth H. erklärte, da ihn seine Frau schon einmal verlassen hatte, sei er der Meinung gewesen, sie wäre erneut gegangen.

Für ihn sprach, dass er sich am 28. Oktober 1954 gemeinsam mit seiner Stieftochter dem Staatsanwalt selbst stellte, nachdem er die Leiche in der Wohnung entdeckt hatte. Dem war eine Aufforderung des Wohnungsamtes vorausgegangen, sich dort persönlich zu melden. Damals galt in der DDR und Ost-Berlin eine strenge Wohnungsbewirtschaftung, und da Sonja H. als Schwesternschülerin am Krankenhaus Friedrichshain in ein Internat ziehen sollte, hoffte man, einen neuen Untermieter in die Cäsarstraße einweisen zu können. Das spätere Berufungsurteil des Kammergerichtes hielt zur Reaktion von Sonja H. auf die Vorladung ihres Stiefvaters zum Wohnungsamt fest: „Diese am Nachmittag des 27. Oktober 1954 anlässlich eines Einkaufs in der Stalinallee der Angeklagten Sonja H[...] gemachte Mitteilung brachte sie in eine starke Erregung. Sie machte dem Angeklagten Hellmuth H[...] Andeutungen dahin, dass sie etwas getan habe, was nicht wiedergutzumachen sei. Danach sah sich der Angeklagte Hellmuth H[...] veranlasst, nach seiner Rückkehr sich in der Wohnung umzusehen, und fand die Leiche seiner Frau."

Doch zunächst zurück zum ersten Prozess vor dem Stadtgericht. Verteidiger Friedrich Wolff fiel auf, dass die Angeklagte offenbar ihren Stiefvater deckte: „Wenn auch nur der Schatten eines Verdachts auf ihn fiel, wurden [Sonja H.s] Selbstbezichtigungen massiver, dann tischte sie die Raubmordversion auf." Das bemerkte auch die Presse: „Die ständig wechselnden, aber immer nur sie selbst belastenden Darstellungen der Sonja H[...] schufen nur Verwirrung, führten zu dem dringenden Verdacht, dass auch der Stiefvater an der Tat beteiligt war." Beweisen ließ sich die Mittäterschaft von Hellmuth H. allerdings nicht.

Der Staatsanwalt plädierte schließlich auf eine Strafe von zwölf Jahren Zuchthaus wegen Totschlags, der Verteidiger auf Freispruch. Die Angeklagte aber, so Friedrich Wolff, „bat das Gericht, meinen Ausführungen nicht zu folgen, sondern sie zu verurteilen".

Obwohl Sonja H. immer wieder behauptete, nur sie allein habe ihre Mutter getötet, musste das Gericht prüfen, ob es nicht doch Notwehr war. Im Gerichtsbericht hieß es dazu: „Klar und überzeugend die Entscheidung der Richter: ‚Der Angriff der Mutter mit dem Beil war abgewehrt. Die Angeklagte, die wesentlich größer und kräftiger als die Getötete war, hatte das Beil nun selbst in der Hand und befand sich in keiner Gefahr mehr. Wenn sie jetzt noch auf die Mutter einschlug, entsprang das ihrer Absicht zu töten.'"

Mildernde Umstände schlossen sich aus. Allerdings erkannten die Richter auf eine verminderte Zurechnungsfähigkeit zum Zeitpunkt der Tat: „Die Besonderheit der Angeklagten schien dem Senat in den dominanten Zügen ihrer psychischen Struktur zu liegen, in den Hauptzügen des Hasses gegen die Mutter, des Ekels und der Angst vor ihr. Die Besonderheit liegt darin, dass das sich hieraus ergebende Widerstreben und Opponieren auch am Tattage zum Ausdruck kam."

Deshalb folgte das Gericht dem Antrag des Staatsanwaltes und verurteilte Sonja H. zu zwölf Jahren Zuchthaus. Stiefvater Hellmuth H. bekam sechs Jahre. Der Gerichtsreporter der *Neuen Zeit* lobte: „Die völlige Aufklärung dieses zunächst undurchsichtigen und wohl einmaligen Falles in der Kriminalgeschichte und seine nunmehrige Aburteilung durch den 3. Strafsenat des Berliner Stadtgerichts ist eine kriminalistische und rechtliche Meisterleistung unserer Volkspolizei und Justizorgane." Allerdings hatte er auch Kritik anzubringen: „Ein Wort ist aber noch zu richten an die Nachbarn der Familie H[...] in Karlshorst. Als die Tat bekannt wurde, da hatten sie natürlich alle ‚schon lange gewusst', was geschehen war. Nur, ihre schon so lange hinter der vorgehaltenen Hand getuschelten Vermutungen offen und vertrauensvoll unserer Volkspolizei anzuzeigen, dazu fehlte ihnen die Beredsamkeit."

Gegen die Urteile legte die Verteidigung Berufung ein. Im Fall Sonja H. wurde sie am 9. Januar 1956 zurückgewiesen. Für Hellmuth H. milderte sich die Strafe auf fünf Jahre. Er kam nach einer Aussetzung auf Bewährung vorzeitig frei.

Danach suchte er Friedrich Wolff auf und bat ihn, für seine Stieftochter ein Gnadengesuch einzureichen. Das tat der Anwalt am 21. November 1958. Adressat war der Ost-Berliner Oberbürgermeister Friedrich Ebert junior. Friedrich Wolff argumentierte, es sei immerhin möglich, „dass überhaupt nicht die

Angeklagte, sondern ein anderer die Tat begangen habe". Daraufhin wurde die Strafe auf acht Jahre herabgesetzt. So ergab sich die Chance, dass Sonja H. nach Verbüßung der Hälfte dieser Zeit entlassen werden konnte. Am 22. Januar 1960 beschloss das Berliner Stadtgericht, ebendies zu tun. Bis dahin hatte sie fünf Jahre und knapp neun Monate ihrer Strafe verbüßt.

Ihr Ende hatte diese skurrile Geschichte damit noch nicht gefunden. Kurz nach ihrer Entlassung aus der Haft suchten Sonja und Hellmuth H. Rechtsanwalt Friedrich Wolff auf und fragten ihn, ob es rechtlich möglich sei, dass sie einander heirateten. Dagegen war aus seiner Sicht nichts einzuwenden. Er besorgte die nötigen Papiere vom Standesamt, und es wurde Hochzeit gefeiert.

Von einem Verdacht, den die Mitte der 1950er-Jahre ermittelnden Polizisten hegten, wusste Friedrich Wolff nichts. Ihnen hatte die Angeklagte damals ein Foto gezeigt, auf dem ihre Mutter – offenbar während einer feucht-fröhlichen Feier – auf dem Schoß eines vermeintlichen Mannes in Frack und Zylinder saß, und behauptet, das sei ihr leiblicher Vater. Die Kriminalisten hatten gemeint, in dem Befrackten eine Frau zu erkennen. Hellmuth H. äußerte sich niemals dazu, was Anfang der 30er-Jahre tatsächlich geschah. Er war bei seiner Behauptung geblieben, er habe die Frau erst nach der Geburt ihrer Tochter kennengelernt. Das hatten ihm die Polizisten nicht geglaubt, und auch die Nachbarn in Karlshorst munkelten damals, der Stiefvater sei eigentlich der leibliche Vater Sonjas. Beweisen konnte es niemand, vor Gericht war es nicht erörtert worden, und die medizinische Wissenschaft war damals noch nicht so weit gewesen, um eine Vaterschaft belegen zu können. So war das merkwürdige Foto schließlich in den Akten verschwunden.

Sonja H. hatte im Zuchthaus einen Beruf erlernt und arbeitete nun in einem Ost-Berliner Betrieb. In Vorbereitung ihrer Eheschließung und auch danach besuchte sie immer mal wieder Rechtsanwalt Friedrich Wolff. Trotz ihrer Selbstbezichtigung vor Gericht war sie am Ende doch froh, dass ihr dank seiner Aktivitäten ein erheblicher Teil ihrer Strafe erlassen worden war. Die Gespräche, die er bei diesen Besuchen mit Sonja H. führte, blieben Wolff im Gedächtnis: „Bei dieser wie auch bei späteren Gelegenheiten wollte sie wissen, wie meiner Meinung nach damals alles gewesen sei. Meine Erklärung, ich wisse es auch nicht, nahm sie ungläubig zur Kenntnis, ohne mir die Wahrheit zu sagen."

Das Rätsel der Gruft

Grausame Kindestötung in Görlitz

Die elfjährige Roswitha B. aus Görlitz war ein aufgeschlossenes Kind. Sie scheute sich nicht, auch einmal Fremde anzusprechen, um beim Altpapier- und Flaschensammeln die Nase vorn zu haben. Auf diese Weise verdiente sie sich ein kleines Taschengeld, denn ihre Eltern mussten sehr genau wirtschaften. Mutter Gertrud arbeitete als Putzfrau, Vater Martin war Kesselreiniger bei einer „Produktionsgenossenschaft des Handwerks", die den verheißungsvollen Namen Vorwärts trug. Die Familie wohnte in einem uralten Haus in der Finstertorstraße, nahe dem Alten Nikolaifriedhof. Der Gottesacker, seit mehr als 100 Jahren nicht mehr in Betrieb, war für die Kinder der Nachbarschaft ein verwunschener Ort, ein Abenteuerspielplatz mit Gruseleffekt. Besonders die 16 Grufthäuser bekannter Görlitzer Familien schienen so manches Geheimnis zu bergen.

Am 20. Juli 1965 – es war der erste Tag der Sommerferien – machte sich Roswitha kurz vor neun Uhr auf den Weg, um wieder einmal Altstoffe zu sammeln. Zu Hause hatte sie erzählt, dass ihr jemand einen Haufen Zeitungen versprochen habe. Nachdem das Mädchen am Abend nicht wiederaufgetaucht war, stellte der Vater nach ergebnisloser eigener Suche am folgenden Tag bei der VP eine Vermisstenanzeige. Trotz aller sofort eingeleiteten Aktivitäten blieb Roswitha wie vom Erdboden verschlungen. In der Stadt wurden Anschläge „An die Bevölkerung von Görlitz" aufgehängt, doch auf die Frage „Wer kann Angaben machen?" gab es keine Antwort.

Roswitha B. blieb unauffindbar. Peter Hippe, damals Kriminaltechniker beim Volkspolizeikreisamt (VPKA) Görlitz: „In solchen Fällen wurde ein Einsatzstab gegründet. Das ging am zweiten oder dritten Tag nach der Vermisstenmeldung los." Die Angehörigen und Bekannten wurden befragt und auch die Klassenkameraden von Roswitha aufgesucht – doch niemand wusste etwas. Am 6. August 1965 druckte *Neues Deutschland* folgende, mit einem Foto des Mädchens versehene Meldung: „Die 11-jährige Schülerin Roswitha B[...] aus Görlitz, Finstertorstraße 9, wird vermisst. Etwa 1,40 groß, schlanke Gestalt, blasses rundes Gesicht, dunkelblonde glatte Haare (Pagenfrisur), blaugraue Augen. Sie trägt einen weinroten, maschinengestrickten, kurzärmligen Pullover, hoch geschlossen, auf dem Rücken drei Knöpfe, roten Leinenrock mit weißen aufgedruckten, kleeblattähnlichen Blumen, blaue Segeltuchturnschuhe mit angegossener grauer Sohle. Das Kind hat eine Einkaufstasche aus plasteähnlichem Kunststoff – elfenbeinfarbig – mit grünen und gelben Querstreifen (Karomuster) und ein Einkaufsnetz (dunkelrote Wolle, großmaschig) bei sich. Die Volkspolizei bittet alle Bürger um Mithilfe bei der Suche nach der Vermissten." Damit wurde faktisch in der gesamten DDR nach Roswitha B. gefahndet.

Bei der Polizei in Görlitz glaubte derweil niemand mehr an einen glücklichen Ausgang des Falls. Einen Tag vor der Suchanzeige in der Zeitung hatte sie einen ersten Verdächtigen verhaftet. Doch nachzuweisen war ihm nichts, so hatte er wieder auf freien Fuß gesetzt werden müssen.

Eine Zeugin hatte Roswitha zuletzt am Obersteinweg gesehen. Dort, im Haus Nummer 16, das direkt an den Alten Nikolaifriedhof grenzte, wohnte ein weiterer Verdächtiger, Kuno P., ein 34-jähriger alleinstehender Mann.

Natürlich hatte die Polizei längst auch auf dem Friedhof gesucht. Kriminalist Peter Hippe: „Es war bekannt, dass die Kinder dort viel gespielt haben." Am 29. Juli zeigte Hippes Spürhund ein sehr merkwürdiges Verhalten: „Wir haben systematisch den Nikolaifriedhof abgesucht, sind in den Grufthäusern gewesen, haben akribisch jede Gruft abgesucht, wo die Platten leicht verschoben waren." An einem besonders stark eingefallenen Gebäude schlug der Hund an. Hinein konnte man nicht, wegen der Baufälligkeit. Doch Peter Hippe registrierte sehr wohl das Verhalten des Polizeihunds: „Mir hat er angezeigt, dass dort etwas nicht in Ordnung ist."

Zwei Tage später erschien die Morduntersuchungskommission (MUK) aus Dresden mit einem speziell abgerichteten Leichenspürhund. Auch er schlug an der verfallenen Gruft an. Obwohl nun noch gründlicher gesucht wurde, fand sich keine Leiche.

Der Polizei fiel jedoch auf, dass die Grabstätte direkt an der Friedhofsmauer lag. Genau auf der anderen Seite befand sich das Haus Obersteinweg Nummer 16, in dem Kuno P. wohnte. Nachbarin Edith Riek hatte am 4. August 1965 der Polizei gemeldet, dass sie am Morgen des Verschwindens von Roswitha den Mann mit einem schweren Koffer auf der Friedhofstreppe gesehen habe. Sie erinnert sich auch mehr als 40 Jahre später noch daran: „Ich habe mir gedacht, mein Gott, wenn der das Mädel umgebracht und zerstückelt hat und nun jedes Mal was entsorgt – und da haben wir das eben gesagt."

Die Ermittler hatten zu diesem Zeitpunkt nur die Zeugenaussage, dass das Mädchen 15 Tage zuvor am Obersteinweg gesehen worden war, und den vagen Hinweis auf Kuno P., mehr nicht.

Deshalb konzentrierte sich nun ihre Aufmerksamkeit auf den jungen Mann. Peter Hippe: „Man hat rundum gegen den späteren Täter ermittelt. Er war bekannt als Alkoholiker, und er hatte vor allen Dingen vor einiger Zeit auf dem Friedhof gearbeitet. Er wusste also, dass die Gruft zugeschüttet werden sollte, weil sie einsturzgefährdet war." Die Befragungen erbrachten weitere Verdachtspunkte. Kuno P. war als gewalttätig bekannt, manche erzählten von „merkwürdigen Experimenten", die er gemacht habe, und auch dass er Kontakte zu Homosexuellen unterhielt, ließ ihn in jenen Zeiten als suspekt erscheinen. Einer geregelten Arbeit ging er nicht nach.

Kripo-Oberleutnant Heinz Lehmann gibt noch heute in drastischen Worten seine damaligen Eindrücke wieder: „Der Kuno ist in meinen Augen ein ganz fieser Typ gewesen, gemein, brutal." Es wurde auch gemunkelt, dass der Verdächtige der Nekrophilie anhänge, einer auf Leichen gerichteten Sexualpräferenz. Heinz Lehmann: „Er hat also in der Leichenhalle bei Leichen, die zur Bestattung lagen, onaniert, und in einem Fall hat man Kuno sogar dabei erwischt, wie er auf einer Leiche drauf lag."

Am 5. August wurde der Mann, gegen den sich der Verdacht verdichtete, verhaftet. Da er jedoch eisern schwieg, machte sich Kriminaltechniker Lehmann daran, sein Haus zu untersuchen. Er berichtete später: „Diese Wohnung sah aus wie ein einziges Chaos, ein Saustall, ein Gestank dort drin. Die Liege, die dort drin war, war schmutzig und schmierig." Der Kriminalist musste gegen seinen Ekel ankämpfen. Ein Geruch von Verwesung, durchmischt mit dem von Essigsäure, stach ihm in die Nase. Auf der Suche nach dessen Quelle fiel ihm eine grob zusammengezimmerte Küchenanrichte auf: „Unter der Kante von der Kommode konnte man sehen, dass dort Bretter irgendwie herausgenommen waren oder lose hingelegt wurden." In seiner späteren Vernehmung bezeichnete Kuno P. diesen von ihm gegrabenen Hohlraum als „sein Labor". Heinz Lehmann machte dort einen grausigen Fund: „Das Erste, was ich sehen konnte, war der Leichnam von dem kleinen Mädchen." Die späteren Ermittlungen erbrachten, dass ihn der Mörder mit mehreren Kilogramm Gips umgeben und mit Essig übergossen hatte, um den Geruch zu unterdrücken. Die Grube hatte er mit einem aufgeschnittenen Gartenschlauch abgedichtet.

Ein derart grausames Verbrechen gehörte zu den seltenen Ausnahmen in der DDR. Die Polizisten versuchten nun in langen Gesprächen mit dem Verdächtigen Kuno P. zu klären, was passiert war. Nach und nach offenbarte er Details seiner Tat.

Roswitha B. hatte Kuno P. nach Altstoffen gefragt und ging deshalb mit in seine Wohnung. Dort nahm er sexuelle Handlungen an dem Kind vor. Das Mädchen schwieg zu Hause darüber. Mit dem Versprechen, ihr am folgenden Tag noch mehr Altpapier zu geben, bestellte der Mann sie für den nächsten Morgen - den Tattag - erneut zu sich. Er vergewaltigte Roswitha B., die vor Schmerzen laut schrie. Der Mörder presste ihr die linke Hand auf den Hals und erwürgte sie. Danach verließ er seine Wohnung und fragte eine zufällig vorbeikommende Nachbarin, ob sie gerade ein lautes Kreischen gehört habe - sein Plattenspieler habe es verursacht. Da die Frau nichts vernommen hatte, fühlte sich Kuno P. sicher und überlegte, wie er Roswithas Leiche beseitigen könne.

Im Laufe der Verhöre gab er weiterhin zu, dass er früher bereits seine eigene Tochter sexuell missbraucht und dass er Leichenschändungen begangen hatte. Am Ende unterzeichnete Kuno P. ein schriftliches Geständnis: „Ich bekenne mich schuldig und bin bereit, die zu erwartende Strafe auf mich zu nehmen."

Die Kriminalisten gingen nun von einem Sexualmord aus. Im Jahr 1965 gab es in der DDR für Mörder noch die Todesstrafe. Sie wurde an Zivilisten bis 1972 vollstreckt und erst 1987 abgeschafft. Ermittler, die damals bei der Aufklärung des Mordes an Roswitha dabei waren, sind davon überzeugt, dass Kuno P. mit der Todesstrafe rechnete. Vielleicht schilderte er ihnen deshalb am 12. August 1965 auch recht kaltblütig, wie er die Kinderleiche unter dem Küchenboden verborgen hatte. Zeitweilig behauptete Kuno P. allerdings auch, er könne sich weder an die Tat noch an den sexuellen Übergriff erinnern.

Das schien den Polizisten unglaubwürdig. Heinz Lehmann: „Auf der einen Seite sagte er, er hatte einen Blackout und wusste nichts mehr. Dann sagte er wieder, das Mädel hat ihn gefragt: ‚Onkel, warum zitterst du so?' Das hat man ihm in der Vernehmung auch vorgehalten." Zu guter Letzt jedoch ergaben die Ermittlungsergebnisse ein eindeutiges Bild.

Es blieben die merkwürdigen Reaktionen der beiden Spürhunde. Sie hatten an der Gruft etwas gewittert. Dass sich die Hunde gleich zweimal irrten, erschien Hundeführer Peter Hippe unwahrscheinlich. Am 12. August machte er sich erneut auf den Weg zur Gruft. Nun stellte der Kriminaltechniker fest, dass diese nur durch die Friedhofsmauer von der Küche des Hauses getrennt war, in dem Kuno P. lebte. In der Mauer befand sich ein mit einem Lochgitter versehenes Belüftungsfenster der Gruft, direkt gegenüber dem Bretterboden der Küche, unter dem der schreckliche Fund gemacht worden war. In seinem Tatortbericht vom 24. August 1965 hielt Peter Hippe fest: „Die Kinderleiche lag demnach in gleicher Höhe mit dem Entlüftungsfenster und wurde nur von zirka dreißig Zentimeter starkem Mauerwerk von diesem getrennt." Die Spürhunde hatten also tatsächlich die Leiche gerochen.

Kuno P. war derweil in die Untersuchungshaftanstalt in Dresden überführt worden. Den dortigen Vernehmern fiel auf, dass ihn Wahnvorstellungen befielen und er seine Aussagen mit völlig erfundenen Details – zum Beispiel dass er mehrfach als Soldat in Afrika war – ausschmückte. Er gab aber auch seine nekrophilen Neigungen zu und erklärte detailliert, wie er sie in seiner Zeit als Friedhofsarbeiter in Görlitz ausgelebt hatte.

Für die Ermittler schien der Fall klar zu sein: Es handelte sich um einen vorsätzlichen Mord zur Verdeckung eines Sexualdelikts. Auf Kuno P. wartete nach dem Prozess sehr wahrscheinlich das Schafott.

Doch alles änderte sich, als der Geisteszustand des überführten Mörders untersucht wurde. Prof. Dr. Werner Felber, damals Mitarbeiter des begutachtenden Prof. Dr. Erich Lange, berichtet über eine neue Zeugin, die damals auftauchte. Als Bergarbeiterlehrling hatte Kuno P. Jahre zuvor bei der Frau gewohnt. Sie war Krankenschwester, und ihr war sein merkwürdiges Verhalten aufgefallen. Immer wieder war es zu unmotivierten Gewaltausbrüchen gekommen, hinter der die Zeugin eine psychische Erkrankung ihres Untermieters vermutete. Sie hatte dafür gesorgt, dass er in der Psychiatrie in Rodewisch stationär untersucht wurde. Dort stellte sich damals heraus, dass Kuno P. immer dann die Kontrolle über sich verlor, wenn er unter Stress stand. Prof. Dr. Felber: „Und dann ist er auch teilweise eben tätlich geworden und hat Würgehandlungen vorgenommen, auch an dieser Zeugin."

Die psychiatrische Untersuchung von Kuno P. durch Prof. Erich Lange veränderte die gesamte Sachlage. Der damalige Mitarbeiter des Gutachters erinnert sich noch 40 Jahre später daran. Als wesentlich kristallisierte sich ihm zufolge die Tatsache heraus, dass Kuno P. bereits als Junge von Männern und Frauen missbraucht wurde, „wo er schon mit zwölf Jahren erkauften Sex hatte". In der Folge traten „episodische Zustände von Abschalten, Erinnerungslücken, schweren Verhaltensänderungen und Pseudohalluzinationen" auf. Zudem „kam auch hirnorganisch eine Auffälligkeit heraus".

Aufgrund dieser Diagnose wurde es im Juli 1966 dem Bezirksgericht Dresden unmöglich, die Anklage wegen vorsätzlichen Mordes aufrechtzuerhalten. Nun stand zur Entscheidung, ob es sich um eine „mindere Schuldfähigkeit" oder sogar um eine Strafunfähigkeit nach Paragraph 51.2 des Strafgesetzbuches handelte. Nach drei Verhandlungstagen wurde Kuno P. von der Mordanklage freigesprochen. Das Gericht ließ ihn zu einem lebenslangen Aufenthalt in die Neurologie Arnsdorf einweisen.

Die Eltern der getöteten Roswitha konnten dieses Urteil nicht verstehen. Sie versuchten, das Geschehene zu verdrängen, indem sie ihre Tochter totschwiegen. Ein weiteres Mädchen wurde geboren. Niemand sagte ihr, dass sie eigentlich einmal eine Schwester hatte und dass diese auf so grausame Art und Weise ums Leben gekommen war. Erst Jahre später erfuhr sie durch eine zufällige Namensverwechslung in der Schule von deren Existenz.

Kuno P. verbrachte mehr als 25 Jahre im Psychiatrischen Haftkrankenhaus in Waldheim. Anfang der 1990er-Jahre wurde er entlassen. Er starb sechs Monate später.

„Rückständige Auffassungen gegenüber der Frau“

Beziehungsdramen

Darüber, ob es nie oder oft bereut wird, wenn „jung gefreit“ wird, ist sich der Volksmund nicht ganz einig. In den 1960er-Jahren wurde in der DDR sehr früh geheiratet: Frauen gingen im Durchschnitt mit 22,5 Jahren, Männer mit 23,9 Jahren zum Standesamt. Bis 1989 stieg das Alter der Bräute auf 23,2 und das ihrer Bräutigame auf 25,3 Jahre. Fast die Hälfte aller Ehen hielt weniger als fünf Jahre, in zwei von drei Fällen ging die Initiative zur Scheidung von den jungen Frauen aus. So endete manch hoffnungsvoll begonnene Zweisamkeit vor Gericht.

Als der Funkwagen der VP in der Nacht des 21. Mai 1960 die Notrufsäule erreichte, zu der er gerufen worden war, stand dort ein hilfloses junges Paar. „Ich wollte meine Frau ermorden“, sagte der Mann. Dann versuchte er Hals über Kopf zu fliehen – vergeblich.

Ein halbes Jahr später sollte ein Gericht klären, was es mit dem „versuchten Mord“ – so die Anklage – des 22-Jährigen tatsächlich auf sich hatte. Es war ein Drama zwischen Jung und Alt und zwischen Ost und West. Was auf Liebe gegründet war, hatte sich zur Katastrophe entwickelt.

Der Junge wuchs unter dem strengen Regiment seiner Mutter auf. Harte Strafen nach nichtigen Anlässen standen an der Stelle von familiärer Wärme und Geborgenheit. Der Vater war früh verstorben, und so bestimmte die Mutter die Grenzen der

Freiheit des Heranwachsenden. Mit ihr gemeinsam wohnte er in einer West-Berliner Laubenkolonie.

Die Liebe zu einem Mädchen, dass er seit einigen Jahren kannte, schien ein Ausweg aus seinem trostlosen Dasein. Doch über Monate hinweg traute er sich nicht, sie seiner Mutter zu gestehen. Erst als die beiden ein Baby erwarteten, eröffnete der Sohn seiner Mutter: „Ich heirate und ziehe zu meiner Frau nach Ost-Berlin." Keifen, Drohen, Schimpfen - nichts konnte ihn von seinen Plänen abbringen. Er setzte sich zum ersten Mal in seinem Leben durch und ging.

Bei seinen Schwiegereltern, die eine Wohnung von zweieinhalb Zimmern bewohnten, fand er mit seiner jungen Familie Unterschlupf. Dort lebte bereits eine neunköpfige Familie. Diese Verhältnisse fraßen schnell das Glück des Paares. Mit einer Wohnung kann man einen Menschen genauso erschlagen wie mit einer Axt, wusste schon Heinrich Zille. Das von ihm beschriebene „Milljöh" war im Berlin jener Jahre Lebenswirklichkeit Hunderttausender -Vergangenheit war es auch mehr als 35 Jahre später keineswegs.

Die beiden flüchteten sich zurück in die West-Berliner Laube. Nun aber geriet der junge Mann in den Mahlstrom zwischen seiner Familie und seiner Mutter. Dass er nicht eindeutig Stellung bezog, kostete ihn die Achtung seiner Frau. Die ging mit dem gemeinsamen Kind zurück zu ihren Eltern und reichte die Scheidung ein.

Eigentlich wollten sich die beiden nicht trennen. Sie liebten sich, und sie hatten gemeinsam ein Kind. Als sie endlich eine kleine Wohnung fanden, folgte deshalb die Versöhnung.

Nun lag jedoch dem jungen Mann wieder seine Mutter in den Ohren: „Kommst du nicht bald? Der Garten wartet, und ich bin allein." Er versuchte ihr zu widerstehen, folgte dann aber doch ihrem Ruf und ließ seine Frau im Stich. Die wusste sich nicht anders zu helfen, als nun doch die Scheidung zu vollziehen.

„Wir haben das nur gemacht, um meine Mutter zu beruhigen", erklärte der Mann später vor Gericht. „Nach ihrem Tod wollten wir wieder heiraten." Seine bisherige Frau widersprach dem nicht.

Zuvor stand der Mann jedoch immer noch unter der Fuchtel seiner Mutter, hinter deren Rücken er Ex-Frau und Kind besuchte.

Dann kam der verhängnisvolle Abend des 21. Mai 1960. Die junge Mutter wollte mit ihrer Schwester ins Kino, der Vater sollte auf das gemeinsame Kind aufpassen. Er trank eine Flasche Wein und wartete auf die Rückkehr der jungen Frau. Es wurde zwei Uhr, bis sie endlich nach Hause kam. Von Minute zu Minute stieg seine Wut, die Eifersucht bohrte in ihm. Dann reichte es nur noch zur hervorgestoßenen Frage „Wo warst du so lange?". Sie antwortete schnippisch: „Lass mich in Ruhe, was geht's dich an, wir sind doch geschieden."

Der jahrelang aufgestaute Zorn des jungen Mannes brach sich Bahn. „Und dann habe ich meine Frau gepackt und gewürgt und erst losgelassen, als ich sah, wie ihre Gesichtsfarbe sich veränderte."

Das Gericht bewertete seine Tat als gefährliche Körperverletzung. Es verurteilte ihn zu sieben Monaten Gefängnis. Das moderate Urteil verband sich mit der Hoffnung, es könne doch noch alles gut werden. Das entsprach dem Familienbild in der DDR.

Obwohl sich der Staat fortschrittlich gab, blieb die Haltung zur Familie über viele Jahre konservativ und patriarchalisch. Dass viele Männer als „Herr im Haus" herrschen zu dürfen meinten, stellte viele junge Paare vor enorme Herausforderungen. Und die gipfelten bisweilen in gewalttätigen Auseinandersetzungen.

Bei Elke und Günter H. aus Rostock war der Alkohol der Katalysator, der beinahe einen Mord auslöste. Der Arbeiter in der Spirituosenfabrik A. F. Lorenz war 25 Jahre, die Milchverkäuferin bei der Handelsorganisation (HO) 24 Jahre alt, und die beiden hatte bereits eine vierjährige Tochter. Die junge Frau galt als fleißig, gewissenhaft und zuverlässig, ihr Mann war als trunksüchtig, unberechenbar und gewalttätig bekannt.

Diese Charakterisierung des ungleichen Paares fand sich in einem Urteil des Bezirksgerichtes Rostock. Es wurde am 24. Oktober 1966 gesprochen. Elke H. sollte für fünf Jahre ins Zuchthaus, Schadensersatz leisten und die Verfahrenskosten übernehmen. Ausgesprochen wurde die harte Strafe wegen versuchten Mordes mit dem Merkmal der Heimtücke.

Das Verhängnis hatte eine lange Vorgeschichte, bevor es am 27. März 1966 zum dramatischen Höhepunkt kam. Um 12.30 Uhr kehrte an jenem Tag Günter H. wie so oft stark angetrunken von der Arbeit aus der Schnapsfabrik zurück, und wie häufig zuvor brach er mit seiner Frau Elke einen Streit vom Zaun. Es begann mit unflätigen Beschimpfungen und endete mit dem Verprügeln der hilflosen Frau. Dann ging Günter H. in seine Stammkneipe, um weiterzutrinken.

Seine Frau kannte diesen Ablauf. Sie hatte ihn oft erlebt und die Erfahrung gemacht, dass jedes Aufbegehren die Lage nur noch schlimmer machte. Diese Angst bestimmte ihr Leben. Der gewalttätige Mann hatte bei ihr längst jeden Willen zum Widerstand gebrochen. Bei Fremden nach Hilfe zu suchen verbot der Frau die Sorge um ihr Kind. So flüchtete sie sich ein ums andere Mal in die Hoffnung, ihr Mann würde seinen Rausch ausschlafen und sie nicht weiter belästigen.

An jenem Abend erfüllte sich diese nicht. Wieder zu Hause, geriet Günter H. ohne erkennbaren Anlass erneut in Wut und brüllte seine Frau an, sie habe gefälligst aufzustehen, wenn er mit ihr spreche. Er drohte, heute mir ihr „abzurechnen". Danach ging er ins Bett.

Nach diesem Auftritt schlugen die jahrelange Angst und das Gefühl der Erniedrigung bei Elke H. in blinden Hass um. An diesem Abend sah sie nur noch einen Ausweg. Sie goss ein giftiges Reinigungsmittel in eine Brauseflasche und stellte sie in den Speiseschrank. Sie wusste, dass ihr Mann, wenn er aufwachte, seinen „Brand" mit Limonade zu löschen pflegte. So geschah es auch dieses Mal, allerdings erst am nächsten Morgen, als seine Frau schon wieder im Milchgeschäft arbeitete. Um acht Uhr erhielt Elke H. den Telefonanruf, dass ihr Mann mit einer schweren, aber nicht mehr lebensgefährlichen Vergiftung im Krankenhaus läge. Daraufhin ging sie zur Polizei und stellte sich.

Das Gericht machte der Angeklagten vor allem zum Vorwurf, dass sie am 28. März 1966 das Haus verlassen hatte, ohne ihre bereits eingeleitete Tat rückgängig zu machen. Darin sah es einen vorbedachten Mordversuch, denn nur für den vorhergehenden Abend konnte man von einer Affekthandlung ausgehen. Auch die Bewertung des Tatversuchs als Totschlag schloss sich damit aus. Ein psychiatrisches Gutachten verneinte eine mögliche Unzurechnungsfähigkeit der Angeklagten. Das Gericht zeigte Verständnis für die schwierige persönliche Lage von Elke H., erklärte aber zugleich, dass „jeder Versuch, einem Bürger unseres Staates das Leben zu nehmen", bestraft werden müsse. Dabei sei die Tat der Angeklagten „auch im Zusammenhang mit ihrem mangelnden Vertrauen zu der sie umgebenden Gesellschaft" zu sehen. „Selbstisolierung und Unentschlossenheit in dieser

Beziehung können, wie der Fall H. beweist, zu einer Situation führen, in der ein unbescholtener Mensch zum Verbrecher wird."

Ehemann Günter trat im Prozess nur als Zeuge auf. Ihm wurde lediglich vorgeworfen, die „sozialistische Moral" verletzt und „einen der Gesellschaft und der Familie pflichtbewusst dienenden Menschen zerbrochen" zu haben. Eine Anklage wegen seiner gewalttätigen Übergriffe auf seine Frau war nicht möglich, denn zwischen Tat und Anzeige durften nicht mehr als drei Monate liegen. In dem einzigen Fall, der nicht verjährt war, weigerte sich Elke H., eine Anzeige zu stellen.

Das Urteil rief bei den „gesellschaftlichen Vertretern" heftigen Protest hervor. Als Abgesandte der HO, bei der Elke H. arbeitete, kommentierte Ursula Feller: „Selbstverständlich muss ein versuchter Mord bestraft werden. Aber dieses Urteil ist zu hart. Weiß doch nun jeder, wie Elke H[...] gequält wurde, wie der Mann sie regelrecht zu der Tat getrieben hat. Und hier im Gerichtssaal hat er auch noch die Frechheit, sich über jedes an ihn gerichtete kritische Wort in der Urteilsbegründung zu mokieren!" Walter Martiens trat als „Kollektivvertreter des Wohnbezirksausschusses der Nationalen Front" auf. Er erklärte: „Wie ich dieses Urteil den Leuten in meinem Wohnbezirk erklären soll, weiß ich nicht. Günter H[...] hat doch ständig gegen die Gesetze unseres sozialistischen Lebens verstoßen! Dennoch geht er straflos aus. Das kann nicht gerecht sein."

Für Gerichtsreporter Günter Brock war dieser Protest scheinheilig: „Dieselben Arbeitskolleginnen und Hausnachbarn, die jetzt so erschüttert über das ‚zu harte' Urteil sind – hatten sie nicht lange vor dem 27. März 1966 genügend Anzeichen, dass Elke H[...] misshandelt wurde? Das geschwollene und oft sogar grün und blau gefärbte Gesicht der Angeklagten sprach doch

Bände! Wollten sie sich hier etwa dezent von ,innerfamiliären Angelegenheiten' fernhalten?"

Deshalb verhandelte das Oberste Gericht (OG) den Fall noch einmal, nachdem der Verteidiger von Elke H. Berufung eingelegt hatte. Nach einer ergänzenden Beweisaufnahme hielten es die Richter für erwiesen, dass Elke H. im Affekt und unter einer erheblichen Bewusstseinseinengung versucht hatte, ihren Ehemann Günter H. durch Gift zu töten. Im Gegensatz zum Rostocker Bezirksgericht befand das OG, dass die Angeklagte bei ihrer Tat keinen Umstand nutzte, der sich aus einem engen Vertrauensverhältnis zu ihrem Mann ergeben hätte und deshalb auf Heimtücke schließen ließe. Am 16. Dezember 1966 lautete das neue Urteil wegen versuchten Totschlags auf drei Jahre Gefängnis.

In der DDR-Presse wurde der Fall so ausgiebig diskutiert, dass eine grundsätzliche Erklärung nötig schien. Joachim Schlegel, Oberrichter am OG, gab sie am 22. Dezember 1966: „Die Bürger verlangen zu Recht, dass sie vor derartigen Angriff wirksam geschützt werden. Deshalb kann man den Lesern, die das Verhalten von Elke H[...] sozusagen als ,Befreiungstat' einschätzen und die Schuld des Ehemannes überbetonen, nicht zustimmen. Das moralisch verwerfliche, egoistische und rücksichtslose Benehmen dieses Mannes rechtfertigte weder moralisch noch rechtlich, ihn zu töten. [...] Im Verfahren gegen Elke H[...] wurde festgestellt, dass die Angeklagte ihre familiären Probleme vor Kollegen und Hausbewohnern verschloss sowie deren Ratschlägen nicht zugänglich und das Ausmaß des Ehezerwürfnisses nicht bekannt war. Deshalb kann man hier nicht von einem Versagen der Gesellschaft sprechen. [...] Die Forderung nach einem Eingreifen der Hausbewohner oder der Kollegen ist nach Auffassung des Obersten Gerichts dann gerechtfertigt, wenn

Anzeichen dafür da sind, dass eine solche Hilfe erwünscht oder das Eingreifen staatlicher Organe auch gegen den Willen der Betroffenen notwendig ist. Doch dafür gibt es keine Norm. Pauschale Forderungen nach einem Eingreifen können mehr Schaden anrichten als Nutzen bringen."

Die Grenze zwischen Privatsphäre und „sozialistischer Lebensweise" blieb im Fall H. diffus. Dasselbe war bei anderen Ehedramen zu beobachten - egal, ob es um Mord und Totschlag oder nur ums Geld ging wie zum Beispiel bei Dieter K., einem 41-jährigen Mann aus Ost-Berlin.

Der baute auf die in der DDR übliche Partnersuche per Zeitungsannonce. Dieter K. suchte Frauen „bis 1,78 gr., gesu. und tr., ev. Chr.". Mit der von den erwünschten evangelischen Christinnen erwarteten Treue nahm er es allerdings selbst nicht so genau. Im Januar 1979 verurteilte ihn das Stadtbezirksgericht Prenzlauer Berg wegen Betruges in 15 vollendeten Fällen und etlichen weiteren Versuchen, bei denen ein Schaden von insgesamt 60 000 Mark entstand, zu fünfeinhalb Jahren Haft. Sein Delikt wird gemeinhin Heiratsschwindel genannt. Dieter K. betrieb diesen so erfolgreich, dass ihn sogar noch in der Untersuchungshaft bis zu 450 Zuschriften auf seine Anzeigen erreichten. Da hatte er bereits eine vierjährige Karriere als Heiratsschwindler hinter sich.

Der Fahrdienstleiter bei der S-Bahn gab sich gegenüber den Damen gern als „Ingenieur" und „Finanzökonom" aus - doch just im schönsten Honigmond fehlte ihm gerade das nötige Geld für irgendetwas. Zwischen 200 und 1100 Mark händigten ihm dafür die sehnsuchtsvollen Frauen aus, nicht selten die gesamten Ersparnisse. Aber Dieter K. griff auch selbst beherzt zu und stahl, was sich in den Wohnungen der Damen an Geld und Wertgegenständen finden ließ. Da er stets eine baldige Heirat in Aussicht stellte, ging alles eine Weile gut. Beharrte eine der Damen doch einmal auf der Rückgabe ihres Geldes, glich dies der vermeintliche Bräutigam mit den Zuwendungen einer neuen Eroberung aus.

Vor Gericht sagte Dieter K. entschuldigend: „Ich habe eine echte Partnerin gesucht. Manche Frauen haben mir das Geld fast nachgeworfen." So schien es nur gerecht, dass ihm durch eine Amnestie bald vier Jahre und fünf Monate Strafvollzug erlassen wurden.

Die Deutsche Reichsbahn stellte Dieter K. wieder als Fahrdienstleiter an. Mit seiner Arbeit war man zufrieden. Doch der Mann mit den grau melierten Schläfen und der distinguierten Hornbrille konnte auch von seinem früheren Gewerbe nicht lassen. Aus Sicherheitsgründen gab er diesmal keine eigenen Anzeigen mehr auf, sondern schrieb nur noch selbst Briefe an Männer suchende Frauen. Darin stellte er sich als Verkehrsökonom, Ingenieur, Arzt, Chirurg oder auch Kinderpsychologe vor – vital, schlank, Nichtraucher, Nichttrinker, interessiert an Reisen, Camping, FKK, der Kameradschaft, Zärtlichkeit, Wirtschaftlichkeit und besonders kinderlieb.

Recht schnell kamen wieder zwölf Damen zusammen, denen er die Ehe versprach. Auch sie wurden gebeten, ihm bis zur Hochzeit doch ein wenig mit Geld unter die Arme zu greifen. Mal hatte er angeblich Schulden zu begleichen, mal ließ er einen Freund oder Kollegen sterben, dessen Beerdigung hohe Kosten verursachte, an denen er sich unbedingt beteiligen musste. Oder aber er brauchte das Geld zum Erwerb der Eheringe. So kamen erneut 12 000 ergaunerte Mark zusammen.

Ende März 1982 verurteilte das Stadtbezirksgericht Prenzlauer Berg den Heiratsschwindler wegen „mehrfachen Betruges zum Nachteil persönlichen Eigentums im Rückfall" zu drei

Jahren Freiheitsstrafe. Hinzu kamen nun die wieder zu Buche stehenden vier Jahre und fünf Monate Freiheitsstrafe, deren damaligen Erlass er infolge der neuerlichen Straftaten verwirkt hatte.

Viel reden wollte man über solche Sachen nicht, deshalb blieben die Presseberichte knapp. Stattdessen schwärmte Lotte Ulbricht, damals First Lady der DDR und „Frauenbeauftragte" der SED, zum Internationalen Frauentag 1963 vom „Entstehen einer schönen Menschengemeinschaft", denn „bei uns steht niemand allein, niemand ist einsam". Gleichwohl räumte sie ein: „Wir wissen, dass sich auch unter den Männern eine große Wandlung vollzogen hat und trotzdem sind leider – das ist unsere deutsche Spezialität – die rückständigen Auffassungen gegenüber der Frau noch sehr stark."

Erfundene Rowdys

Harte Haftstrafen für unbotmäßige Jugendliche

An der sonnigen Ostsee ahnte Anfang August 1961 noch niemand, dass zwei Wochen später eine Mauer quer durch Berlin entstehen und das DDR-Volk damit eingesperrt sein würde. Auf dem Campingplatz Bansin ging es am 1. August 1961 wie immer hoch her. Im Bierzelt „Rakete" tanzten ein paar Jugendliche Rock'n'Roll, einer spielte Gitarre, das Bier floss in Strömen. Fünf der jungen Leute hatten sich extra für den Urlaub die Haare geschoren und trugen nun eine Glatze. Ein Jux, um ein bisschen aufzufallen. Westernheld Yul Brynner aus den Grenzkinos am West-Berliner Gesundbrunnen war ihr Vorbild, wenigstens im Urlaub wollten sie so sein wie er.

Dem Wirt passte diese turbulente Veranstaltung nicht. Er holte deshalb die auf dem Zeltplatz stationierten Polizisten und meldete, dass einige „Rowdys" Rabatz machten. Ein paar der Jungen wurden daraufhin in die Wachbude gebracht.

Nun eskalierte die Sache. Die Camper umstellten die Wache und schimpften: „Kartoffeln könnt ihr nicht liefern, aber Leute verhaften, das könnt ihr!" Der Tumult wuchs. Die Polizisten bekamen es langsam mit der Angst zu tun. Sie riefen Verstärkung herbei. In drei Nachbarkreisen gab es Alarm. Nach Rangeleien, bei denen auch die Fäuste flogen, wurden schließlich rund 90 wütende Urlauber vorübergehend festgenommen. Die meisten kamen nach ein paar Stunden wieder frei.

Der damals 20-jährige Manfred Schlögel, gelernter Dreher, war unter den Festgenommenen. Er half, einen Verletzten in die Baracke der VP zu tragen: „Drinnen nahmen sie mir den Ausweis ab, einen Tag später wurde ich verhaftet." So blieb ihm der Abend im Gedächtnis.

Aus Sicht der Partei handelte es sich bei dem „besonderen Vorkommnis" in Bansin um einen „Aufruhr". Und diesen galt es „angesichts der schwierigen politischen Lage" Anfang August 1961 im Keime zu ersticken. Die große Überraschung des Mauerbaus stand ja unmittelbar bevor.

Aus den elf immer noch in Haft gehaltenen Jugendlichen, darunter den Glatzköpfen vom Campingplatz, machte die Partei nun eine gemeingefährliche „Bande". Sie erstellte ein regelrechtes „Drehbuch", wie nun mit der zu verfahren sei: Sieben Jugendliche sollten wegen „Landfriedensbruchs", vier wegen „staatsgefährdender Gewaltakte" verurteilt werden.

Bereits am 11. August 1961 tagte das Kreisgericht Wolgast im Kultursaal der Peene-Werft. Richter Ernst Rummel leitete den Prozess und verhängte ohne Beachtung der Vorgaben sieben Haftstrafen zwischen 16 und 18 Monaten. Das war den Genossen der SED-Bezirksleitung Rostock zu wenig. Via Parteiorgan *Ostsee-Zeitung* rügten sie Rummel wegen seiner „nicht klassenmäßigen, unparteilichen Haltung". Offenbar war er ihnen schon vorher negativ aufgefallen, denn in seiner Beurteilung durch die Justizverwaltungsstelle Rostock vom 26. März 1960 stand: „Genosse Rummel versteht es noch immer nicht, die bürgerliche Rechtsgelehrsamkeit als Schlacken seiner Universitätsausbildung genügend zurückzudrängen." Nach dem Prozess verlor er als Konsequenz dieser Beurteilung sein Amt.

Der zweite Prozess fand am 4. September 1961 vor dem Bezirksgericht in Rostock statt. Die Mauer war inzwischen errichtet worden, und die harmlose Randale unter Alkoholeinfluss wurde nun zum „Verbrechen gegen den Staat" aufgebauscht. Deshalb warf man vier als „politische Täter" ausersehenen Jugendlichen, die sich vor Gericht in Wahrheit zum ersten Mal sahen, vor, sie seien „Rädelsführer" gewesen und hätten „nach dem Beispiel der faschistischen Provokation vom 17. Juni 1953" einen „Putsch" angezettelt.

Schon um die Proteste von 1953 zu erklären, hatte man „Rowdys" ausgemacht. Das SED-Zentralorgan *Neues Deutschland* bezeichnete am 30. Juni 1953 vier namentlich genannte junge Männer so und nannte sie „Abschaum der menschlichen Gesellschaft". Das Blatt warf ihnen vor: „Arbeitsscheu und faul genug, keinen Beruf zu erlernen, bestritten sie ihren Lebensunterhalt durch Gaunereien und Diebstähle [...], trieben sich tage- und nächtelang in Schlupfwinkeln umher und erblicken in der amerikanischen Affenkultur mit Be-Bop-Schnitt und Boogie-Woogie-Gejaule ihr erstrebenswertes Ideal. Diese erbärmlichen Nichtsnutze, die bisher jeder Arbeit im großen Bogen aus dem Wege gegangen sind, wollten die Arbeiter ‚befreien'". Nach Meinung der Partei waren sie aus der sozialistischen Gesellschaft auszustoßen. Und so war es auch geschehen.

Doch zurück ins Jahr des Mauerbaus 1961. Auch Manfred Schlögel wurde die Rolle eines „Rädelsführers" zugedacht. Später entsann er sich: „Ich bin nächtelang verhört worden. Zum Schluss unterschrieb ich alles, ohne es überhaupt noch zu lesen oder gar zu begreifen." Der junge Mann bekam fünf Jahre Haft. Seine Mitangeklagten erhielten Zuchthausstrafen zwischen vier und acht Jahren. Allerdings wurden 1964 alle noch in Haft befindlichen Jugendlichen vorzeitig und ohne Aufsehen entlassen.

Im Zusammenhang mit dem Mauerbau mussten auch in

einem weiteren Fall die Delinquenten ins Gefängnis. Er begann am 18. August 1961, als das Ausflugsschiff „Seebad Binz" aus dem Wolgaster Hafen zu einer Tour „Vor Bornholms Küste" auslief. Landgang war nicht vorgesehen, aber schon ein Blick auf das fremde Dänemark reizte viele Besucher. So war es auch an diesem Tag. Gut anderthalb Stunden nach dem Ablegen, gegen 9.40 Uhr, hatte der Wind auf Stärke fünf bis sechs aufgefrischt. Die meisten der rund 250 Passagiere saßen seekrank unter Deck. Deshalb teilte Kapitän Harms per Bordfunk mit, dass die „Seebad Binz" wegen des Wetters ihren Kurs ändern und nun nur noch rund um Rügen schippern würde.

Das gefiel einer Gruppe junger Leute nicht, die trotz Sturms an Deck fröhlich feierten. Deshalb schrieben sie einen Zettel an den Mann auf der Brücke: „Seiner Majestät, dem Herrn Admiral auf der MS Seebad Binz, untertänigst übermittelt: In Anbetracht der guten Stimmung auf dem Oberdeck bitten zehn Berliner stellvertretend für die meisten Passagiere um die Fortsetzung der Fahrt in Richtung Bornholm. Gezeichnet: Neptun."

Der Kapitän war verunsichert. Er wusste nicht, ob seine Fahrgäste nur ihren Spaß haben oder vielleicht tatsächlich in Richtung dänischer Küste wollten. Noch während er überlegte, setzte sein Steuermann Paul Kropp, damals 39 Jahre alt, vorsichtshalber einen Funkspruch an „Rügen Radio" ab. Der gelangte über einen dort tätigen inoffiziellen Mitarbeiter (IM) des MfS an die Stasi und die Grenzpolizei. Plötzlich war von „Meuterei" die Rede. Oberstleutnant zur See Günther Franke lief sofort im Alarmstart mit seinem Grenzsicherungsboot aus Sassnitz aus. Als er die „Seebad Binz" erreichte, war dort alles ruhig. Dennoch geleitete er das Ausflugsschiff zurück in den Sassnitzer Hafen.

Am Kai erwarteten Polizei und Stasi bereits die jungen Leute aus Berlin, die so gern einen Blick auf Bornholm geworfen hätten. Schnell stellte sich heraus, dass sie alle zur evangelischen Jungen Gemeinde oder den Baptisten gehörten.

Deshalb sah die Staatsmacht nun die Chance, ein Exempel gegen die jungen Christen zu statuieren. Bereits acht Tage später standen zwölf Jugendliche vor dem Bezirksgericht Rostock. Die *Ostsee-Zeitung* vom 25. August 1961 gab die politische Linie vor: „Durch NATO-Kirche Verbrecher geworden".

Dieses Mal wurden Jürgen Wiechert, 18 Jahre alt, und Dietrich Gerloff, 25 Jahre alt, zu den „Rädelsführern" erklärt. Sie bekamen acht Jahre Zuchthaus. Im Oktober 1963 wurden beide begnadigt. Fünf weitere Personen erhielten Haftstrafen zwischen 9 und 24 Monaten, vier junge Männer Strafandrohungen zwischen drei und sechs Monaten auf Bewährung.

Über die angebliche Meuterei auf der „Seebad Binz" hatte das DDR-Fernsehen einen *Blaulicht*-Krimi geplant. Dieser wurde jedoch nie gedreht, um „kein Nachahmen der Tat" zu provozieren, wie der ORB-Journalist Hellmuth Henneberg 1997 herausfand. Stattdessen hatte am 15. Februar 1963 der DEFA-Krimi *Die Glatzkopfbande* Premiere. Er beschrieb die Ereignisse auf dem Zeltplatz Bansin. Um sie dramatischer zu gestalten, als sie tatsächlich gewesen waren, erwog im Film eine Gruppe Jugendlicher, einen Kutter zu kapern, um mit ihm aus der DDR in den Westen fliehen zu können. So vermischte sich das wahre Schicksal der „Rowdys" mit der Fiktion.

Die unter anderem durch den Film entstandenen Legenden wirkten auch noch fast 50 Jahre später nach. Im Jahr 2009 teilte der letzte Chef der MfS-Bezirksverwaltung Rostock, Oberst Artur Amthor, noch allen Ernstes zu den Ereignissen 1961 auf den beiden Ostseeinseln mit: „Dabei handelte es sich um Jugendliche, die im Sommer 1961 auf Zeltplätzen randalierten und für Unruhe auf der Insel Usedom sorgten [...]. Unsere Mitarbeiter stießen bei den ersten Befragungen der Angehörigen der sogenannten Glatzkopfbande auf Verbindungen zu einer anderen Gruppierung aus dem Potsdamer Raum, die geplant hatte, das Fahrgastschiff ‚Binz' zu kapern und den Schiffsführer zu zwingen, Kurs in westdeutsche Gewässer zu nehmen."

Zu diesem Zeitpunkt war seit fast 20 Jahren belegt, dass es sich beim Fall „Binz" um ein nach MfS-Drehbuch getürktes „Verbrechen" gehandelt hatte. Auch dem DEFA-Propagandakrimi über die „Glatzkopfbande" war kein langes Leben beschieden. Nach der Premiere 1963 kritisierte *Neues Deutschland*: „Die Frage, wie junge Menschen, die in unserer Republik aufgewachsen sind, so hemmungslos dem Gift einer im Westen gezüchteten Superman- und Killer-Ideologie verfallen und auf die Bahn krimineller Verbrechen geraten konnten, diese Frage wird leider nicht aufgeworfen, geschweige denn beantwortet." Zwei Jahre später verschwand der Film sang- und klanglos von den Leinwänden der DDR.

Das änderte nichts daran, dass auch weiterhin zum Vorwurf des „Rowdytums" gegriffen wurde, wenn unbotmäßige Jugendliche diszipliniert werden sollten. Am 31. Oktober 1965 hatten sich rund 2500 Mädchen und Jungen spontan auf dem Wilhelm-Leuschner-Platz in Leipzig versammelt. Es wurde gemunkelt, dort würde es ein Beat-Konzert geben. Die „Butlers", die wilde Truppe um Klaus Renft, und zig weitere Leipziger Bands waren gerade ein paar Tage zuvor verboten worden.

Statt Musikern erschien jedoch die Polizei mit Mannschaftswagen, Hunden, Schlagstöcken und einem Wasserwerfer. „Ich wusste gar nicht, dass die VP so was hatte", erzählte einer, der damals dabei war. Die Jugendlichen wurden brutal in Nebenstraßen abgedrängt. Alles musste schnell gehen. Vier Stunden später sollte die Nationalmannschaft der DDR im Zentralstadion gegen Österreich Fußball spielen. 95 000 Karten waren verkauft worden.

Und es ging wirklich schnell. Unter Pfui- und Buh-Rufen wurden 279 Personen unter dem Vorwand, es handele sich um „Rowdys", verhaftet. Per Lkw ging es ab ins Arbeitslager nach Regis-Breitingen. Vier Wochen dauerte es, bis die Letzten wieder zu Hause waren.

Die SED-Bezirksleitung ließ dazu verlauten: „Dass Gammler und Rowdys, die sich in Leipzig am 31. Oktober zusammenrotten wollten, der Arbeitserziehung zugeführt worden waren, ist [...] einmütig von der demokratischen Öffentlichkeit des Bezirkes gebilligt worden. Der Bezirkstag hat der Volkspolizei für ihr korrektes, sowohl entschiedenes wie besonnenes Vorgehen zur Aufrechterhaltung von Ordnung und Sicherheit zu Recht gedankt [...]. Diejenigen, die sich mehr Sorgen um die Rowdys als um Moral und Ordnung machen, befinden sich im Widerspruch zur demokratischen Öffentlichkeit. Eltern, Lehrer, Ausbilder, Meister und Jugendliche haben einmütig die Erziehungsmaßnahmen begrüßt, die im Interesse der Betroffenen notwendig waren."

Auch für die Proteste nach dem Einmarsch der Truppen des Warschauer Vertrages am 21. August 1968 in die Tschechoslowakei wurden angebliche „Rowdys" verantwortlich gemacht. Die Stasi verzeichnete 2129 „Protestbekundungen" bis Oktober 1968. Die wichtigsten Formen „feindlicher Handlungen" waren das „Anschmieren" von 1690 „Hetzlosungen" und die Verbreitung von 7587 „selbst gefertigten Hetzschriften". Zusammen mit den „bei der Festnahme sichergestellten Hetzschriften" handelte es sich um 10 487 Exemplare. Neben 294 Fällen von „anonymer Hetze" wurden auch 74 „organisierte Sympathiekundgebungen" gezählt.

Ein Jahr später ging es wieder um viel harmlosere Ereignisse. Wie schon in früheren Fällen wurden junge Leute zu „Rowdys" erklärt, wenn sie frei vom Gängelband des Staates ihr Vergnügen suchten. Das zeigte sich zum 20. Jahrestag der DDR in Ost-Berlin. Die Geschichte hatte mit einer eigentlich als Gag gemeinten Ansage von RIAS-Moderator Kai Bloemer am 20. September 1969 begonnen. Im *RIAS-Treffpunkt* hatte er verkündet, dass am 7. Oktober die Rolling Stones ein Konzert auf dem Springer-Hochhaus an der West-Berliner Kochstraße (heute Rudi-Dutschke-Straße) geben würden. Trotz des sofort nachgeschobenen Dementis machten sich am Nationalfeiertag der DDR Hunderte von Jugendlichen in und nach Ost-Berlin auf, um die Musiker zu hören. Rund 430 wurden festgenommen.

Am 8. Oktober waren noch 82 der vermeintlichen „Rowdys" in Haft, unter ihnen Burkhard Herzel, 18 Jahre alt. Wegen „Zusammenrottung" bekam er eine Ordnungsstrafe von sechs Wochen Haft. Währenddessen durchleuchtete die Stasi sein bisheriges Leben und erfuhr, dass der Junge in der Kneipe vom Leben im Westen geschwärmt hatte. Das brachte ihm nun wegen angeblicher Fluchtpläne eine Strafe von zwei Jahren Gefängnis ein. Andere wurden indirekt abgestraft. So bekam zum Beispiel Lutz Baumann die Ablehnung seiner Studienbewerbung. Begründung: Er war am 7. Oktober 1969 in Berlin gewesen.

Genau acht Jahre später, am 7. Oktober 1977, war aus ähnlichem Anlass erneut die Rede von „Rowdys". Nach unbotmäßigen Sprechchören bei einem Konzert der Rockgruppe „Express" auf dem Ost-Berliner Alexanderplatz gab es 83 Verletzte und 468 Festnahmen. Gegen besonders aktive Protestler wurden Haftstrafen von bis zu drei Jahren verhängt. Sie hatten „Die Mauer muss weg" gerufen.

Für einige hatte dieser Tag noch weitergehende Folgen. So

verurteilte Jürgen Wetzenstein-Ollenschläger, Richter am Stadtbezirksgericht Berlin-Lichtenberg, die damals 16-jährige Kornelia Voigt zu einem Jahr und vier Monaten Gefängnis ohne Bewährung. Als sie 1980 nach Verbüßung ihrer Haft schwanger wurde, wurde sie durch die zuständige „Jugendhilfe" zur Abtreibung genötigt, weil das Kind „politisch nicht einwandfrei" werden würde, berichtete sie nach der deutschen Wiedervereinigung.

Der Schlachtruf „Wir sind das Volk – Wir sind keine Rowdys" begleitete 1989 die friedliche Revolution in der DDR. Der erste Teil dieser Parole wurde berühmt, der zweite ist derweil längst vergessen.

Der Mord mit Generalprobe

Dreifache Bluttat in Berlin

Ein Mord, der zwar nicht vor den Augen, aber den Ohren der bereits anwesenden Polizei geschah, war ein außergewöhnliches, wenn nicht ein einmaliges Verbrechen. Denn der Mörder hatte wenige Stunden vor der Ermordung seiner von ihm getrennt lebenden Frau Rosemarie diese Tat an zwei anderen, völlig arglosen Opfern aus seinem Bekanntenkreis geprobt. Hilmar Swinka, Sektionsgehilfe in der Pathologie der Berliner Charité, zerstückelte im Februar 1969 innerhalb von 24 Stunden drei Frauen. Rechtsanwalt Friedrich Wolff, der acht Monate später vom Stadtgericht zu seinem Pflichtverteidiger bestellt wurde, weiß: „Die Sache wurde von Anfang an wie ein politisches Verfahren behandelt. Alles musste geheim bleiben. Es musste sogar besonders geheim gehalten werden, weil es sensationell war und mehr als ein politisches Verfahren die Neugier der Menschen erregt hätte."

Das unglaubliche Verbrechen begann mit einem Notruf bei der Polizei. Eine Frau aus Berlin-Karlshorst rief diese um Hilfe, weil sie aus der Nachbarwohnung bedrohliche Geräusche hörte und sich die verängstigten Kinder der Nachbarin zu ihr geflüchtet hatten. Ein Streifenwagen fuhr in die Ehrenfelsstraße. Durch die offen stehende Tür betraten die beiden Polizisten die Wohnung. Hinter der verschlossenen Wohnzimmertür hörten sie undefinierbares Krachen, Scheppern und die Stimme eines Mannes. Auf ihr Klopfen reagierte niemand. Dann herrschte plötzlich Ruhe. Nach ein paar Minuten der Ratlosigkeit ging die Zimmertür auf, und den Polizisten trat ein blutverschmierter Mann entgegen. Eine Zigarette rauchend, wies er hinter sich und erklärte ohne jegliche Aufregung: „Da liegt sie, mausetot. Ich habe sie gerade seziert, aber schlechte Arbeit geleistet, kein richtiges Werkzeug gehabt." Sein Mund sei so rot, weil er das Blut der Toten getrunken habe, erklärte er den entgeisterten Polizisten. Dann stellte sich der Mann vor: „Ich bin Sektionsgehilfe."

Von der Nachbarin wussten die Polizisten inzwischen, dass er Hilmar Swinka hieß und 31 Jahre alt war. Ungläubig blickten sie in das Zimmer. Zwischen Trümmern der Wohnungseinrichtung lag eine nackte Frauenleiche mit einer klaffenden Wunde am Hals, der Körper übersät von weiteren Stichen. Während einer der Polizisten Verstärkung holte, hielt der andere den Mörder mit seiner Pistole in Schach. Völlig ruhig erklärte ihm Hilmar Swinka: „Ich habe noch zwei seziert. Die sind auch mausetot, sehen aber besser aus. Das hier ist Pfuscharbeit. Ich hatte keinen richtigen Tisch, kein Blutablauf, kein richtiges Gerät." Bereitwillig nannte er die Namen und die Adressen der beiden anderen Opfer: Inge Sch., 46 Jahre alt, die in der Linienstraße ganz in der Nähe seiner Mutter wohnte, und die 37-jährige Ursula K. aus der Kiefholzstraße in Treptow.

Eilig alarmierte Polizisten rasten zu den angegebenen Adressen. Hilmar Swinka hatte die Wahrheit gesagt. Es wurden zwei weitere nackte Frauenleichen mit Würgemalen, Herzstichen und tiefen Schnitten in den Körpern gefunden. Beide Frauen waren eine Zeit lang die Geliebten des Mörders gewesen. Nun wollten die Ermittler wissen, weshalb er sie getötet und ob er sie auch „seziert" habe. Die Antwort war wirr: „Jaja, aber nur so zum Spaß. Sollte nur Probe sein. Das Material war Ausschuss, ich wollte mich auf die Prüfung vorbereiten."

Solche Taten konnten eigentlich nur die eines Geistesgestörten sein. Das Verhalten des Täters in der U-Haft und bei den folgenden Verhören stützte diese Vermutung. Swinka schwankte zwischen aggressiven Ausbrüchen und völliger Lethargie. Das Wachpersonal hielt ihn für gemeingefährlich. Deshalb warnte die Polizei auch Pflichtverteidiger Friedrich Wolff vor dessen erstem Gespräch mit Hilmar Swinka. Der Anwalt machte sich so seine Gedanken: „Ich sagte mir, der Mann hat nur eine Chance, am Leben zu bleiben: Er muss für verrückt erklärt werden. Das war von Anfang bis Ende meine Verteidigungskonzeption. Nun stellte sich mir logisch die bange Frage: Gibt es einen deutlicheren Beweis für Wahnsinn als die Tötung des eigenen Verteidigers?"

Glücklicherweise bestätigten sich seine Befürchtungen nicht: „Der Sektionsgehilfe empfing mich freundlich." Das Gespräch fand aus Sicherheitsgründen in der Zelle statt, zwei Polizisten hielten davor Wache. Zu der Schilderung der grausamen Taten, die Friedrich Wolff bereits aus den Akten kannte, kam nun die Darstellung von Swinkas Leben durch den Mörder selbst.

Es war vor allem durch Gewalt geprägt worden. Seinen Vater hatte der 1938 in Berlin geborene Junge nur als jähzornigen und streitsüchtigen Patriarchen kennengelernt, der bald darauf in den Krieg zog. Nach der Kriegsgefangenschaft hatte der Vater die Familie verlassen und war in den Westen gegangen. In der Schule war Hilmar Swinka als kontaktarmer Einzelgänger bekannt. Für die Lehrer wurde er schnell zum gefürchteten Rabauken. Eine an die achte Klasse anschließende Lehre als Bauschlosser hatte Swinka nach sechs Monaten abgebrochen. Freude bereitete ihm vor allem alles, womit sich schneiden und stechen ließ. Deshalb begann Hilmar Swinka, Dolche und Messer jeglicher Art zu sammeln.

Eine Netzhautablösung im Auge ließ den Jugendlichen noch mehr zum Außenseiter werden, denn er musste fortan eine dunkle Brille tragen. Durch intensives Training in einem Boxclub versuchte der damals 17-Jährige dieses Handicap zu kompensieren. Der Sport machte ihn körperlich stark, doch innerlich blieb er labil. Nach einer kurzen Verlobung verließ Hilmar Swinka seine inzwischen schwanger gewordene Freundin Rosemarie und versuchte sein Glück im Westen. Kurz vor dem Mauerbau kehrte er zurück. Seine frühere Verlobte nahm ihn wieder auf.

Eine Arbeit fand der junge Mann zunächst als Laborhelfer, dann als Sektionsgehilfe im Psychiatrischen Institut der Charité. Das entsprach besonders seiner Neigung zu ungewöhnlichen Schneidwerkzeugen. Er stahl ein paar Skalpelle, was jedoch unbemerkt blieb – ganz im Gegensatz zu einem Diebstahl bei einer Nachbarin. Die Tat brachte Hilmar Swinka die ersten sechs Monate Haft ein. Danach arbeitete er wieder in der Charité.

In normale Bahnen gelangte sein Leben dadurch nicht. Als seine Verlobte wegen eines Streits zwischen ihnen die Polizei rief, zerlegte der jähzornige Mann nicht nur die Wohnungseinrichtung, sondern verprügelte auch die beiden Polizisten aus dem Streifenwagen. Diesmal gab es vier Monate Gefängnis.

Nachdem Rosemarie 1962 zum zweiten Mal schwanger geworden war, folgte die Hochzeit. Eine neuerliche Prügelei nach einem Kneipenbesuch, bei der drei Passanten und wiederum zwei Polizisten Swinkas Fäuste zu spüren bekamen, führten zu einem Urteil von einem Jahr und vier Monaten. Seine Frau hatte die Gewalttätigkeiten inzwischen satt und zog mit den Kindern in eine eigene Wohnung.

Im August 1964 wurde Hilmar Swinka abermals aus dem Gefängnis entlassen. Er arbeitete anschließend wieder als Sektionsgehilfe in der Pathologie, dem einzigen Ort, wo man mit ihm wegen seines Fleißes und Wissensdurstes zufrieden war. Weil ihn seine Frau verlassen hatte, wohnte er nun bei seiner Mutter.

In „Clärchens Ballhaus" lernte der junge Mann bald darauf die 15 Jahre ältere Inge Sch. kennen und zog zu ihr. So gut sich die beiden im Bett verstanden, so schlecht harmonierten sie im Alltag. Noch bevor Inge Sch. ihren gewalttätigen Freund hinauswerfen konnte, brach der im Suff einen Streit mit einer Imbissverkäuferin vom Zaun und verprügelte auch noch die beiden zur Hilfe gerufenen Polizisten. Für anderthalb Jahre musste er erneut ins Gefängnis.

Im Juli 1967 wieder entlassen, hatte sich nicht nur Inge Sch. von Hilmar Swinka getrennt, sondern auch die Charité seinen Arbeitsvertrag gekündigt. Die zuständigen Behörden wiesen ihm eine Arbeit als Normierer in einem Berliner Industriebetrieb zu. In einer Kneipe lernte er Ursula K. kennen, die sich von ihrem Mann scheiden lassen wollte. Bald zog er zu ihr nach Treptow. Wieder begann der Teufelskreis von wildem Sex und brutaler Gewalt. Nachdem sich Ursula K. eines Tages nur noch mit einem Hechtsprung aus dem Wohnungsfenster vor den Messerstichen ihres Freundes retten konnte, wollte sie das Verhältnis beenden. Doch Hilmar Swinka drohte mit Selbsttötung. Das brachte ihn ins Oskar-Ziethen-Krankenhaus. Aber nach kurzer Zeit wurde er wieder entlassen, da die Schnitte am Arm, die er sich selbst zugefügt hatte, keine ernsthafte Gefahr darstellten.

Derweil war es Sommer 1968 geworden, und Hilmar Swinka versuchte erneut, die Gunst seiner Frau Rosemarie zurückzugewinnen. Ein zweiter Suizidversuch, der mit zwei Wochen Aufenthalt in der psychiatrischen Abteilung des St. Joseph-Krankenhauses endete, löste bei der Frau Mitleid aus. Unter der Bedingung, dass ihr Mann bei seiner Mutter wohnen bleiben würde, nahm sie die Beziehung zu ihm wieder auf.

Das ging gerade einmal drei Monate lang gut. Dann fiel Hilmar Swinka wieder in alte Verhaltensmuster zurück. Wieder schlug er seine Frau, verfiel ständig in Wut und Raserei, und um die Kinder kümmerte er sich ohnehin nicht. Eine Verletzung, die er Rosemarie zugefügt hatte, war für sie der Auslöser, ihn endgültig zu verlassen und die Scheidung einzureichen. Gleichzeitig wandte sie sich wieder einem früheren Freund zu.

Das war der Moment, in dem Hilmar Swinka die Ermordung seiner Frau beschloss. Seine makabre Logik: Wenn er sie nicht besitzen könne, solle das auch kein anderer tun. Ihre Tötung habe er „genießen" wollen, wie der Mörder später der Polizei erklärte. Dazu gehörte für ihn vor allem das Öffnen des getöteten Körpers und die abschließende Enthauptung. Er habe aller Welt zeigen wollen, wie gut er sein Handwerk als Sektionsgehilfe beherrsche.

Einige Wochen trug sich Hilmar Swinka mit diesem teuflischen Plan und wurde innerlich immer stärker von ihm beherrscht. Ihm fehlte nur noch der letzte Antrieb, um ihn auch umzusetzen. Am 13. Februar 1969 wurde für ihn ein verlustreiches Kartenspiel, bei dem erheblich Alkohol floss, zum entscheidenden Anstoß. Wütend auf alle Welt, beschloss er noch in jener Nacht, seinen Mordplan erst einmal an Inge Sch. „auszuprobieren". Danach wollte er die Bluttat an seiner Frau „richtig genießen". Der Polizei berichtete er später: „Mit der Tötung der Frau Sch. habe ich eine Probe abgelegt und konnte keine ernsthafte Erregung bei mir feststellen. Ich war unnatürlich ruhig. Das kam mir natürlich sehr entgegen für die Absicht, meine Frau zu töten [...]. Nur war ich mir immer noch nicht sicher, ob es bei meiner Frau auch so glatt gehen würde."

Nach dem ersten Mord fühlte sich Swinka gut: Aus seiner Sicht hatte er seine Qualitäten bewiesen. Dennoch traute er seinen Fertigkeiten noch nicht. In aller Ruhe und Gelassenheit zu töten, um sich dann am Getanen zu erfreuen - das wollte er ein zweites Mal erproben, und zwar sofort. Es war bereits weit nach Mitternacht, als Hilmar Swinka sein zweites Opfer aufsuchte.

Ursula K. empfing ihn ohne Arg. Der Mörder mit blutverschmierter Unterwäsche spielte ihr eine mitleiderregende Szene vom obdachlosen Mann vor, den die eigene Mutter aus der Wohnung geworfen hatte. Dann griff er die völlig überraschte Frau an, erwürgte sie und begann mit seiner „Sektion". Wieder fühlte er sich als „Herr der Lage", nur müde war er geworden. Mit einem Taxi fuhr Swinka nach Hause, schlief drei Stunden und machte sich dann auf den Weg nach Berlin-Karlshorst.

Im nächsten Schritt wollte Hilmar Swinka nicht nur seine Frau Rosemarie töten, sondern danach auch sich selbst. Dazu hatte er sich aus der Wohnung von Inge Sch. eine Packung Schlaftabletten „Kalypnon" mitgenommen. Rosemarie war von dem unerwarteten Besuch überrascht. Aber da sie die plötzlichen Zornausbrüche ihres Mannes kannte, versuchte sie ihn zu beruhigen, stellte ihm sogar die Rücknahme ihrer Scheidungsabsicht in Aussicht.

In diesem Moment schien Swinka bewusst zu werden, dass es nach den beiden bereits begangenen Morden keine Zukunft für ihn mit seiner früheren Frau geben konnte. Weinerlich legte er die Tabletten und das mitgebrachte Brotmesser auf den Tisch. Danach gestand er ihr seine Taten. Rosemarie versuchte, Zeit zu gewinnen. Sie schlief mit ihm und hatte unter diesem Vorwand die Kinder aus der Wohnung schicken können. Nun aber verlor Hilmar Swinka den letzten Rest an Beherrschung. Als die wegen des Lärms alarmierten Polizisten eintrafen, hatte er die Tür verschlossen und sich auf die laut um Hilfe schreiende Frau gestürzt. Für Minuten genoss der Mörder seinen Rausch, dann war alles vorbei. Suizidabsichten hegte er danach nicht mehr.

Einen wirklichen Selbsttötungsversuch unternahm Hilmar Swenka erst kurz vor Beginn der Hauptverhandlung. Er öffnete sich gekonnt die Pulsadern und konnte nur mit erheblichem medizinischem Aufwand gerettet werden.

Ungeachtet der außergewöhnlichen Tatumstände und der dabei gezeigten Gefühlskälte des Angeklagten kam ein umfangreiches psychologisches Gutachten zu dem Schluss, dass „trotz des Charakters der Delikte, aber sehr wohl aufgrund ihrer Planung und Motivierung, der besonderen Tatumstände, der Durchführung, sowie Absicherung, noch dazu bei Berücksichtigung des Zeitfaktors und des Rechtsverständnisses, wie auch der vorhandenen allseitigen Orientierung und Erinnerungsfähigkeit des Täters, kein Krankheitswert zur Zeit der Tat festzustellen" war. Ein weiteres Gutachten bestätigte diesen Befund. Damit unterlag Hilmar Swinka der vollen strafrechtlichen Verantwortung für seine drei Morde.

Verteidiger Friedrich Wolff blieb jedoch auch nach Bekanntgabe dieser Einschätzung bei seiner Auffassung, dass es sich nur um Taten eines Geisteskranken handeln könne. Er nahm an, dass eine Schizophrenie hinter alldem steckte, und verwies auf die wissenschaftlich umstrittenen Diagnose-Möglichkeiten für eine derartige Krankheit. Daraus schlussfolgerte er, dass „im Zweifel für den Angeklagten" entschieden werden müsse. Die Richter hegten jedoch keinerlei Zweifel an der Schuldfähigkeit des Angeklagten. Gegen die vorliegenden Gutachten konnte sich der Verteidiger mit seiner Auffassung nicht durchsetzen.

Hilmar Swinka wurde zum Tode verurteilt. Das Berufungsgericht bestätigte das Urteil, eine Gnadenentscheidung gab es nicht. Am 1. Oktober 1970 wurde der Mann, der den Mord an seiner Frau zuvor an zwei anderen Opfern „geübt" hatte, in Leipzig hingerichtet.

Der Weg eines Rückfalltäters

Mord aus blinder Eifersucht in Magdeburg

Ein Kasten Bier stand bereit, die Skatkarten waren gemischt. Der 24. Februar 1973, ein Sonnabend, sollte in einer Wohnung am Magdeburger Südring mit einem zünftigen Frühschoppen beginnen. Nur ein paar Nachbarn fehlten noch. Dieter Hoffmann wollte nachsehen, wo sie blieben, und stieg die Treppe zu einer gegenüber liegenden Dachgeschosswohnung hinauf. Hinter der nur angelehnten Tür sah alles ziemlich komisch aus, so als sei ein riesiges Glas Marmelade explodiert. Dieter Hoffmann: „Da war alles so rot." Er rannte zurück und holte Hilfe. Schon nach einem ersten flüchtigen Blick meinte sein Skatbruder: „Das ist keine Marmelade, das ist Blut!"

Sie alarmierten die Polizei. Siegmar Ludwiczak und Ernst Schmidt von der Kripo erschienen. Entsetzt betraten die Männer die Wohnung, die offensichtlich auch ein Tatort war. Ludwiczak: „Es war schon kompliziert, weiter zu gehen, da der Fußboden, auch Mobiliar, Wände und Türen sehr stark mit Blut verschmutzt waren [...]. Im Wohnzimmer sah ich dann zwei weibliche Leichen. Die eine lag vor dem Ofen, die andere auf der Schlafcouch. Nach dem Überblick fanden wir dann in einem Sessel Bekleidungsstücke eines Mannes und einen Personalausweis." Alles deutete auf eine Feier mit reichlich Alkohol hin, auf die ein Verbrechen gefolgt war.

Noch während Ernst Schmidt zurück in die Polizeiwache

fuhr, um die nun nötige Untersuchung zu veranlassen, entdeckte Siegmar Ludwiczak eine Kammer: „Zwischen dem Kleiderschrank und der Wand war ein großer Haufen an Decken, Bekleidungsgegenständen – die verschiedensten Gegenstände.“ Unter dem Haufen lag eine nackte männliche Leiche. Es war der Ausweisinhaber, Frank Liebrecht, 21 Jahre alt und Kraftfahrer bei der Post. Die beiden Frauen identifizierte die Polizei als Ilona Jahn, 17 Jahre alt, und Postbotin Ingrid Riske, 23 Jahre alt, Mutter eines einjährigen Kindes. „Ihr war der Hals durchtrennt, also die Kehle. Und das muss auch mit einer sehr massiven und heftigen Wucht ausgeführt worden sein“, erinnert sich der Kriminalist.

Die Polizisten suchten nun Dieter Schlender, den Stiefvater von Ingrid Riske, auf. Er war gemeinsam mit dem früheren Freund von Ilona, Peter A., bei der Feier am 23. Februar in der Dachgeschosswohnung dabei gewesen und berichtete: „Das war ein ganz vergnüglicher Abend, bis nach 10 oder 11 Uhr der Frank kam. Da war die Stimmung eben weg.“

Peter A. war fur die Polizei kein Unbekannter. Ende 1972 saß der 19-Jährige in Haft, weil er seinen Stiefvater mit einem Messer attackiert hatte. Im Zuge einer Amnestie zum 23. Jahrestag der DDR kam er frei. Ihm wurde eine Wohnung und eine Arbeitsstelle als Elektroschweißer im Armaturenwerk „Karl Marx“ zugewiesen, und er zog mit Ilona Jahn zusammen.

Sie war Peter A.s erste große Liebe. Ihr erzählte der junge Mann von seiner Mutter, die ihn schon als Säugling in ein Heim abschob. Mit 14 Jahren landete er dann als „schwer erziehbar“ im Jugendwerkhof. Seine Akte der DDR-Jugendhilfe vermerkte „Jähzornausbrüche“ und dass er tobte, um seinen Willen durchzusetzen. Peter A. erklärte Ilona immer wieder, er habe bereits als Kind gelernt, sich nur mit Gewalt gegen ihm angetane Gewalt zu behaupten. Dass sie während seiner Zeit im Gefängnis einen anderen Liebhaber hatte, verzieh er ihr. Doch Peter A. fand nach seiner Entlassung nicht nur zu ihr zurück, sondern auch falsche Freunde. Er machte Schulden, beging kleine Einbrüche und trank. Deshalb war Ilona kurz zuvor zu ihrer Bekannten Ingrid Riske gezogen. Am 23. Februar erschien Peter bei ihr, um beim Möbeltragen zu helfen. Danach wurde gefeiert. Als Frank Liebrecht dazukam, packte Peter die blinde Eifersucht. Ingrid Riskes Stiefvater drängte zum Aufbruch. Die drei Männer verließen das Haus, doch Frank kehrte an der Straßenbahnhaltestelle um und ging zurück.

Nun stand Peter A. als vorbestrafter Gewalttäter unter Mordverdacht. Die Polizei erwartete ihn schon vor seiner Wohnung in Magdeburg-Buckau. Peter A. gestand, und die Kriminalisten rekonstruierten den Tatablauf: Nachdem Frank Liebrecht zu Ilona zurückgekehrt war, holte ihr vor Eifersucht kochender Freund Peter von zu Hause ein Messer und fuhr wieder zur Wohnung am Südring. Dort öffnete Frank nackt die Tür, und Peter A. stach voller Wut zu. Danach ermordete er Ilona und Ingrid, wechselte sein blutverschmiertes Hemd und die Hose gegen Franks Kleidung und verließ den Tatort. Die Obduktion belegte einen verzweifelten Abwehrkampf der Opfer, doch die 144 Stichwunden, die später festgestellt wurden, zeigten, dass sie keine Chance hatten. Über die beispiellose Grausamkeit der Tat wunderten sich sogar die hartgesottenen Ermittler.

Für sie lag das Motiv der Morde auf der Hand. Peter A. bestätigte es gegenüber Margrit Ludwiczak, die damals bei der Kripo als Protokollantin arbeitete. Er hatte Vertrauen zu ihr, berichtete von seiner schlimmen Kindheit und seiner Liebe zu Ilona Jahn. Frau Ludwiczak machte sich aus den Gesprächen ihr Bild: „Er war eifersüchtig, weil er Ilona liebte und nun gedacht hatte, sie ist fremdgegangen."

Eine psychiatrische Begutachtung im Haftkrankenhaus Waldheim ergab, dass Peter A. für seine Taten voll verantwortlich war. Am 3. Oktober 1973 schlug die Magdeburger Staatsanwaltschaft dem Generalstaatsanwalt der DDR vor, im Prozess die Todesstrafe für ihn zu beantragen, weil der dreifache Mord vorsätzlich und mit außergewöhnlicher Brutalität begangen worden sei. Am 5. Februar 1974 begann der Prozess. Sechs Tage später endete er mit dem vorgeschlagenen Todesurteil. Lothar Kars nahm, wie in der DDR üblich, als „gesellschaftlicher Ankläger" an der Verhandlung teil: „Ich habe dann die Meinung des Kollektivs zum Ausdruck gebracht, dass sich der Mann außerhalb der Gesellschaft gestellt hat und ich den Richtern dann überlasse, welche Strafe das Gericht dafür als angemessen ansieht."

Die Magdeburger *Volksstimme* meldete am 4. April 1974: „Das Oberste Gericht der DDR hat die Berufung des wegen Mordes verurteilten Täters A. als unbegründet zurückgewiesen. Somit ist das vom 3. Strafsenat des Bezirksgerichts Magdeburg gesprochene Urteil rechtskräftig."

Während die Angehörigen der Opfer bereits der Überzeugung waren, der Mörder von Ilona Jahn, Ingrid Riske und Frank Liebrecht sei hingerichtet und ergo gerecht bestraft worden, widerrief im Zuchthaus Brandenburg Peter A. sein Geständnis. Nun erklärte er, er habe nur Frank Liebrecht getötet, weil der zuvor Ilona Jahn und Ingrid Riske ermordet habe.

Weil es um ein Todesurteil ging, landete der Fall zur Entscheidung bei DDR-Staats- und Parteichef Erich Honecker. Das entsprach zwar nicht den geltenden Gesetzen, aber dem in der DDR üblichen Verfahren. Auch über Leben oder Tod von Kriminellen oder politischen Tätern bestimmte die SED. Erich Honecker war ein Gegner der Todesstrafe. Im Fall Peter A. wies er damals eine erneute Prüfung durch die Generalstaatsanwaltschaft an. Das verband sich mit einer nochmaligen Spurenuntersuchung an den Asservaten.

Dabei stellte sich nun ein schwerer Ermittlungsfehler der Polizei heraus. Kriminalist Ernst Schmidt: „Es gibt ein Phänomen, was ich mir heute auch nicht erklären kann: An seinem Hemd wurden nur Blutspuren gesichert von Frank Liebrecht, aber nicht von Ilona Jahn, welche eigentlich hätten dran sein müssen." Auch an den Schuhen Peter A.s waren nur Blutspuren des männlichen Opfers registriert worden. Das Kriminaltechnische Institut (KI) in Berlin machte Gegenproben und hielt fest: „Obwohl an der Kleidung des Täters nur Blut des Getöteten Liebrecht nachweisbar war, unterblieb die Suche nach Blutspuren, die von beiden Frauen stammten. Eine Nachuntersuchung im KI war wegen Zersetzung der Spuren in der Zeit von der Beschlagnahme bis zur Ergänzungsuntersuchung im Sommer 1974 erfolglos (es konnte keine Aussage gemacht werden). Die Untersuchung im Ermittlungsverfahren beschränkte sich auf einen Teil der vom Täter benutzten Kleidungsstücke (nach der Tat zog er Liebrecht gehörende Kleidung an), obwohl die Kleidungsstücke zur Verfügung standen. [...] Blutgruppen- und Serumuntersuchungen an der Kleidung der Opfer sowie hinsichtlich der umfangreichen Blutspuren am Tatort unterblieben."

Die Generalstaatsanwaltschaft musste daraufhin einräumen, es lasse sich „nachträglich nicht mehr exakt klären, in welcher Reihenfolge die Opfer getötet wurden". Damit wurde die Verhängung der Todesstrafe für Peter A. hinfällig. Durch eine von Erich Honecker veranlasste Gnadenentscheidung wurde diese am 24. September 1974 in eine lebenslängliche Haftstrafe umgewandelt.

Mit dem Ende der DDR am 3. Oktober 1990 änderte sich die Rechtslage. Nach dem nun geltenden Recht war Peter A. zu dem Zeitpunkt, zu dem er die Morde begangen hatte, noch ein „Heranwachsender", der unter das Jugendstrafrecht fiel. Dieses aber sah als Höchststrafe zehn Jahre Haft vor. Obwohl Morde aus DDR-Zeiten auch nach der Einheit nicht verjährten, bestimmte das Gesetz, dass die jeweils mildere Strafe im Vergleich zwischen der vormaligen DDR und der einstigen Bundesrepublik Deutschland angewendet werden musste. In seinem Fall griff deshalb die Jugendstrafe – nach 18 Jahren Haft wurde Peter A. im April 1991 entlassen.

Inzwischen hatte sich die Welt völlig verändert. Peter A. kannte niemanden außer seine ehemaligen Mithäftlinge. In Brandenburg an der Havel fand er eine Arbeit als Hausmeister in einem Bordell. Der inzwischen 42-Jährige suchte die Bekanntschaft sehr junger Mädchen. Am 19. März 1995 lernte er in einer Kneipe Melanie Jäkel kennen. Drei Tage später war die Schülerin spurlos verschwunden. Mutter Roswitha Jäkel gab eine Vermisstenanzeige bei der Polizei auf, die sich zunächst nicht sonderlich engagierte. Deshalb bat die verzweifelte Frau Burkhard Stiebing um Hilfe. Er war der Wirt der Kneipe, in der Melanie zuletzt in Begleitung von Peter A. gesehen worden war, und arbeitete nebenbei als Privatdetektiv. Um Näheres zu erfahren, suchte Burkhard Stiebing den ihm bekannten Mann in dessen Wohnung auf: „Da war alles hoch akkurat sauber, akkurat aufgeräumt, blitzblank." Nur über dem Sofa fiel dem Detektiv ein kleines abgerissenes Stück Tapete auf. Er machte sich jedoch keine großen Gedanken darüber.

Das änderte sich, als am 27. März 1995 bei der Polizei ein anonymer Anruf auf der Notrufnummer 110 einging. Das Protokoll vermerkte um 00.38 Uhr folgende Worte: „Das Mädchen, was hier in Brandenburg vermisst wird, ist tot. Es war Peter A[...]."

Die Polizei befragte daraufhin den Beschuldigten, doch der erklärte rundweg, die Anschuldigung sei Humbug. Einen Computer gab es auf der Wache noch nicht. Peter A.s Vorstrafe wegen Mordes blieb den Polizisten daher verborgen, deshalb glaubten sie ihm, und er konnte wieder gehen.

Am folgenden Tag sahen ihn Taxifahrer auf dem Bahnhof Brandenburg. Burkhard Stiebings Suche nach einem möglichen Mörder hatte sich in der Stadt herumgesprochen. Deshalb alarmierten sie umgehend den Privatdetektiv. Er eilte zum Bahnhof, hinderte Peter A. an der angeblich geplanten Fahrt nach Berlin und führte ein langes Gespräch mit ihm. Der Mann stritt auch weiterhin alles ab, doch die bohrenden Fragen zeigten Wirkung: „Wir haben bestimmt drei Stunden das Thema immer wieder wiederholt, wo er dabei geblieben ist, aber er wurde immer nervöser", beobachtete Stiebing.

Zwei Stunden später ging Peter A. zu einem Rechtsanwalt und stellte sich in dessen Begleitung der Polizei. Er gab an, dass er mit Melanie Sex haben wollte, sie ihn aber verspottete. Deshalb habe er sie gewürgt und dann mit einer Whisky-Flasche erschlagen. Die Leiche brachte er später in einem Müllsack auf ein verlassenes Grundstück in Plaue.

Mirko Härtelt, 1995 als Kriminalist an der Untersuchung des neuerlichen Mordes durch Peter A. beteiligt, schaudert es bis heute: „Für mich war das einer der hässlichsten Orte, die ich bisher gesehen habe. In einem verlassenen ehemaligen Militärobjekt, einem ehemaligen Kohlebunker, irgendwo zwischen Müll und Gerümpel, hat er das Mädchen einfach abgelegt." Ihn erstaunte schon damals besonders die Gefühlskälte, mit der

Peter A. alles zugegeben hatte. Auch im Prozess war dessen gleichgültige Haltung zur Tat zu beobachten.

Am 5. Dezember 1995 begann die Hauptverhandlung gegen den geständigen Mörder vor dem Landgericht Potsdam. Erst jetzt wurde durch die Magdeburger *Volksstimme* bekannt, dass A. ein Wiederholungstäter war. Journalist Bernd Kaufholz besuchte die Angehörigen der Opfer von 1973: „Die sind aus allen Wolken gefallen. Der ist doch tot, der ist doch hingerichtet worden – das war die Aussage von den Eltern [der Opfer]."

Eine riesige öffentliche Aufregung folgte, und durch die Medien geisterte die Geschichte vom „Ripper von Magdeburg". Immer wieder wurde die Frage aufgeworfen, ob denn der Mord an Melanie Jäkel nicht zu verhindern gewesen wäre, wenn man Peter A. nicht freigelassen hätte. Dass sich die Entlassung 1991 wegen seines jugendlichen Alters zur Zeit der ersten Tat zwingend aus der seit dem 3. Oktober 1990 bestehenden Gesetzeslage ergab, verstanden viele nicht.

Der Fall Peter A. blieb in der DDR nicht der einzige, bei dem Mörder nach ihrer Verurteilung neue Bluttaten begingen. Im September 1990 wurde Herbert M., damals 57 Jahre alt, begnadigt. Der am 29. Dezember 1933 im sächsischen Meerane geborene Mann tötete mit 16 Jahren ein fünfjähriges Mädchen aus seiner Nachbarschaft, nachdem er es sexuell missbraucht hatte. Dafür bekam Herbert M. acht Jahre Jugendstrafe. Nach seiner Entlassung heiratete er zweimal. 1968 beging er nach einem Kneipenbesuch in Thüringen einen weiteren Mord an einer jungen Frau. Für diesen Mord wurde er zu lebenslanger Haft verurteilt.

Nach dem Ende der DDR galt ein neues Strafgesetzbuch. Im Paragraphen 57a machte das bei lebenslänglich Verurteilten nach 15 Jahren die Aussetzung der Reststrafe auf fünf Jahre

Bewährung möglich. So kam auch Herbert M. frei. Nach etwas mehr als einem Jahr und drei Monaten bat ihn eine Bekannte, am Silvesterabend 1991 auf ihre beiden kleinen Töchter, vier und fünf Jahre alt, aufzupassen. Herbert M. ermordete beide Kinder mit einem Küchenmesser und schlitzte ihnen den Bauch auf. Anschließend stellte er sich selbst der Polizei.

Die Richter am Landgericht Berlin verurteilten Herbert M. 1992 als Rückfalltäter erneut zu einer lebenslangen Haft. Einen Sexualmord konnten sie ihm nicht nachweisen. „Für die Annahme, dass der Angeklagte aus Mordlust oder zur Befriedigung seines Geschlechtstriebes tötete, bestanden – auch nach Ausführungen des Sachverständigen – keine hinreichenden Anhaltspunkte", stellte das Gericht fest. Teilnehmer am Prozess hatten einen anderen Eindruck: „Vor Gericht hat Herbert M. genüsslich erzählt, wie er zwei Kindern in einer Silvesternacht die Kehlen durchgeschnitten hat", erinnerte sich einer von ihnen.

Anfang Januar 2019 verstarb Herbert M. als ältester Häftling im Land Brandenburg im Alter von 85 Jahren im Gefängnis. Er hatte drei Kinder sowie eine Frau umgebracht und dafür insgesamt 55 Jahre seines Lebens hinter Gittern verbracht. Ob zumindest zwei seiner Morde hätten verhindert werden können, bleibt eine offene Frage.

Doch zurück zum Fall Peter A. Die öffentliche Empörung steigerte sich, als bekannt wurde, dass die Ankläger die neue Tat, die Tötung Melanie Jäkels, nur als Totschlag einstuften. An der Leiche waren zwar Spermaspuren gesichert worden, aber eine Vergewaltigung mit anschließendem Vertuschungsmord ließ sich nicht beweisen.

Peter A. wartete im Prozess – wie auch schon bei den Magdeburger Morden über 20 Jahre zuvor – plötzlich mit einer neuen

Tatversion auf: Er sei betrunken gewesen und könne sich nicht daran erinnern, dass er Melanie getötet habe. Weder Staatsanwalt Christoph Lange noch die Richter nahmen ihm das ab. Auch das psychologische Gutachten bestätigte die volle Schuldfähigkeit des Angeklagten: „Es ließ sich keine Persönlichkeitsgestörtheit diagnostizieren, lediglich eine leichte affektiv-emotionale Instabilität", hieß es dort.

Mit 13 Jahren Haft lag das Urteil schließlich knapp unter der für Totschlag möglichen Höchststrafe. Die Anordnung einer anschließenden Sicherheitsverwahrung gab es 1995 noch nicht.

Günter und Roswitha Jäkel, die Eltern des Opfers, verstanden den aus ihrer Sicht viel zu milden Schuldspruch nicht. „In meinen Augen war das Mord. Meine Tochter hat ja keine Chance gehabt", sagte der Vater sichtlich enttäuscht nach dem Prozess. Auch die Ermittler der Polizei reagierten mit Unverständnis.

Peter A., der mindestens zwei, sehr wahrscheinlich aber vier Menschen getötet hatte, machte im Gefängnis mehrere Therapien und zwei Berufsausbildungen. Einen möglichen Antrag auf vorzeitige Haftentlassung stellte er nicht. Seit März 2008 ist er wieder frei.

Mörder auf der Flucht

Verbrecher im geteilten Deutschland

Die Aussetzung einer Belohnung von 100000 Mark für die Ergreifung eines Doppelmörders gab es in der DDR nur einmal. Der Gesuchte war Werner Weinhold. Bei seiner Flucht in den Westen am 19. Dezember 1975 erschoss der bewaffnete Deserteur der Nationalen Volksarmee (NVA) zwei Grenzsoldaten in der Nähe des thüringischen Hildburghausen.

Werner Weinhold wuchs als ungeliebtes Kind, durch eine Vergewaltigung gezeugt, in Dresden auf. Sein Adoptivvater Rudi arbeitete im dortigen Flugzeugwerk. Später wurde er zum Studium der Außenpolitik nach Potsdam-Babelsberg delegiert, danach fand er eine Anstellung als Funktionär des Freien Deutschen Gewerkschaftsbundes (FDGB). Werner Weinholds Mutter Iris arbeitete bei der *Sächsischen Zeitung*. Zeitzeuge Günter H. kannte die Familie: „Werner war schon als Kind seelisch verkrüppelt. Er verbrachte viel Zeit allein und wurde sehr streng behandelt. Einmal zertrat er versehentlich bei uns im Garten eine Erdbeere. Dafür wurde er von seinem Adoptivvater dermaßen verprügelt, dass meine Schwiegermutter dazwischengehen musste."

Diese Kindheitserlebnisse blieben nicht ohne Folgen. Schon in jugendlichem Alter versuchte Werner Weinhold immer wieder aufzubegehren. Als er am 5. Mai 1975 zum Panzerregiment 14 in Spremberg als Kraftfahrer eingezogen wurde, hatte er sich bereits mehrerer Dutzend Delikte schuldig gemacht. Darunter waren zahlreiche Autodiebstähle, die Herbeiführung eines schweren Verkehrsunfalls und mehrfacher schwerer Diebstahl. Sechsmal war Werner Weinhold dafür rechtskräftig verurteilt worden. Insgesamt betrug seine Strafe in der DDR sechs Jahre und neun Monate Haft. Am 6. Oktober 1972 kam er durch eine Amnestie frei. 1975, noch während der Bewährungszeit, beging er ein Sittlichkeitsdelikt. Doch bei der NVA wusste niemand von Weinholds krimineller Karriere. Der damalige Stabsoffizier Helmut Knopp: „Wenn er schon Vorstrafen hatte, dann hätte er gar nicht in eine solche Funktion kommen dürfen [...]. Da ist schon irgendwo beim Wehrkreiskommando ein totaler Fehler gemacht worden, von der Einstufung her und von der Einberufung."

Seinen Entschluss, in den Westen zu fliehen, traf Werner Weinhold nach eigener Aussage, als sich nach einigen Wochen Wehrdienst seine Frau von ihm trennte. Für ihn stand fest, dass eine Flucht nur durch einen bewaffneten Grenzdurchbruch erfolgreich sein konnte. Deshalb stahl er am frühen Morgen des 15. Dezember 1975 als Wachhabender, mit Kalaschnikow und scharfer Munition bewaffnet, in Spremberg einen NVA-Trabant und weitere zehn Magazine mit 300 Schuss. Dann machte er sich auf den Weg in Richtung Thüringen. Er hoffte, dort bis dicht an die Grenze zu gelangen. Als ihn die Polizei bei Wüstenbrand auf der Autobahn stoppen wollte, reichte die Drohung mit seiner Maschinenpistole, um durchzubrechen. Die Fahndung lief überdies verspätet an, weil die Einsatzkräfte zunächst versuchten, den Deserteur ohne großes Aufsehen selbst zu stellen. Nach dem Zwischenfall auf der Autobahn wurden jedoch alle verfügbaren Kräfte alarmiert. Erich Dreißigacker, damals Chef der zuständigen Bereitschaftspolizei: „Wir haben erfahren, dass ein

Soldat der NVA aus der Richtung Spremberg kommt, bewaffnet mit MPi [Maschinenpistole]." Nun herrschte Großalarm, überall kontrollierten Dreißigackers Leute.

Derweil hatte Werner Weinhold den Trabi abgestellt – er wurde erst am folgenden Tag gefunden – und war zu Fuß Richtung Grenze gelaufen. Ein Fährtenhund nahm seine Spur auf, verlor sie dann aber an einem Wildwechsel. Der Flüchtling verbarg sich drei Tage und drei Nächte in einer Scheune, zweieinhalb Kilometer vor der Demarkationslinie. Inzwischen waren ihm rund 8000 Leute von Armee, Polizei und Staatssicherheit auf den Fersen.

Was dann am 19. Dezember abends geschah, entdeckte als Erster Hauptmann Uwe Auerswald. Er fand die Leichen der beiden Grenzposten Jürgen Lange und Klaus Peter Seidel. Die Spuren Richtung Westen zeigten, dass Werner Weinhold offenbar sein Ziel erreicht hatte. Im Krankenhaus Hildburghausen wurden die Toten obduziert. Gerichtsmediziner Dr. Manfred Disse: „Die Soldaten wurden nach unseren Untersuchungen ohne Gegenwehr erschossen [...]. Ich bin davon überzeugt, dass Seidel beim Empfang der Schüsse gesessen hat." Jürgen Lange habe auf dem Bauch gelegen, als er tödlich getroffen worden war.

Die DDR forderte die Auslieferung Werner Weinholds. Im Dezember 1972 hatte sie selbst Hans-Jürgen R., einen Oberfeldwebel der Bundeswehr, in die Bundesrepublik ausgeliefert, nachdem er im Westen einen Mord verübt und danach in den Osten geflohen war. In der Bundesrepublik herrschte jedoch eine andere Rechtslage. Aufgrund der Nichtanerkennung der DDR als Staat schützte der Paragraph 116 des Grundgesetzes Werner Weinhold als „deutschen Bürger" vor Auslieferung. Zudem gab es zwischen den beiden deutschen Staaten kein

Rechtshilfeabkommen. Bei Straftaten bestimmte das „Gesetz über die innerdeutsche Rechts- und Amtshilfe in Strafsachen" von 1953 sowie dessen spätere Änderungen die westdeutsche Handlungsweise. Es erlaubte lediglich die „Zulieferung", aber nicht die „Auslieferung" von Tätern. Unter welchen Bedingungen eine Zulieferung rechtlich nicht zu beanstanden war, legte 1974 das Bundesverfassungsgericht fest. So durften aus Sicht der Bundesrepublik keine „unausgesprochenen politischen Ziele für die Strafverfolgung" vorliegen und keine Vollstreckung der Todesstrafe drohen. Beide Voraussetzungen waren im Fall Werner Weinhold nicht gegeben.

Deshalb folgte 1976 ein Prozess vor dem Schwurgericht Essen. Weil keine DDR-Zeugen geladen und die von der DDR übermittelten Beweismittel ignoriert wurden, galt die Tötung der Soldaten Seidel und Lange als „nicht erwiesen", wie feinsinnig in Abgrenzung zu „nicht bewiesen" formuliert wurde. Werner Weinhold bekam einen Freispruch und eine Entschädigung von 15 000 DM.

Dieser auch im Westen von Protesten begleitete Rechtsspruch hatte keinen Bestand. Der Bundesgerichtshof hob das Urteil auf, und ein neuer Prozess in Hagen in Westfalen wurde eröffnet. Werner Weinhold berief sich vor Gericht auf Notwehr. Die Richter folgten seiner Argumentation nicht, akzeptierten aber sein „Grundrecht auf Freiheit, das durch das Grenzregime der DDR eingeschränkt war". Sie verurteilten Werner Weinhold am 1. Dezember 1978 zu fünfeinhalb Jahren Haft wegen zweifachen Totschlags und begründeten ihr Urteil wie folgt: „Er war nicht im Recht, als er schoss. Die Soldaten Seidel und Lange waren nicht im Unrecht, als sie getroffen wurden."

Die Hamburger *Zeit* kritisierte das auch unter westlichen Juristen umstrittene und unverkennbar politisch begründete

Urteil. Die Wochenzeitung verwies auf die Opfer: „Auch die erschossenen DDR-Grenzsoldaten durften ihr Grundrecht auf Leben dem Anspruch des Flüchtlings auf Freiheit entgegenhalten. Hatten sie ihr Lebensrecht denn ganz verwirkt, nur weil sie zum Dienst an der Grenze eingezogen und auf den Schießbefehl verpflichtet worden waren?"

1982 wurde Werner Weinhold aufgrund guter Führung vorzeitig aus der Haft entlassen.

Nach der deutschen Einheit wurde im Fall Weinhold gegen Angehörige des MfS ermittelt, die im MfS-Vorgang „Parasit" erwogen haben sollen, einen Suizid Weinholds im Westen vorzutäuschen, ihn zu erschießen oder durch einen fingierten Raubüberfall seiner habhaft zu werden. Nachweisbare Beschlüsse oder Befehle dazu aber konnte die Staatsanwaltschaft nicht vorlegen. Die beabsichtigte Anklage richtete sich gegen MfS-Generalleutnant Gerhard Neiber, stellvertretender Minister, und den Offizier Siegfried W., der in Neibers Sekretariat mit der Sache befasst gewesen sein soll. Sie bezog sich auf den „Versuch der Beteiligung in Verbindung mit Mord und Verschleppung". Am 26. April 1994 lehnte das Landgericht Berlin die Eröffnung eines Hauptverfahrens „aus tatsächlichen Gründen" ab.

Über 20 Jahre nach seiner Entlassung aus dem Gefängnis wurde Werner Weinhold, inzwischen 55 Jahre alt, wieder straffällig. Unter starkem Alkoholeinfluss schoss er am 8. Januar 2005 in der Gaststätte „Bierkiste" in Marl einem 43-jährigen Bekannten eine Kugel durch die Schulter. Das Urteil wegen „gefährlicher Körperverletzung" lautete auf 30 Monate Haft.

Die ungeklärten deutsch-deutschen Rechtsverhältnisse spielten auch im Fall eines Raubmords eine Rolle. Alles begann am 8. Oktober 1982 im sachsen-anhaltischen Völpke. An jenem Tag wollte Ingolf Hauser seiner Familie eine Überraschung bereiten.

Seine Schwester Brigitte Wagner erinnert sich daran: „Als letztes gesehen hat ihn meine Mutti. Er hatte sich gewaschen und fein angezogen gehabt und da hat sie noch zu ihm gesagt, wo willst du denn hin – ach, hat er gesagt, ich komme bald wieder."

Seither war Ingolf Hauser verschwunden. Die Familie gab eine Vermisstenanzeige auf, in der Presse erschien eine Suchmeldung, die ohne Echo blieb. Wegen der Nähe zur Westgrenze schaltete sich auch die Staatssicherheit ein. Der Kriminalist und Buchautor Remo Knoll erklärte dieses Vorgehen: „Wenn in der DDR jemand verschwand, hat sich das MfS natürlich in die Ermittlungen integriert, weil erst mal zu klären war, wo er überhaupt ist. Es könnte ja sein, dass er in den Westen geflüchtet ist."

Ein IM der Stasi stieß auch tatsächlich auf eine erste heiße Spur. Bei der Wohnungsdurchsuchung hatte die Kripo das Sparbuch Ingolf Hausers gefunden. In einem Aktenvermerk hielt das MfS „zum Sachverhalt H." fest: „Am 25.10.1982 erfolgte über den IM ‚Scharf' die Kontoüberprüfung zu der Person Hauser, Ingolf. Hierbei wurde festgestellt, dass der Kontostand per 08.10.1982 beträchtliche 25400 Mark betrug. Am 08.10.1982 erfolgte eine Abhebung in der Kreissparkasse Oschersleben in Höhe von 19000 Mark. Der jetzige Kontostand beträgt 6400 Mark. Die vorletzte Abhebung erfolgte am 19.08.1982 in Höhe von 1000 Mark."

Nun machte sich die Kripo Gedanken, wo das Geld geblieben sein könnte. Dazu überprüfte sie zunächst den Bekanntenkreis von Ingolf Hauser. In seiner Freizeit schraubte er gern an seinem Motorrad herum und ging angeln. Seine Kumpel Frank Weißgerber und Klaus J. waren oft dabei.

Über den Verbleib von Ersterem, einem gelernten Schäfer, erfuhren die DDR-Ermittler aus den Zeitungen im Westen.

Schlagzeilen wie „Die Flucht über den Todeszaun“ und „Flüchtling durch Selbstschussanlage der DDR erheblich verletzt“ berichteten im Februar 1983 über seinen Verbleib. Inzwischen lag Frank Weißgerber im Krankenhaus Helmstedt.

Die Polizei in der DDR hatte derweil Klaus J. befragt. Als Ermittler Bernd Lamprecht von der Flucht Frank Weißgerbers erfuhr, schöpfte er einen Verdacht: „So kamen wir natürlich auf ganz andere Ideen, dass also Weißgerber doch ein bisschen mehr damit zu tun hatte und demzufolge gab es dann weitere Vernehmungen.“ Klaus J. wurde daraufhin mehrfach verhört. Dann ging auf einmal alles sehr schnell. Lamprecht: „Plötzlich hat er gesagt, kann ich noch eine rauchen? Und dann hat er gesagt zu meinem Kollegen: Am besten, Sie holen ein Auto und wir fahren da raus, wo die Leiche liegt.“

Klaus J. gestand, gemeinsam mit Frank Weißgerber Ingolf Hauser ermordet zu haben. Die beiden hatten versprochen, ihm ein Auto zu besorgen, das er in bar bezahlen sollte. Als sie das Geld sahen, erdrosselten sie Hauser und teilten sich die Barschaft. Klaus J. beschrieb der Kripo die Lage der Leiche und deren Kleidung. An ein besonders makabres Detail entsinnt sich Kriminalist Bernd Lamprecht: „Er sagte auch, dass eine Schnapsflasche, die sie ausgetrunken haben, hinterher, auf der Leiche liegt – das hat sich dann so genau bestätigt.“

Wenig später wurde Klaus J., damals 37 Jahre alt, in Magdeburg zu einer lebenslanger Freiheitsstrafe verurteilt. Weißgerbers Ehefrau bekam als Mitwisserin und Profiteurin an der Beute vier Jahre Haft. Inzwischen hat Klaus J. seine Strafe verbüßt und lebt wieder in seinem Heimatort in Sachsen-Anhalt.

Das Auslieferungsersuchen der DDR zu Frank Weißgerber wurde hingegen von der Bundesrepublik abgelehnt. Stattdessen machte ihm das Hamburger Schwurgericht im August 1984 den Prozess wegen Raubmordes und sprach ihn frei. „Die Kammer [sehe] keinerlei Grund, die Korrektheit und Sorgfalt der polizeilichen Ermittlungen in der DDR oder die Rechtsstaatlichkeit des gegen J[...] durchgeführten Strafverfahrens anzuzweifeln", hieß es in der Begründung. Trotzdem könne das Gericht nicht anders urteilen, denn die DDR-Protokolle allein reichten dafür nicht.

Die DDR-Protokolle waren nicht einmal verlesen worden, und der Bundesgerichtshof hob das Urteil wegen dieses Formfehlers auf. Vor der nächsten Verhandlung lud das Magdeburger Gericht die Anwälte aus dem Westen zu einer „Beweiserhebung" in die DDR.

Am 5. September 1986 meldete *Neues Deutschland*: „Der 5. Strafsenat des Bundesgerichtshofs hat das Urteil des Hamburger Landgerichts gegen den Raubmörder Frank Weißgerber bestätigt [...]. Die mehrfach gestellten Auslieferungsersuchen des Generalstaatsanwalts der DDR wurden von der Justiz der BRD ignoriert. Am 21. Oktober 1985 wurde Weißgerber schließlich vom Hamburger Landgericht zu einer lebenslangen Freiheitsstrafe verurteilt. Die von Weißgerber dagegen eingelegte Revision hat der Bundesgerichtshof jetzt als unbegründet verworfen."

Die nächste Nachricht über Frank Weißgerber fand sich am 13. Oktober 1994 in der *Frankfurter Allgemeinen*: Gemeinsam mit seinem Knastkumpel Jörg S. hatte er in der Strafanstalt Fuhlsbüttel einen Mord an einem Mithäftling begangen. Dafür erhielt er ein weiteres Urteil zu lebenslanger Haft.

Am 15. Juli 2017 berichtete das *Hamburger Abendblatt* über einen neuen „Prozess gegen Frank Weißgerber. Seinen ersten Mord beging er 1982 in der DDR. Er floh und wurde dann in Hamburg zu lebenslanger Haft verurteilt. In Santa Fu beging er dann einen zweiten Mord. Er sitzt nun seit 35 Jahren in Haft. Der heute 57-Jährige ist jetzt wegen Bedrohung und Körperverletzung eines Mithäftlings angeklagt."

Auch wenn der Mord an Ingolf Hauser letztlich strafrechtlich geahndet werden konnte, blieb der Umgang mit Straftätern in den Jahren der deutschen Teilung schwierig. Es wurde noch komplizierter, wenn das unter der Kontrolle der vier Siegermächte des Zweiten Weltkriegs stehende Berlin dabei eine Rolle spielte.

Das zeigte sich 1972 in einem anderen Mordfall, bei dem die Rechtslage zunächst recht klar erschien. Im Juli 1972 erschlug die 16-jährige Ingrid B. ihren Vater Harry, zuvor als Heizer und Nachtwächter tätig, mit einem Hammer auf einer Müllkippe bei Senzig. Er hatte sie seit ihrem elften Lebensjahr anhaltend sexuell missbraucht, zum Stehlen und zur Leichenfledderei gezwungen und regelmäßig mit einer Fahrradkette brutal geschlagen.

Im Oktober 1972 floh Ingrid B. nach West-Berlin, wo ihre Mutter lebte. Dort legte sie ein Geständnis ab. Die DDR forderte die Auslieferung der Täterin. Am 4. Juni 1973 sicherte man zu, dass Ingrid B. in der DDR nach Jugendstrafrecht verurteilt werden würde, ihre Mutter sie besuchen und sie nach Strafverbüßung in den Westen ausreisen dürfe. Die West-Berliner Instanzen stimmten daraufhin einer „Zulieferung" zu. Der Verteidiger legte dagegen Verfassungsbeschwerde ein.

Das brachte eine politische Lawine ins Rollen. Die Alliierten untersagten dem West-Berliner Gericht, überhaupt Akten nach Karlsruhe zu schicken, weil West-Berlin unter ihrer Hoheit stand und kein Teil der Bundesrepublik war. Die Verfassungsrichter entschieden trotz der alliierten Vorbehalte. Allerdings ging es dabei nun nicht mehr um den Fall Ingrid B., sondern darum, inwieweit das Rechts- und Amtshilfegesetz überhaupt dem Grundgesetz entsprach.

Um derartigen Querelen künftig zu entgehen, änderte die Bundesregierung am 18. Oktober 1974 das Gesetz von 1953 und machte so eine Verhandlung in West-Berlin möglich.

In West-Berlin wurde die „Zulieferung“ von Ingrid B. nach Ost-Berlin endgültig abgelehnt. Zwei Jahre nach der Tat begann die Untersuchung, ob es überhaupt Mord, Totschlag oder nur Körperverletzung mit Todesfolge gewesen sei. Eine Jugendstrafkammer verurteilte die Angeklagte Ingrid B. schließlich zu zweieinhalb Jahren Freiheitsentzug. Stattfinden konnte der Prozess nur, weil sie alles gestanden hatte.

Das Geschäft mit den Blüten

Geldfälschung in der DDR

Dass es auch im Sozialismus gefälschtes Geld gab, erfuhren interessierte Numismatiker aus einem Nebensatz von Julius Mader, dem Hausautor des MfS. Der seit 1962 auch als „Faingold" tätige „Offizier im besonderen Einsatz" veröffentlichte 1983 in der Fachzeitschrift *Kriminalistik und forensische Wissenschaften* einen Beitrag „Zur Falschgeldkriminalität". Darin ging es eigentlich um Geldfälscherei in den kapitalistischen Staaten, aber am Rande hieß es auch recht geheimnisvoll: „Obwohl in sozialistischen Staaten Geldfälschung kaum betrieben wird, sind wir aus verschiedenen Gründen gehalten, die Entwicklung der Falschgeldkriminalität [...] genau zu beobachten und notfalls unseren geeigneten Beitrag zu ihrer Bekämpfung zu leisten." Damit bestätigte Mader, dass auch im Ostblock Geld gefälscht wurde.

Wirtschaftshistoriker Peter Leisering hat die Geschichte des Falschgelds in der DDR erforscht. Sein Ergebnis: „Nachweisbar sind gut 12 000 gefälschte Banknoten im Wert von rund 250 000 Mark und etwa 370 Münzen im Wert von 2500 Mark."

Bei Geldfälschungen geht es immer auch um handwerkliche Herausforderungen. Als im Juli 1948 in der sowjetischen Besatzungszone eine neue Währung – wie im Westen unter dem Namen „Deutsche Mark" – in Umlauf kam, waren diese noch nicht besonders groß. Die Scheine waren im Buchdruckverfahren in sieben bis acht Druckvorgängen hergestellt und zur Sicherheit mit einem Wasserzeichen und einem Streifen bunter Papierfasern versehen. Schon wenige Wochen später tauchten die ersten Fälschungen auf. In einer Kasse der Sächsischen Landeskreditbank Dresden fand sich am 6. Dezember 1948 eine 100-DM-Note, die aussah wie gemalt. Und sie war es auch. Der Fälscher hatte einfach einen echten Schein abgepaust und mit Pinsel, Zeichenfeder, Wasserfarben und Fettstiften nachbearbeitet. Das war damals im wahrsten Sinne des Wortes kinderleicht. Denn es war ein 16-Jähriger, der sechs Wochen lang an seinem Hunderter gemalt hatte, mit dem er sich die lang ersehnte Klarinette kaufen wollte. Stattdessen bekam er wegen Geldfälscherei 14 Tage Arrest und „20 Stunden Trümmerdienst".

Dass zu dieser Zeit Fälschungen meist anspruchslos waren, zeigt auch der Fall einer 20-DM-Note, die am Silvestertag 1948 in die Kasse des Konsums in der Berliner Samariterstraße gelangte. Die für Falschgeld zuständige Abteilung der Deutschen Notenbank urteilte: „Durch Handzeichnung dilettantisch hergestellte plumpe Nachbildung, die durch die rohe Wiedergabe der Zeichnung und das Fehlen aller Feinheiten auffällt." Peter Leisering vermutet, dass der damalige Schwarzmarkt den Handel mit Falschgeld überhaupt erst hervorrief. Wer auf eine Blüte hereinfiel, ging kaum zur Polizei, um sich über sein Missgeschick zu beschweren.

Den ersten größeren Falschgeldfall gab es wenige Monate vor Gründung der DDR. Am 11. Januar 1949 wurden die selbst gedruckten Scheine entdeckt. Das ließ Betrügereien in größerem Umfang erwarten. Eine nachgemachte 50-DM-Note stufte die Notenbank als „mittelmäßige Eindrucksfälschung" ein. Der Eindruck reichte aber offenbar, um den Schein als Zahlungsmittel einsetzen zu können. Die Fälschungen aus dieser Serie, die nach und nach auftauchten, wurden außerdem immer besser. Der Fälscher versuchte etwa, das Wasserzeichen durch Kratzen zu imitieren. „Nach obigen Beobachtungen geht man in der Annahme kaum fehl, dass der Spiritus Rector der vorliegenden Fälschung ein alter Hase der Falschmünzerzunft ist. Ich habe die Kripo entsprechend unterrichtet und ihr empfohlen, unter den kontrollierten Falschmünzern, insbesondere von Lichtenberg und Weißensee, Umschau zu halten“, schrieb ein Mitarbeiter der zuständigen Behörde in seinem Bericht. Bis Ende 1949 wurden 118 der so gefälschten Fünfziger entdeckt. Ihre Hersteller fand man allerdings nie.

Am 25. Mai 1950 warnte die Deutsche Notenbank vor „nachgeahmten Fünf-Mark-Noten“, die „eine überstürzte, ziemlich oberflächliche Fälschung“ seien. „Verbreiter des Falschgeldes sollten sofort den nächsten Polizeistellen übergeben werden. Für die Feststellung der Fälscher hat die Deutsche Notenbank eine Belohnung in Höhe bis zu 3000 Mark ausgesetzt.“

Einen qualitativen Sprung schaffte ein Hallenser Bäcker und Konditormeister, der auf einer 1951 eigens beschafften Druckmaschine und speziellem Papier insgesamt 10 300 Zwanziger produzierte. In Leipzig brachte er während der Messe 2500 davon selbst in Umlauf. Dann wurde ihm der Kauf eines Stückchens Seife mit seinem Falschgeld zum Verhängnis. Dummerweise hatte er noch 151 selbst gemachte 20-Mark-Scheine dabei. Die ganze Sache brachte dem Mann, der sein künstlerisches Talent auch als Hobby-Maler unter Beweis stellte, zwölf Jahre Zuchthaus ein, neun davon verbüßte er. Der fähige Fälscher starb 1996.

Für gefälschtes Geld aus dem Osten gab es damals eine sehr attraktive Verwendungsmöglichkeit: In West-Berlin – bis 1961 über die offene Grenze leicht per S-Bahn zu erreichen – wurde DDR-Geld zum Kurs von etwa eins zu fünf gern in D-Mark getauscht. Diesen Handel sollte ein in einer Nacht- und Nebel-Aktion durchgeführter Umtausch der DDR-Geldscheine 1957 erschweren. Zufrieden stellte die *Berliner Zeitung* am 15. Oktober fest: „Der erfolgreiche Geldumtausch in unserer Republik, der das ganze Spekulanten- und Spionagegesindel in Westberlin schwer getroffen hat, ist von unserer Bevölkerung mit Genugtuung aufgenommen worden [...]. Erst wenn das im Westen unserer Stadt organisierte Schieber- und Spionageunwesen vollständig beseitigt ist, wird in ganz Berlin Ordnung herrschen. Auch in Westberlin begreifen viele Menschen, dass wir uns den Missbrauch unseres Geldes nicht gefallen lassen können. Eine Aufgabe aller Bürger und der Staatsorgane der DDR aber ist es, zu verhindern, dass Spekulanten unser Geld wieder in die Hände bekommen." Mit einer Abwertung war der Umtausch nicht verbunden, allerdings verloren Besitzer von Schwarzgeld ihre Bestände an DDR-Geld.

Und es gab noch eine weitere Folge. Experte Leisering: „Die Banknoten wurden sicherer. Ab 1964 wurden sie im Stichdruck hergestellt, da war Schluss mit einfachem Nachdrucken oder -malen." Auch der offizielle Name änderte sich: Vom 1. August 1964 bis zum 31. Dezember 1967 hieß das Geld in der DDR Mark der Deutschen Notenbank.

Trotzdem blieb man auch nach Einführung des neuen Druckverfahrens auf der Hut. Man verbot sogar das Spielgeld des VEB Fest- und Spielartikel Leipzig. Es sah den echten Scheinen täuschend ähnlich, war aber um ein Drittel kleiner. In der Begründung hieß es: „Die z. Zt. äußerst rege Falschmünzertätigkeit [...] erfordert es unbedingt, dass zum Schutze unserer Geldzeichen auch gegen die Verwendung geldscheinähnlicher Drucksachen mit allen Mitteln [...] eingeschritten wird. Die Praxis hat gezeigt, dass charakterschwache Elemente, durch solche Druckerzeugnisse angeregt, den Weg zur Falschmünzerei finden."

Die „Elemente" zeigten sich lernfähig. Leisering: „Die Täter fälschten dann lieber Münzen, das wurde attraktiv, als die DDR in den siebziger Jahren Sondermünzen zu fünf, zehn und zwanzig Mark herausgab."

Weil das Metall mit den in der DDR raren Rohstoffen Kupfer, Nickel und Zinn legiert war, beschloss die Staatsbank der DDR 1980, rund 400 Tonnen der 10- und 20-Mark-Münzen aus den Jahren 1971 und 1972 in der Schwermetallschmelze des damaligen VEB Walzwerk Hettstedt einschmelzen zu lassen. Unter Aufsicht von Mitarbeitern der Bank trafen die Münzen in Jutebeuteln zu je 250 Stück im Walzwerk ein. Nachdem das Metall im Ofen gelandet war, verschwanden die Aufpasser. Im Gegensatz zu den Schmelzern wussten sie nicht, dass Metalle zunächst in der Mitte des Ofens zerfließen und die Hitze erst nach einer Weile die Ränder erreicht. Das nutzten einige Angestellte des Walzwerks, um mit ihren Ofenkellen etliche der Münzen wieder aus der Glut zu angeln.

Über den Erfolg der Aktion ist von Zeitzeugen Unterschiedliches zu erfahren. Die einen meinen, die verrußten und angelaufenen Münzen fielen auf, als damit eingekauft wurde. Die anderen erzählen von einer wilden Party, mit der die Hüttenwerker ihren Coup feierten. Das rief angeblich den Werkschutz auf den Plan, und nach dem Ausnüchtern soll einer der Beteiligten den Münzdiebstahl ungefragt gestanden haben.

Wie auch immer es gewesen sein mag – nach Polizeiangaben verschwanden damals Münzen im Wert von rund 15000 DDR-Mark, 6230 Mark konnte die Kripo in der Folgezeit beschlagnahmen. Insgesamt 13 Schmelzer, Gießer und Hüttenwerker der Abteilung Schwermetallgießerei sollen in die gewitzte Aktion verwickelt gewesen sein. Wegen Diebstahls von „sozialistischem Eigentum“ und Untreue gab es Bewährungsstrafen.

Keineswegs erfolgreicher waren die Versuche von Fälschern, Münzen im Gussverfahren herzustellen. Ein Dresdner Rentner fertigte bereits in den 1950er-Jahren auf diese Weise Geld an. Die erste nachgemachte 1-Mark-Münze der DDR-Notenbank aus Leichtmetallguss tauchte im Dezember 1956 in einer Konsum-Verkaufsstelle in Brandenburg an der Havel auf. Rund 15 Jahre später scheiterte ein anderer Fälscher aus dem Berliner Stadtbezirk Prenzlauer Berg an seinem Leichtsinn: Er zahlte in der Kneipe „Laterne“ sein Bier mit selbst gemachtem Geld und wanderte dafür für fünfeinhalb Jahre in den Knast.

Manche probierten, aus Teilen mehrerer verrissener Geldscheine, die bei der Bank eingereicht wurden, einen neuen zu machen. Andere versuchten es mit thermokopierten Scheinen und behaupteten, ihr Geld sei versehentlich im Wäschetopf mitgekocht worden. In den 70er-Jahren tauchten in Polen nachkolorierte Xerox-Kopien auf. Dieses Verfahren war eine Weile erfolgreich, weil in der DDR kaum jemand diese Technik kannte.

Das letzte gefälschte DDR-Geld fand sich kurz vor dem Mauerfall in einer Münzrolle, die die evangelische Kirche bei der Bank abgab. Es handelte sich um ein falsches 2-Mark-Stück.

All das blieben letztlich unbedeutende Episoden in der DDR-Kriminalgeschichte. Um wesentlich mehr ging es, wenn Falschmünzer aus dem Westen versuchten, ihre Blüten im Osten loszuwerden. *Neues Deutschland* meldete am 30. Januar 1980: „Von den Zollorganen der DDR wurden verbrecherische Aktivitäten einer ausländischen Geldfälscherbande gegen die sozialistischen Staaten aufgedeckt. In diesem Zusammenhang ist ein von Berlin (West) in die DDR eingereister Ausländer gestellt und festgenommen worden, der im Auftrage einer internationalen kriminellen Bande größere Mengen gefälschter amerikanischer Einhundert-Dollar-Noten in sozialistische Staaten einzuschmuggeln versuchte."

Dieses Geschäft blühte kurz nach dem Mauerfall richtig auf. Am 24. November 1989 berichtete die DDR-Nachrichtenagentur ADN: „Falsifikate im Wert von rund 10 000 DM tauchten allein im November in Ostdeutschland auf. Im großem Weihnachtsgeschäft bietet sich der ahnungslose Neu-Deutsche geradezu an, um von Schmugglerringen mit nachgemachten Exemplaren aufs Kreuz gelegt zu werden. Die Folge: Der Falschgeldkurs steigt. Wurden von Juli bis Oktober in den neuen Bundesländern 3000 DM und 2000 US-Dollar festgestellt, hatten die Experten im Vergleichszeitraum des Vorjahres bei noch geschlossenen Grenzen in Intershops und Gaststätten ‚erst' 1300 DM und 1500 US-Dollar als ‚Nachbildungen' eingezogen."

Nachdem am 1. Juli 1990 die D-Mark ganz offiziell in die DDR gekommen war, warnte deren Polizei vor Falschgeld: „Vorsicht sei immer dann geboten", so das Zentrale Kriminalamt Ende Juli, „wenn zusammengeklebte, gelochte, erheblich beschädigte oder stark verschmutzte Banknoten vorgelegt werden."

Diese Meldung verunsicherte manch einen DDR-Bürger. ADN fühlte sich bemüßigt, am 3. August 1990 abzuwiegeln: „Gerüchte über den Umlauf von falschen Banknoten in einem Umfang von etwa einer Million D-Mark in der DDR sorgen gegenwärtig für Verwirrung. Der Umtausch des vermeintlichen Falschgeldes soll an Schaltern von Sparkassen zu Andrang geführt haben. Auf Anfrage teilte der Pressesprecher des DDR-Sparkassenverbandes Kurt Löffler gestern mit, dass dies jeder Grundlage entbehre. Nach seinen Worten liege den Gerüchten ein Missverständnis zugrunde. So seien zwar Banknoten mit unterschiedlichem Druckbild im Umlauf, sie hätten jedoch alle Gültigkeit."

In der DDR hatten sich schon immer Legenden um die begehrte D-Mark gerankt. So wurde zeitweilig gemunkelt, der Staat würde die Westwährung fälschen lassen. Am 25. Januar 1991 berichtete die *Berliner Zeitung*: „Nach Wissen der Deutschen Bundesbank gibt es ‚keinerlei Anhaltspunkte' für massenhafte Devisenfälschungen von DDR-Regierungen seit den siebziger Jahren. Eine entsprechende Meldung in der jüngsten Ausgabe der *Wirtschaftswoche* könne ‚überhaupt nicht bestätigt' werden, erklärte Dietmar Thiele, Leiter der Falschgeldstelle der Bundesbank [...]. Die in Düsseldorf erscheinende *Wirtschaftswoche* hatte sich auf ‚internationale Finanzkreise' – vor allem in der Schweiz – berufen, in denen sich hartnäckig Gerüchte hielten, wonach unter SED- und Staatschef Erich Honecker 17 Milliarden Mark gefälscht worden seien. Neben Mark seien auch gefälschte andere Westwährungen in Umlauf gebracht worden [...]. Die *Wirtschaftswoche* hatte weiter berichtet, dass Honecker ‚Meistergrafiker und Druckkünstler' beschäftigt habe, die auch Pässe und Ausweise in einer ‚europaweit unübertroffenen Qualität' herstellten. Deutsche Experten hätten sich schon immer gewundert, ‚dass die vor allem in ihren letzten Jahren dauernd mit Liquiditätsproblemen konfrontierte DDR nicht schon früher zu diesem Mittel illegaler Geldbeschaffung gegriffen hatte'."

Die Zeitungsente ertrank schon bald. Geblieben ist hingegen ein Sammlerinteresse an gefälschtem DDR-Geld. Peter Leisering stellte 2014 fest: „Ab und zu tauchen Scheine aus der Leipziger Großfälschung [von 1951/52] auf dem Markt auf. Vor Kurzem wurden für eine solche Banknote bei einer Auktion 1800 Euro bezahlt. Bei DDR-Falschmünzen würde ich allerdings vorsichtig sein. Die kann auch heute noch jeder leicht herstellen, und wer sagt mir denn, dass die falsche Ost-Münze von 1986 ist und nicht von 2006, also eine falsche Fälschung?“

Wer heutzutage Geld fälscht, wird sich freilich eher gültigen Währungen als der alten DDR-Mark zuwenden. Obwohl der Euro bei seiner Einführung als besonders fälschungssicher angepriesen wurde, haben die Kriminellen auch seine Geheimnisse längst geknackt.

Der GENEX-Mörder

Mangelwaren als Tötungsmotiv in Jena

Seit 1966 wuchs in Jena an der Saale der neue Stadtteil Lobeda. Sieben Kilometer vom Stadtzentrum entfernt sollte „die sozialistische Wohnsiedlung in landschaftlich reizvoller Lage" bis 1986 Wohnraum für rund 40 000 Menschen schaffen. Besonders an Arbeiter und Angestellte der Carl-Zeiss-Werke dachte der fürsorgliche Staat dabei. Die „Vollkomfortwohnungen" in den Plattenbauten waren beliebt. Doch um sie richtig wohnlich zu machen, mussten die Bewohner meist selbst noch Hand anlegen. Dafür aber brauchte es Werkzeug. Wer zum Beispiel Gardinen vor die Fenster oder Bilder an die Wand hängen wollte, benötigte eine Bohrmaschine. Die gab es jedoch nicht so einfach zu kaufen – jedenfalls nicht für DDR-Geld. Abhilfe schuf GENEX, die „Geschenkdienst- und Kleinexporte GmbH". Sie lockte: „Lieber Kunde, seit vielen Jahren erfreut sich das Schenken über GENEX einer schnell wachsenden Beliebtheit, weil wir das Schenken leichter machen." Der Haken war nur, dass der „liebe Kunde" über Westgeld verfügen musste. Die begehrte Bohrmaschine Multimax 259/1 aus DDR-Produktion kostete Mitte der 1970er-Jahre bei GENEX 123 DM, und für weitere 20 DM bekam man dazu die nötigen Widia-Bohrer.

Da kam ein Mann wie Hans-Joachim A. gerade recht. Der 39-jährige Polierer bei Zeiss hatte Verwandtschaft im Westen. Von ihr bekam er regelmäßig über GENEX begehrte Waren, die in der DDR im freien Verkauf kaum erhältlich waren und die sich unter seinen Bekannten in Jena gut zu Geld machen ließen. Irgendetwas fehlte ja immer, und Hans-Joachim A. hatte keine Probleme, ständig neue Kunden zu finden. Sein früherer Kollege Horst Plath gehörte zu ihnen: „Er hat gesagt, brauchst du vielleicht einen Verstärker, damit du ein besseres Bild kriegst?" Das war ein verlockendes Angebot, denn im Tal von Jena störten die Berge ringsum den Fernsehempfang aus dem Westen. Plath: „Da habe ich gesagt, da bin ich mit dabei. Und da hat er gesagt, ja, da müsstest du mir erst das Geld geben. Dann habe ich das Gerät auch bekommen und habe das bei mir angeschlossen, und das Bild war genauso schlecht wie vorher. Da habe ich es ihm wiedergegeben und gesagt, ich will mein Geld wiederhaben." Das sagte Hans-Joachim A. seinem Kollegen auch zu, aber wollte es in Raten zahlen.

Niemand fand das ungewöhnlich, denn jeder wusste ja, dass der Polierer, dessen Frau Rosemarie ebenfalls bei Zeiss arbeitete, drei Kinder hatte und mit dem Familieneinkommen von 1300 Mark netto im Monat keine großen Sprünge machen konnte. Dass er sich mit seinem illegalen GENEX-Handel längst in Schwierigkeiten befand und trotz regelmäßiger Überstunden finanziell den Boden unter den Füßen verloren hatte, ahnte da noch niemand. A.s Kollege Klaus-Peter Netz beschrieb es aus dem Rückblick von mehr als 40 Jahren so: „Er wollte mehr verdienen, sicherlich, weil er sich mehr leisten wollte und weil er wahrscheinlich auch für sich das zu hoch angesetzt hatte, den Lebensstandard."

Hans-Joachim A. manövrierte sich dadurch immer tiefer in einen Teufelskreis. Er versprach GENEX-Waren, sackte den vereinbarten Preis per Vorkasse ein und lieferte zu spät oder gar nicht. Anfang 1976 hatte er so über 6500 Mark Schulden angehäuft. Alles funktionierte inzwischen nur noch als stetig wachsendes Schneeballsystem: Er brauchte ständig neue Kunden, um Rückzahlungsforderungen alter Kunden zu bedienen.

In Gerlinde und Dieter R. fand er im Sommer 1976 besonders zahlungskräftige Geschäftspartner. Das Ehepaar arbeitete ebenfalls bei Zeiss und wartete bereits seit Jahren auf das lange bestellte Auto. Da fiel das Angebot von Hans-Joachim A., ihnen „in den nächsten Tagen" den begehrten Wartburg Tourist für 18 600 Mark zu beschaffen, auf fruchtbaren Boden. Das nötige Geld hatten die R.s längst gespart. Arbeitskollege Volker Tostlebe erinnert sich an die Vorfreude der mit ihm befreundeten Familie: „Gerlinde kam eines Tages, bevor sie das Auto kaufen wollten, zu mir an den Arbeitsplatz und sagte: ‚Horch mal Volker, wir kaufen morgen ein Auto. Hans will uns ein Auto verkaufen, über GENEX. Wenn wir morgen nicht auf Arbeit kommen sollten, entschuldige uns bitte. Wir wollen einen kleinen Urlaub nehmen und gleich eine Spritztour machen.' Das war das letzte Mal, dass ich mit Gerlinde gesprochen habe."

Am nächsten Tag erschienen Gerlinde und Dieter R. tatsächlich nicht am Arbeitsplatz. Stutzig wurden die Kollegen erst, als die beiden auch in der folgenden Zeit wie vom Erdboden verschluckt blieben.

Was an jenem Sommertag im Jahr 1976 tatsächlich geschah, rekonstruierten später die Kriminalisten der VP. Gerlinde und Dieter R. wollten sich mit dem vermeintlichen Autoverkäufer Hans-Joachim A. in der Wohngebietsgaststätte „Satellit" in Jena-Lobeda treffen, um den Handel perfekt zu machen. Die vereinbarten 18 600 Mark hatten sie in einem Beutel in bar dabei. Auch Hans-Joachim A. erschien mit schwerem Gepäck. Seiner Frau Rosemarie hatte er gesagt, er müsse bei Bekannten etwas reparieren und deshalb Werkzeug mitnehmen. Den angeblichen Autoverkauf erwähnte er ihr gegenüber nicht. Dass A. bereits mit einem kaltblütigen Mordplan in den „Satellit" ging, weil er gar nicht über den versprochenen Wartburg verfügte, ermittelte Kriminalist Hans Thiers, damals Leiter der zuständigen MUK, Wochen später: „Der Täter hat diese ganzen Dinge vorgetäuscht, hat also in seiner Tasche einen Hammer mitgenommen, also ganz zielgerichtet, vorsätzlich alles exakt geplant."

Angeblich um das Auto zu holen, bat Hans-Joachim A. seinen Kollegen Dieter R. zunächst, ihn allein zu begleiten, Gerlinde sollte derweil im „Satellit" warten. Er führte seinen Kollegen an das Ufer der nahen Saale und ließ sich das Geld im Beutel zeigen. Was dann geschah, beschrieb später Kriminalist Hans Thiers: „Als sie an der Böschung der Saale in Jena waren, hat er die Gelegenheit genutzt, als er etwas hinter ihm stand, und seinen Hammer aus der Tasche genommen und ihm mehrfach auf den Schädel eingeschlagen." Dieter R. brach bewusstlos zusammen. Hans-Joachim A. nahm das Geld an sich, rollte das Opfer in den Fluss und kehrte in die Gaststätte zurück. Dort erklärte er der arglos wartenden Gerlinde R., sie nun auch zu ihrem Mann und dem tollen neuen Auto führen zu wollen. An der Saale angekommen, schlug der Mörder erneut mit seinem Hammer zu. Der Ermittler: „Sie war dadurch nicht bewusstlos. Es kam zum Kampf zwischen beiden, und dann kam sie auch zum Liegen. Sie fasste ihn in die Haare. Er suchte einen in der Nähe befindlichen Stein, den er nahm und ihr mehrfach auf den Kopf schlug, bis sie bewusstlos war." Dann warf Hans-Joachim A. auch die Frau in den Fluss und wusch sich im Wasser die Hände. Die Blutflecke an seiner Kleidung und die Kratzer in seinem Gesicht konnte der Doppelmörder dadurch jedoch nicht beseitigen.

Zurück in seiner Lobedaer Wohnung, erzählte er seiner Frau, er habe eine Prügelei mit ein paar Algeriern gehabt. Damals gab es in der DDR eine Berufsausbildung für Menschen aus dem afrikanischen Land, und hin und wieder traten Konflikte mit Einheimischen auf. Darüber wurde öffentlich nicht gesprochen, und in der Zeitung stand es schon gar nicht. Da man von solchen Auseinandersetzungen aber gerüchteweise wusste, glaubte Rosemarie A. die Lügengeschichte ihres Mannes. Dass ihr die Sache aber doch etwas merkwürdig vorkam, erfuhr Arbeitskollege Volker Tostlebe wenige Tage später. Er hatte zwar vereinbarungsgemäß Gerlinde und Dieter R. für den Tag des Autokaufs beim Chef abgemeldet, doch als sie gar nicht wieder-auftauchten, machte er sich langsam Sorgen: „Da bin ich zu Rosi gegangen und habe gesagt, Rosi, horch mal, dein Mann wollte doch Dieter und Gerlinde ein Auto verkaufen, und seitdem sind sie verschwunden. Und da war Rosi ganz empört und hat gesagt: ‚Da muss ich gleich nach Hause und muss das jetzt klären.'"

Volker Tostlebe begleitete die Frau. Schon auf dem Weg erzählte sie ihm, dass ihr Mann, angeblich von Algeriern zusammengeschlagen, an jenem Tag blutverschmiert in der Wohnung in Lobeda erschienen sei und sie sich geekelt habe, seine Kleidung zu waschen. Zu Hause angekommen, rief Rosemarie ihrem Mann, der sich im Schlafzimmer verkrochen hatte, zu: „Hier weiß jemand, dass du ein Auto verkaufen wolltest, was ist da los?" Hans-Joachim A. kam wütend ins Wohnzimmer, und Volker Tostlebe stellte ihn zur Rede. Tostlebe ahnte noch nichts von dem Doppelmord, wurde aber stutzig, als ihm sein Kollege entgegenschleuderte: „Wenn du das der Polizei sagst, da kann ich mich gleich aufhängen!" Tostlebe bekam es mit der Angst zu tun und verließ fluchtartig die Wohnung, um die Polizei zu verständigen.

Hans-Joachim A. wurde abgeholt und aufs Revier gebracht. Hans Thiers vernahm ihn. „Bei dieser Befragung hat er erst mal kategorisch bestritten, mit dem Verschwinden des Ehepaares etwas zu tun zu haben."

Die Volkspolizisten saßen in der Zwickmühle, denn bislang hatte noch niemand Gerlinde und Dieter R. gefunden. Durch weitere Ermittlungen verdichtete sich jedoch sehr schnell der Verdacht gegen Hans-Joachim A., der immer wieder verhört wurde – bis er die grausige Tat gestand. Schließlich erklärte sich der Doppelmörder bereit, die Polizisten an den Tatort am Ufer der Saale zu führen.

Dort wurde der Doppelmord von der Kriminalpolizei nachgestellt. Hans Thiers und seine Frau spielten die Rolle des immer noch verschwundenen Ehepaars R. Das brachte nicht nur Aufschluss über den Tathergang, sondern bestätigte auch, dass Hans-Joachim A. planmäßig und vorsätzlich gehandelt hatte. Erschüttert erinnerte sich der Kriminalist später: „Er zeigte uns eigentlich – teilweise emotionslos –, was er gemacht hatte mit dem jungen Ehepaar."

Damit war das Verbrechen – so wie 97,2 Prozent aller Tötungsverbrechen in der DDR – aufgeklärt. Und wie bei gut 75 Prozent der Fälle war ein Mann der Täter.

Als am 2. Februar 1977 mit dem Frühjahrshochwasser der Saale ein treibender Baumstamm zuerst die Leiche von Gerlinde ans Ufer brachte und die Polizei dann auch Dieter R.s Körper in der Nähe im Wasser fand, schloss sich der Kreis.

Im Herbst desselben Jahres verhandelte das Bezirksgericht Gera den Fall und sprach gegen Hans-Joachim A. eine lebenslange Freiheitsstrafe aus. Vor dem Hintergrund der damals in der DDR geltenden Gesetzeslage hätte das Urteil noch härter ausfallen können. Der Paragraph 112 des Strafgesetzbuchs legte fest: „Auf Todesstrafe kann erkannt werden, wenn die Tat [...] heimtückisch oder in besonders brutaler Weise“ oder „mehrfach begangen wird“. Die Strafrechtsreform von 1968 sah jedoch nicht mehr zwingend vor, dass die Todesstrafe gegen zivile Verbrecher verhängt wurde. Seit 1971 geschah das dann auch nicht mehr. Keinen Zweifel hegte das Gericht am Motiv des Doppelmörders: Es war „reine Habgier“.

Dass Hans-Joachim A. seine Bluttaten nur begehen konnte, weil er für seine illegalen Schiebereien mit den begehrten Mangelwaren immer wieder interessierte Abnehmer fand, stand öffentlich nicht zur Debatte. Hinter vorgehaltener Hand machten sich aber doch etliche seiner vormaligen Kollegen beim VEB Carl Zeiss ihre Gedanken darüber. Obwohl es damals keine Boulevardmedien gab, kannten viele die Geschichte vom tödlich ausgegangenen Versuch des Autokaufs durch die Familie R. in Jena. Arbeitskollege Klaus-Peter Netz sprach sicher manchem aus dem Herzen, wenn er mehr als 40 Jahre nach dem Doppelmord daran dachte: „Man hat sich gesagt, Mensch, vielleicht hätte es uns treffen können!“

Risiken ging oftmals ein, wer sich auf einen privaten Autohandel einließ. In den 80er-Jahren hatte sich dafür ein umfangreicher Markt auf Parkplätzen und an verschiedenen Straßen überall in der DDR etabliert. Die Behörden akzeptierten ihn stillschweigend. Ebenso rar wie begehrt waren vor allem Westwagen. Ende der 70er-Jahre importierte die DDR ein paar Hundert Citroën Pallas und Peugeot 305, die für 38 850 DDR-Mark verkauft wurden, und Exemplare des Volvo 244 DLS, der 42 000 Mark kostete.

Ein solches Auto zu besitzen war ein Statussymbol. Der damals 26-jährige Thüringer Bernd G. wollte unbedingt eines haben. Und er war bereit, dafür ein Verbrechen zu begehen. Der

Büfettier in der HO-Gaststätte (HO-G) „Goldbroiler" am Erfurter Anger hatte einen Verkäufer eines roten Peugeot 305 gefunden und für den Wagen, Baujahr 1979, einen Preis von 43 000 Mark ausgehandelt. Am 21. August 1981 stieg er in den Zug nach Leipzig, wo das Geschäft auf einem Parkplatz abgeschlossen werden sollte. Bei der Probefahrt kam es zu einem heftigen Streit mit dem Autobesitzer. Bernd G. schlug ihn nieder und warf ihn in den Kofferraum des roten Peugeot. Unweit der Fahner Höhen vor den Toren von Erfurt erwachte der gefangene Autoverkäufer und machte sich durch Klopfen bemerkbar. Als Bernd G. hielt und den Kofferraum öffnete, wollte sein Widersacher mit ihm reden und ging auf ihn zu. Ohne zu zögern, rammte ihm Bernd G. mehrfach einen spitzen Gegenstand in den Körper. Dann warf er die Leiche in eine Kuhle und bedeckte sie flüchtig mit Zweigen und Blattwerk. Das beobachtete aus der Ferne ein Jäger, dem der Westwagen aufgefallen war.

Noch während Bernd G. seiner Freundin in Erfurt „sein" neues Auto vorstellte, begann die Fahndung der Polizei nach einem roten Peugeot. Eine VP-Streife fand dieses wenig später geparkt vor Bernd G.s Wohnung.

Im folgenden Prozess bestätigten die Rechtsmediziner elf Einstiche, mit denen das Opfer getötet worden war. Sie vermuteten, dass ein Broiler-Grillspieß als Mordwerkzeug diente. Für den grausamen Mord erhielt Bernd G. eine lebenslängliche Freiheitsstrafe. Nach dem Ende der DDR wurde sie zur Bewährung ausgesetzt. Die damit verbundene Hoffnung auf eine Resozialisierung erfüllte sich jedoch nicht. Nun suchte der frühere Gastronom sein Glück im inzwischen entstandenen Rotlichtmilieu der thüringischen Landeshauptstadt. Man fand ihn am 6. Dezember 1996 nachts blutüberströmt in einem Haus in der Erfurter Salinenstraße. Ein Pistolenschuss hatte den inzwischen 41-jährigen Bernd G. in den Hals getroffen.

Der Mitteldeutsche Rundfunk recherchierte Ende 2016, dass dort inzwischen die kalabrische Mafia agierte: „Seit 1995 existiert eine Zelle der ‚Ndrangheta' in Erfurt. Gastro-Unternehmer zogen damals von Duisburg in die thüringische Landeshauptstadt, wo sie als Finanzverwalter der kriminellen Vereinigung agierten [...]. Beim italienischen Mafia-Forscher Nando Dalla Chiesa von der Uni Mailand hat sich der Begriff ‚Erfurter Modell' zu einem feststehenden Begriff etabliert. Er steht für eine erfolgreiche Unterwanderung einer Stadt durch die Mafia [...]. Zwischen 1996 und 2006 öffneten der kriminellen Vereinigung nahestehende Gastro-Unternehmer in Erfurt etwa sieben Lokale und gründeten mehrere Unternehmen."

Zocken im Hinterzimmer

Die illegale Glücksspielszene in der DDR

Als sich in den 1950er-Jahren das Lottospiel in der DDR etablierte, versuchten manche, dem Glück ein wenig nachzuhelfen. Nachdem damit ein Mann aus Torgau auf die Nase gefallen war, klagte am 30. Januar 1957 das Ost-Berliner Blatt der CDU: „Derartige Betrugsversuche häufen sich in letzter Zeit. Es vergeht kaum eine Woche, in der nicht ein solcher Versuch unternommen wird. Seit dem 1. Januar 1956 wurden in der DDR 130 Rechtsverletzungen dieser Art gezählt. Am stärksten ist der Bezirk Dresden mit 23 Fällen beteiligt, während z. B. im Bezirk Schwerin in diesem Zeitabschnitt kein einziger Fall vorkam. Zur Ehre des VEB Zahlenlotto kann übrigens festgestellt werden, dass in der gleichen Zeit von mehr als 2500 Auswertern keiner versuchte, auf kriminelle Art Fortuna zu korrigieren. Vor längerer Zeit war in Neustrelitz eine solche Veruntreuung bekannt geworden. Diese Auswerterin wurde mit fünf Jahren Zuchthaus bestraft."

Ganz so streng ging es nicht mehr zu, als es 1988 doch noch einmal ein junger Mann probierte. Im März verurteilte das Berliner Stadtgericht einen 25-jährigen Maurer, mittlerweile als Kraftfahrer in einem Baubetrieb tätig. Mit Radiergummi und Bleistift hatte er versucht, einen Lottoschein zu manipulieren. Als er bei der Bezirksdirektion für Wettspielbetriebe den Gewinn von 85 608 Mark für seinen angeblichen Fünfer abholen wollte, flog er auf. Vor Gericht stellte sich heraus, dass sich der Mann in einer Notsituation befand. Er war verwitwet, hatte eine zweijährige Tochter, und auch eine neue Ehe war gescheitert. Deshalb verzichteten die Richter auf die eigentliche Mindeststrafe von zwei Jahren Freiheitsentzug und sprachen nur eine Bewährungsstrafe von zweieinhalb Jahren aus.

Das Urteil erfuhr eine rege öffentliche Anteilnahme. Die *Neue Zeit* berichtete später von zahlreichen Leserzuschriften: „Darin wird weder das humane Urteil beanstandet noch die Straftat beschönigt. Es wird einfach Hilfe angeboten – dem Mann und dem Kind. Hilfe mit Geld, mit materiellen Dingen."

Doch längst gab es eine große illegale Glücksspielszene, in der Hunderttausende umgesetzt wurden und von der kaum jemand ahnte. Möglich machte das die Änderung des Strafgesetzbuches 1968. Glücksspiel war fortan nicht mehr unter Strafe gestellt. Man glaubte an das Aussterben der Kriminalität im Sozialismus. Staatsanwalt Peter Przybylski: „Das war ein kapitaler Irrtum des Gesetzgebers."

Die neue Gesetzeslücke nutzten damals etliche Leute für ihre Geschäfte. Einer von ihnen war Christian Kaisan. Alles begann als kleines Nebengeschäft anlässlich der Pferderennen in Berlin und Leipzig und weitete sich schnell aus. Christian Kaisan erinnert sich noch gut an die Renntage in Leipzig-Scheibenholz, zu denen regelmäßig um die 20 Glücksspieltische auf dem Parkplatz aufgebaut worden waren: „Dort waren Leute zugange mit einem Knödel Geld in der Hand und Würfelbecher." Gespielt wurde „Die goldene Sechs", ein Spiel mit drei Würfeln. Gewettet wurde auf die Zahlen, die nach dem Umstürzen des Würfelbechers verdeckt darunter lagen. Roland Kabisch, damals bei der NVA, verzockte manchmal seinen gesamten Monatssold von 600 Mark bei diesem Spiel: „Wir fingen mit Einsätzen von

50 Mark an, das hat sich dann gesteigert. Es gab manche, die innerhalb weniger Minuten ein paar Tausend Mark verloren haben."

Christian Kaisan machte seinen eigenen Würfeltisch mit einer Filzdecke ansehnlicher und nannte „Die goldene Sechs" nun „Grüne Wiese". Nebenbei gab es auch einen kleinen illegalen Ausschank. Roland Kabisch: „Auf diesen Tischen wurde dann immer noch eine Flasche weißer und brauner Schnaps hingestellt und ein paar Becher mit Zigaretten. Da konnte man sich bedienen. Das war einfach der Service des Kassenhalters."

Werner Pinkert gehörte als Streifenpolizist zu jenen, die das ganze Treiben argwöhnisch im Auge behielten: „Das wurden immer mehr Tische, immer mehr Leute, und vor allen Dingen die Beträge, die wurden immer höher. Man konnte dann beobachten, dass von Zeit zu Zeit jemand zu den Bankhaltern kam und dort Geld abholte [...]. Und wir haben dann mit allen Mitteln versucht, die Leute zu verscheuchen, aber letztlich waren uns die Hände gebunden."

Gleichzeitig entstanden vor allem in Berlin und Leipzig Mitte der 70er-Jahre in Privatwohnungen Spielkasinos, in denen Roulette und andere Glücksspiele blühten. Dabei ging es konspirativ zu. Christian Kaisan, der in einer solchen Runde am Leipziger Waldplatz dabei war, entsinnt sich: „Diese Wohnung war ja nur in gewissen Kreisen bekannt. Außenstehende kannten das nicht." Kaisan, der Chef einer gut laufenden Broiler-Bar in der Messestadt, hatte große Pläne und dafür einen ganz bestimmten Roulettetisch im Blick: „Wir haben dann eine Zeit lang die Zahlen aufgeschrieben und ganz klein-klein gespielt, damit wir nicht auffallen. Und dann haben wir eben festgestellt, dass das Ding solch eine Macke hat, dass man gar nicht verlieren kann als Spieler." Es waren immer wieder ganz bestimmte Zahlen, die 5, die 8 und die 11, auf die die Kugel fiel. Christian Kaisan gewann in 28 Stunden 84000 Mark. Die Bank war pleite, und er übernahm für 5000 Mark Abstand den Tisch. Die Macke am Roulette-Kessel wurde beseitigt, und nun war er der Zockerkönig von Leipzig. Drei Jahre lang liefen die Geschäfte, ohne dass es auffiel.

Auch in dem für die Polizei unübersichtlichen Berliner Stadtbezirk Prenzlauer Berg wurde um das große Geld gespielt. Kellner Peter Gurak, der nebenbei mit einem illegalen Goldhandel viel Geld verdiente, stellte ein Zimmer zur Verfügung. „Das war günstig, ich habe im Hinterhaus gewohnt, da konnte man die Zockerbude schön nutzen."

Immer mehr Spieler zeigten Interesse, die Einladungen liefen unter der Hand. Wolfgang Arlt war als Spieler dabei: „Neue Leute kamen durch Empfehlungen ins Spiel. Die traf man irgendwo auf der Rennbahn und hat festgestellt, die haben ja auch so eine Spielerleidenschaft, und dann hat man die eingeladen." Bald glichen die geheimen Glücksspielwohnungen kleinen Kneipen. Auch Peter Gurak sorgte für das Wohlbefinden seiner Gäste: „Die Leute kamen abends um sieben oder halb acht zu mir. Dann haben sie es sich im Wohnzimmer erst mal gemütlich gemacht, Cola getrunken oder einen Kaffee gekriegt und eine Bockwurst gegessen. Und dann habe ich daraus so ein kleines Geschäft gemacht." Der Gastgeber kassierte Eintritt, und wer die Bank übernehmen wollte, musste „einen Zehner oder zwanzig Mark Lichtgeld" bezahlen.

Etwa ein Dutzend Gäste fanden sich so immer zusammen. Beim Kartenspiel „Meine Tante, deine Tante" ging es um Zehntausende Mark pro Nacht. Wolfgang Arlt: „Bevor ich das Spiel begriffen hatte, war ich schon ein paar Tausend los."

Gegen das Glücksspiel hatte der Staat an sich nichts einzuwenden. Er wollte aber lieber mit seinem VEB Vereinigte Wettspielbetriebe selbst daran verdienen. Deshalb war die illegale Spielerszene ärgerlich. Volkspolizist Werner Pinkert: „Damals hat einen gewurmt, dass es etwas gab, gegen das man nicht vorgehen konnte." Die Presse agitierte gegen die Glücksspieler, und der TV-Staatsanwalt warnte: „In solchen Dingen müssen wir den Anfängen wehren." Derweil setzten die illegalen Glücksspieler nach internen Polizeischätzungen knapp eine Million Mark im Jahr um. Der erfolgreiche Zockerkönig Kaisan berichtete von den zwei Dacias, die seine Familie besaß, seinem Melkus-Sportwagen für 30 000 Mark, seinem Boot und seinem Wohnwagen: „Für DDR-Verhältnisse war das unanständig viel."

Mitte der 70er-Jahre zog der Staat in Sachen Glücksspiel jedoch die Notbremse. Zunächst wurde wegen „unerlaubter Gewerbeausübung" zugegriffen. Am 27. Mai 1976 schlug der Leipziger Stadtrat für Kultur dem Oberbürgermeister „Maßnahmen zur Unterbindung öffentlicher Glücksspiele ohne Genehmigung" vor. Zwei Tage später startete eine Razzia mit Streifenpolizisten, Kriminalisten und Mitarbeitern der Abteilung Inneres. Während das DDR-Fernsehen filmte, wurden 13 illegale Buchmacher festgenommen, darunter auch welche aus Dresden und Halle. Das Protokoll hielt fest: „Unter ihnen befinden sich 3 Mitglieder der SED." Die Polizei konfiszierte 12 617,78 Mark, und ab 31. Mai wurden Ordnungsstrafverfahren durchgeführt.

Drei weitere Razzien folgten. Die Spielleidenschaft wurde dadurch nicht gebremst. Dabei hatte schon 1973 eine Folge der Fernsehserie *Polizeiruf* mit dem Titel *Siegquote 180* vor dem vermeintlich schnellen Geld gewarnt. Dort ging es um ein manipuliertes Trabrennen. Ein Pferderennen war es auch, das 1978 das Fass zum Überlaufen brachte. Als Außenseiter gewann die

Fuchsstute Mia, und ihr Trainer kassierte aufgrund der hohen Siegquote fast 100 000 Mark. Das rief sogar das SED-Politbüro auf den Plan, das nun die Verstaatlichung der privaten Buchmacher anordnete. Doch in der Folge stieg die Zahl illegaler Wettanbieter beträchtlich. Sie machten eigene Quoten, zahlten keine Steuern und schreckten auch vor Manipulationen bei Ross und Reiter nicht zurück.

Glücksspieler, die lieber auf die Roulettekugel oder Spielkarten setzten, zogen sich nun endgültig in private Räume zurück. Bald kam auch Westgeld ins Spiel, das 1 zu 4 abgerechnet wurde. Die Summen stiegen. Christian Kaisan weiß noch von einem Abend, an dem er mehr als 72 000 Mark verlor – und sie wenig später zurückgewann.

Einige DDR-Bürger mit ausreichend krimineller Energie versuchten indessen, dem Glück beim offiziell erlaubten Lotto, Toto oder den Losbrieflotterien mit verschiedensten Tricks auf die Sprünge zu helfen. Über den bedeutendsten Fall informierte am 19. Dezember 1975 die ZK-Abteilung Planung und Finanzen das SED-Politbüro. Staatsanwalt Peter Przybylski: „Und zwar hatte die Bezirkschefin der Direktion für Wettspielbetriebe in Schwerin herausgefunden, dass bei der Losbrieflotterie die Gewinne in Kuverts steckten, die etwas anders geartet waren als die Nieten." Sie setzte daraufhin ihre ganze Familie ein – darunter auch den Schwiegersohn, der als Lokführer viel in der DDR herumkam, – um überall abzukassieren. So kamen im Laufe der Zeit rund 130 000 Mark zusammen. Die Hauptangeklagte bekam dafür eine Haftstrafe von acht Jahren. Publik durfte die Sache damals nicht werden, denn es waren ja Zehntausende von bereits verkauften Losbriefen in der ganzen DDR im Umlauf.

Mit Gewalt versuchte es ein Jahr später eine Frau. Sie erschlug eine 76 Jahre alte Berliner Lottoverkäuferin aus der Pankower

Dietzgenstraße, um sich der Lotto-Einnahmen zu bemächtigen.

Mit viel Geld in der Tasche ließ es sich auch in der DDR gut leben. Das wussten vor allem die illegalen Glücksspieler. Für ihre Wochenendtouren mieteten die Zocker in den Interhotels der DDR über Strohmänner und mit Bestechung Suiten an, und dann flogen auch dort die Karten. Wolfgang Arlt berichtete von einer zwölfstündigen Pokernacht mit acht Leuten 1982 im Dresdner Interhotel: „Da hatte jeder um die 20 000 bis 30 000 Mark in der Tasche."

Derlei blieb der Stasi nicht verborgen. Christian Kaisan: „Wenn da 50 oder 80 Leute pro Nacht einreiten, dass da auch ein paar dabei sind, die alles Mögliche melden und Berichte schreiben, das war eigentlich jedem klar."

Doch auch die Stasi konnte das Glücksspiel nicht unterbinden, denn es war ja nicht verboten. So nutzte sie ihre Macht zunächst nur zur Einschüchterung, in einigen Fällen auch zur Erpressung der ertappten Sünder. Gleichzeitig wuchs in der DDR-Presse die Polemik gegen Glücksspiele, und im TV-Krimi *Der Staatsanwalt hat das Wort* zeigte man den erhobenen Zeigefinger.

Am 28. Juni 1979 wurde der Paragraph 249 des Strafgesetzbuches, „Kriminelle Asozialität", geändert. Dort hieß es nun: „Wer das gesellschaftliche Zusammenleben der Bürger oder die öffentliche Ordnung und Sicherheit beeinträchtigt, indem er sich aus Arbeitsscheu einer geregelten Arbeit entzieht, obwohl er arbeitsfähig ist, wird mit Verurteilung auf Bewährung, Haftstrafe oder mit Freiheitsstrafe bis zu zwei Jahren bestraft." Das SED-Zentralorgan *Neues Deutschland* kommentierte einen Tag später: „Die vorgeschlagenen Änderungen und Ergänzungen berücksichtigen die Erfordernisse und die Erfahrungen des Kampfes gegen die Kriminalität." Glücksspiel und Prostitution als Erwerbsquelle standen danach unter Strafe. Das Spiel ging trotzdem weiter.

Bei Christian Kaisan klingelte wenig später die Zollfahndung. Sein Vermögen wurde eingezogen, und er wanderte für eineinhalb Jahre ins Gefängnis. Den Vorwurf vor Gericht hat er bis heute nicht vergessen: „Begründung: Glücksspiele sind unlauter, weil sie im krassen Widerspruch zu den Moralanschauungen unserer Werktätigen stehen." Nach seiner Entlassung stellte er einen Ausreiseantrag und siedelte in den Westen über. Dort blieb er Berufsspieler und wurde Millionär. Wolfgang Arlt saß 18 Monate in U-Haft und wurde dann zu einer Strafe von zwei Jahren verurteilt.

Etwa ab 1986 war die illegale Glücksspielszene in der DDR endgültig zerschlagen. Im Zuge des Neuaufbaus der Berliner Friedrichstraße plante nun der Staat, im Haus Nummer 108 das internationale „Casino Berlin" zu errichten, in dem mit hartem Geld gespielt werden sollte. Dazu kam es nicht mehr. Stattdessen eröffnete im Mai 1990 im Hotel „Stadt Berlin" am Alexanderplatz das erste offizielle Spielcasino der DDR. Gespielt wurde nun bereits mit D-Mark.

Der Fall Erwin Hagedorn

Kindermordserie in Eberswalde

Bis heute spielt der Fall des Kindermörders Erwin Hagedorn aus Eberswalde in der deutschen Kriminalgeschichte eine ganz besondere Rolle. Erstmals wurde ein Gewaltverbrechen mithilfe eines wissenschaftlichen Täterprofils aufgeklärt. Für die sadistische Ermordung der beiden neunjährigen Schüler Henry Specht und Mario Louis am 31. Mai 1969 und des zwölfjährigen Ronald Winkler am 7. Oktober 1971 sowie der Vorbereitung von acht weiteren Morden wurde Erwin Hagedorn am 15. Mai 1972 vom Bezirksgericht Frankfurt (Oder) zum Tode verurteilt und am 15. September 1972 in Leipzig hingerichtet. Es war das letzte Todesurteil, das in der DDR an einem Zivilisten vollstreckt wurde.

An die damals in der Stadt herrschende Stimmung können sich ein halbes Jahrhundert später nur noch sehr alte Eberswalder entsinnen. Zu ihnen gehört der frühere Berufsschullehrer Siegfried Ploschenz. Bei ihm ging Erwin Hagedorn als Kochlehrling zur Schule: „Er war ein Muttersöhnchen, kam mit Gleichaltrigen nicht klar. Hatte wenig Kontakte. So suchte er die Gewalt über Jüngere. [...] Mehr, als dass Kinder vermisst wurden, wusste damals keiner. Es gab keine Informationen im Fernsehen wie heute. Wir haben alle im Ort unsere Kinder zur Schule gebracht. Hatten Angst. Die Gerüchteküche brodelte. Als das dritte Kind tot war, wurde endlich in die richtige Richtung ermittelt."

Die 2017 vom damals 83-jährigen Siegfried Ploschenz gemachte Bemerkung, dass erst nach dem dritten Mord „in die richtige Richtung“ ermittelt wurde, ist eine Folge der nachträglichen Medienpräsenz des Falls. In der ARD-Dokumentarfilmreihe *Die großen Kriminalfälle* wurde am 17. Mai 2001 die Folge *Tod einer Bestie – Der Fall Hagedorn* gesendet. In ihr wurde suggeriert, dass sich 1969 die Ermittlungen durch die Konkurrenz zwischen den Kriminalisten der VP und der Spezialkommission der Bezirksverwaltung der Staatssicherheit Frankfurt (Oder) verzögerten, weil aus politischen Gründen nicht frühzeitig nach einem psychisch gestörten Triebtäter gesucht wurde, den es im Sozialismus nicht geben durfte. Mit dem 2013 erstmals gesendeten und mehrfach preisgekrönten Spielfilm *Mord in Eberswalde* wurde diese These gestützt. Der Hamburger *Stern* berichtete im August 2015: „Regisseur Stephan Wagner hat nach einem Drehbuch von Holger Karsten Schmidt inszeniert. Es sei auch ein Film über einen Mord, der von einem Staat begangen wurde, erläuterte Wagner. [...] Beklemmend steht im Raum: Wäre das dritte Opfer ohne ideologische Verbohrtheit zu retten gewesen?“ Vorsichtig wurde kritisiert: „Bei der Darstellung des DDR-Alltags gibt es aber ein paar durchaus verzichtbare Klischees – so ständig wehende DDR-Fahnen an grauen Häusern.“ *Der Spiegel* lobte hingegen die „fein austarierte Zeit-, Kriminal- und Gesellschaftsstudie“ und stellte fest: „Insgesamt gerät die Darstellung der DDR nicht oberflächlich skandalisierend, sondern sie ist um Präzision und historisches Verständnis bemüht.“

In der begleitenden Presseberichterstattung über den Film war das meist nicht der Fall. Die dort transportierte Meinung fokussierte sich auf die Aussage: Solche Verbrechen durfte es im real existierenden Sozialismus der DDR nicht geben – ergo wurde nicht sorgfältig ermittelt.

Derartige Bewertungen und Schlussfolgerungen sind äußerst fragwürdig, denn ein grausames Verbrechen mit tragischen Folgen für alle Beteiligten als Beleg für die an vielen anderen Fällen leicht nachweisbare politische Beeinflussung des Rechts in der DDR heranzuziehen folgt eher den Propaganda-Narrativen des Kalten Kriegs.

Diese Art der Betrachtung begann 1975 mit dem Erscheinen des Buchs *Der Fall Heckenrose* des nordrhein-westfälischen Krimiautors Friedhelm Werremeier. Inspiriert war es von den Taten des westdeutschen Kindermörders Jürgen Bartsch. Der tötete zwischen 1962 und 1966 vier Jungen und starb bei einer freiwilligen Kastrationsoperation in der Haft. Im Fall Hagedorn sah der Autor Parallelen, weil es sich auch dort um einen offenbar psychisch gestörten Täter handelte. Im Westen war die Todesstrafe 1949 abgeschafft worden, im Fall Bartsch wurde von vielen deren Wiedereinführung gefordert. Im Osten gab es sie noch, an Erwin Hagedorn wurde sie exekutiert. In diesem Kontext stieß das Buch eine Diskussion über Recht und Unrecht an. Der westdeutsche Staranwalt Rolf Bossi spitzte sie in seinem Nachwort „Plädoyer für einen toten Mörder" zu. *Die Zeit* kritisierte das Werk insgesamt: „Werremeier berichtet über einen mehrfachen Sexualmord, die anschließende Verfolgung und Hinrichtung des Täters in der DDR. Doch kommt es ihm weniger auf den Bericht als darauf an, das Berichtete mit allen Mitteln zu Sensationen aufzutakeln."

Als im Westen geplant wurde, den DDR-Fall Hagedorn als *Tatort*-Krimi zu verfilmen, fiel das 1974 vom DDR-Fernsehen bereits gedrehte Material zu einer Folge von *Polizeiruf 110* mit dem Titel *Im Alter von …* der Zensur anheim. Es hatte ebendiesen Fall als Vorlage genutzt. Eigentlich sollte damals alles vernichtet werde, doch eine Rohfassung überlebte die DDR. Sie wurde dann Ende Juni 2011 rekonstruiert und nachsynchronisiert erstmals vom MDR gesendet.

Vor dem Hintergrund des in jenen Jahren herrschenden Kalten Kriegs zwischen den beiden deutschen Staaten war ein ideologisch bestimmter Umgang mit einem solchen Verbrechen verständlich. Unverständlich ist hingegen, dass die Meinungen, die sich in den 1970er-Jahren bildeten, bis heute nicht revidiert wurden. Das verstellt den Blick dafür, dass der Fall Hagedorn einen Markstein in der deutschen Kriminalgeschichte bildet, da er für die Tätersuche bis dahin unbekannte Wege eröffnete.

Entgegen der heute noch kolportierten Meinung ging die Stasi bereits nach den Morden an Henry Specht und Mario Louis 1969 davon aus, dass es sich bei dem Täter um einen „Sexualpsychopathen mit sadistischer Prägung, also um einen in der Triebsphäre gestörten Mann, um einen Pädophilen handelt". Aufschluss suchte die MfS-Hauptabteilung IX/7 unter Leitung von Ewald Pyka, damals als Oberstleutnant für die gesamte kriminalpolizeiliche Arbeit der Stasi zuständig, zunächst in den Arbeiten der bulgarischen Gerichtspsychiaterin Prof. Nikola Schipkowensky. Sie hatte bereits seit den 30er-Jahren zu den psychologischen Hintergründen bei Tötungsverbrechen geforscht. Danach wurde der forensische Psychiater Prof. Dr. Hans Szewczyk von der Berliner Charité mit dem Erstellen eines Gutachtens beauftragt. Erstmals in der DDR wurde von ihm als „Profiler", wie man heute sagt, ein Täterprofil geschaffen, das schließlich zum Fahndungserfolg führte. Der Kerngedanke bestand darin, dass aus den Spuren und Umständen einer Tat Schlussfolgerungen auf die persönlichen und sozialen Eigenschaften eines potenziellen Täters gezogen werden können. Diese bestimmten dann die Suche nach der Identität des zu diesem Zeitpunkt noch unbekannten Menschen.

Ausgangspunkt der Analyse war der Doppelmord vom 31. Mai 1969. Seit dem frühen Nachmittag dieses Tages wurden die beiden miteinander befreundeten Schüler Henry Specht und Mario Louis vermisst. Das Wohngebiet, in dem sie zu Hause waren, grenzte an einen größeren Wald. Mehrere aufwendige Suchaktionen der Polizei blieben ergebnislos. Unter der Bevölkerung hatte sich der Fall bereits herumgesprochen, sodass auf der Polizei ein erheblicher Ermittlungsdruck lastete. Am 12. Juni 1969 veröffentlichte das SED-Bezirksorgan von Frankfurt (Oder) *Der Tag* eine bebilderte Suchanzeige nach den beiden Jungen. Am 13. Juni fand ein Forstarbeiter ihre Leichen im Unterholz des Waldes. Sie lagen etwa 500 Meter voneinander entfernt.

Im „Tatortsuntersuchungsprotokoll" hieß es zur Auffindesituation der beiden ermordeten Kinder zusammenfassend: „1. Die Leiche des einen Jungen wurde mit geordneter vollständiger Bekleidung in Rückenlage aufgefunden. Sie wies eine Stichverletzung in der Brust und eine tiefe Schnittverletzung an der linken Halsseite auf. Der Tod war auf Verbluten in Folge des Halsschnittes zurückzuführen. Das Fahrrad lag in unmittelbarer Nähe des toten Kindes. 2. Die Leiche des anderen Jungen wurde in Bauchlage mit abgetrenntem Kopf aufgefunden. Der Brustbereich wies mehrere Schnittverletzungen auf. Die infolge starken Madenbefalls und Leichenfäulnis erklärbare vollständige Abtrennung des Kopfes und damit einhergehende Vernichtung eindeutiger Spuren ließen hier nur die Annahme eines tiefen Halsschnittes zu. Auffällig war bei der sonst geordneten Bekleidung die geöffnete Hosenklappe. Das Fahrrad wurde in der weiteren Umgebung gefunden."

Die erste Hypothese von Prof. Szewczyk zum möglichen Täter ging davon aus, „dass es sich bei dem homophilen Sadisten um eine noch ziemlich junge männliche Person handeln kann, die vermutlich in geordneten, mit hoher Wahrscheinlichkeit nicht asozialen Verhältnissen lebt". Die Fahndung nach einer solchen Person blieb jedoch zunächst erfolglos.

Am Abend des 9. Oktober 1971 berichteten Kinder ihren Eltern, dass ihr Spielgefährte Ronald Winkler von einem unbekannten Mann verfolgt worden und seither verschwunden sei. Nach einer sofort von der Polizei eingeleiteten Suche fand man seine Leiche rund 500 Meter von seiner Wohnung entfernt im Wald. Sie trug mehrere Schnittverletzungen und ebenfalls eine klaffende Halswunde. Damit lag ein Zusammenhang mit dem Doppelmord von 1969 nahe.

Anhand des Materials zu dem neuen Fall konnte der forensische Psychiater seine Täterhypothese präzisieren. Insbesondere fielen ihm nun Ähnlichkeiten der Eberswalder Mordfälle mit den Taten des „Kirmesmörders" Jürgen Bartsch in der Bundesrepublik auf. Mithilfe des MfS beschaffte sich Prof. Szewczyk Aktenmaterial zu diesem Fall, das er zur Erstellung seines neuen Täterprofils heranzog. Auf der Grundlage der Eberswalder Tatortbefunde und der Unterlagen zu den Mordhandlungen im Fall Bartsch schlussfolgerte er, dass es sich um psychisch ähnlich strukturierte Täter handeln könne. Daraus entstand die Annahme, dass der mögliche Täter bereits vor seinen Mordtaten sexuell-sadistische Handlungen an Jungen begangen haben könnte. Das setzte zumindest den Versuch einer Annäherung an seine potenziellen Opfer voraus.

Für die Mordfälle in Eberswalde hieß dies, dass es auf jeden Fall zwischen dem Doppelmord von 1969 und dem Mord von 1971, sehr wahrscheinlich aber auch schon vor den ersten Morden entsprechende Aktivitäten des Täters gegeben haben musste. Da sie nicht publik geworden waren, gab es zwei Möglichkeiten: Entweder wurden derartige Handlungen aus Angst und Scham von den Betroffenen verschwiegen, oder aber sie waren von denen gar nicht als Kontaktversuche erkannt worden.

Zu der sich daraus ableitenden Ermittlungsstrategie gehörte eine groß angelegte Befragung potenzieller Opfer, besonders im Eberswalder Stadtteil Westend, der an die Tatorte angrenzte. Die Ergebnisse wurden – ein Novum in der DDR – computergestützt verarbeitet.

Die wichtigste Spur ergab sich aus der Aussage eines Jungen, der am 11. November 1971 über einen sexuellen Übergriff durch den vermutlichen Mörder im Jahre 1968 – also ein Jahr vor den ersten Mordfällen – berichtete. Er kannte zwar nicht den Namen, wohl aber die Wohnung des Verdächtigen. Am 12. November wurde daraufhin der damals 19-jährige Erwin Hagedorn befragt. Von sich aus gestand er bereits in den ersten Gesprächen die Morde und berichtete detailreich über sämtliche Abläufe.

Nach Abschluss der Ermittlungen bestätigte sich die von Prof. Szewczyk vermutete Duplizität der Fälle Bartsch und Hagedorn. Beide Täter hatten ihre ersten Morde in sehr jugendlichem Alter begangen. Ihnen ging eine längere Vorlaufphase voraus, in der sich sadistische Fantasien zuspitzten. Diese mündeten in erste Übergriffe, für die sich Erwin Hagedorn in der Nähe seiner Wohnung im Wald einen Bretterverschlag als „Folterkammer" gebaut hatte. Jürgen Bartsch nutzte dafür eine Höhle. Wie er lockte auch Erwin Hagedorn mehrfach Jungen in sein Versteck, wo er sie sexuell belästigte und wiederholt auch mit seinem Messer ritzte. Schließlich verband sich sein sadistischer Trieb mit aktiven sexuellen Handlungen, die im Töten ihre Befriedigung fanden. Im psychosexuellen Bereich zeigten sich frühe Auffälligkeiten. Lange vor den Morden befriedigte Erwin Hagedorn seine sadistisch-sexuellen Fantasien durch das Töten von Tieren.

Sowohl bei der Rekonstruktion seiner Morde, über die die Polizei einen Lehrfilm für den internen Gebrauch drehte, wie auch in den psychologischen Begutachtungen, bei denen Prof. Szewczyk als Erstgutachter fungierte, zeigte sich Erwin Hagedorn von erstaunlicher Offenheit. Redegewandt schilderte er seine Taten und die dabei entstandenen Gefühle und erinnerte sich an jedes Detail. Manche Fachleute vermuteten später, dass er in diesen Schilderungen seine Taten noch einmal lustvoll durchlebte.

Die Gutachten bescheinigten Erwin Hagedorn einerseits eine hochauffällige Persönlichkeit mit einem stark ausgeprägten Geltungsstreben, Minderwertigkeitskomplexen, eingeschränkter Kompetenz, Bindungen einzugehen, und flachen Gefühlsreaktionen sowie eine nur gering entwickelte Fähigkeit zu Mitleid, Liebe und Hass. Andererseits belegten sie aber auch, dass der Täter fähig war, sich willentlich in eine sadistische Erregung hineinzusteigern und diese zu steuern. Daraus ergab sich, dass er unter keiner zu einer Minderung der Zurechnungsfähigkeit führenden „schwerwiegenden abnormen Persönlichkeitsentwicklung mit Krankheitswert" litt.

In Gesprächen, die der Gutachter mit den Eltern Hagedorns führte, wurde deutlich, dass ihr Sohn in der Kindheit kaum körperliche Nähe und Zuwendung erfahren hatte. Sexualität galt als Tabu. Seine Mutter hegte zwar den Verdacht, Erwin könne homosexuell veranlagt sein, verstand es aber nicht, mit ihm darüber zu sprechen.

Nach einer dreitägigen Hauptverhandlung wurde am 15. Mai 1972 vom 1. Strafsenat des Bezirksgerichtes Frankfurt (Oder) das Todesurteil gegen Erwin Hagedorn gesprochen. Nach einer Berufung bestätigte der 5. Strafsenat des OG der DDR das erstinstanzliche Urteil. Dass Hagedorn zumindest bei seiner ersten

Mordtat erst 17 Jahre alt war, spielte dabei keine entscheidende Rolle. Mit dem Jugendgerichtsgesetz vom 23. Mai 1952 begann die Strafmündigkeit in der DDR mit 14 Jahren. Nach der Strafrechtsreform von 1968 wurde das Jugendstrafrecht durch Sonderregelungen im Erwachsenenstrafrecht ersetzt. Dieses verbot die Todesstrafe, solange die Volljährigkeit noch nicht erreicht war. In der DDR geschah dies mit Vollendung des 18. Lebensjahrs – während in der Bundesrepublik bis 1975 das 21. Lebensjahr entscheidend war.

Im Sommer 1972 stellten die Eltern und der Anwalt des Beschuldigten ein Gnadengesuch zur letztmöglichen Abwendung des Vollzugs der Todesstrafe. Es wurde vom damaligen Vorsitzenden des Staatsrates der DDR Walter Ulbricht abgelehnt.

Durch die Publikation des Kriminologen Herbert Grieschat im *Forum der Kriminalistik* im Jahre 1973 wurde der Fall über die Grenzen der DDR hinaus bekannt. Auch das widersprach der nachträglichen Darstellung, alles sei geheim geblieben, weil es „nicht zum Sozialismus passen" würde.

Die diebischen Messemännchen

Stasi-Mitarbeiter als Verbrecherbande in Leipzig

Ursprünglich war das globusköpfige Messemännchen im blauen Anzug ein Bruder des Sandmännchens. Puppengestalter Gerhard Behrendt hatte beide Figuren erfunden. Seit 1964 war der kleine Mann mit dem „MM“ auf dem Hut und der Pfeife im Mund das Symbol für die Leipziger Muster-Messe.

Bei der Stasi hatte der Begriff Messemännchen noch eine andere Bedeutung. Der ehemalige MfS-Oberstleutnant Günter Bohnsack von der Hauptverwaltung Aufklärung (HV A), Abteilung X: „So nannten wir unsere inoffiziellen Mitarbeiter und das Fußvolk, dass rund um die Uhr die Messe beobachtete. Eine Einsatzgruppe unseres Ministeriums machte regelmäßig nachts ihre Runden durch die Messehäuser, schon um zu kontrollieren, ob sich an den West-Messeständen operativ interessante Unterlagen befanden.“

Diese Missionen trugen jahrelang den Codenamen „Treffpunkt“, an den die jeweilige Jahreszahl und ein „F“ (für Frühjahr) oder ein „H“ (für Herbst) angehängt wurden.

Dass die Messen nicht ohne Probleme verliefen, weiß der frühere Messe-Büroleiter Dietmar Possenheim. Im Frühjahr 1985 wurde es besonders schlimm. Dabei hatte *Neues Deutschland* schon am 6. Februar voller Optimismus verkündet: „Die Leipziger Frühjahrsmesse 1985, die vom 10. bis 16. März unter dem traditionellen Motto ‚Für friedlichen Handel und technischen

Fortschritt' stattfindet, wird sich erneut als Stätte weltoffenen Handels im Dienste des Friedens und als Forum des weltweiten wissenschaftlich-technischen Informations- und Erfahrungsaustausches erweisen." Zu diesem schönen Bild passte ganz und gar nicht, was Dietmar Possenheim zu berichten hat: „Jedes Jahr wurde mehr gestohlen. Da konnten wir uns eigentlich nicht vorstellen, dass es nur Bürger waren, also Besucher, die zur Messe kamen, vielleicht mal was haben wollten. Das waren wirklich schon Dimensionen, die uns auch regelrecht Schaden zugefügt haben." Er vermutete schon damals, „was Großes" müsse dahinterstecken.

Auch die Damen und Herren vom „Treffpunkt 85 F" glaubten das. Bei der VP häuften sich die Anzeigen. Mal waren es „Spirituosen, Pizzateller, Schreibtischgarnituren" im Gesamtwert von 550 DM, die am Stand der Firma Dr. Oetker aus Bielefeld verschwanden, ein anderes Mal betraf es das Pharma-Kombinat GERMED, dem im „Dresdner Hof" ein Sharp-Taschenrechner für 400 DDR-Mark abhandenkam.

Dabei sollte die Messe doch eigentlich Kultur und Gediegenheit ausstrahlen. Die Sonderbriefmarken zur Leipziger Frühjahrsmesse 1985 zeigten das Bach-Denkmal an der Thomaskirche in Leipzig und eine Kanne aus Meißner Porzellan mit Weinlaubdekor. Sonderfluglinien zwischen Leipzig und 21 europäischen Städten von Amsterdam bis Zürich wurden eigens für die Messezeit eingerichtet. Und DDR-Außenhandelsminister Horst Sölle stellte beim traditionellen Empfang am ersten Messetag fest: „Wie hier in Leipzig deutlich wird, schaffen außergewöhnliche Dynamik und lang anhaltendes stabiles Wachstum der Volkswirtschaft günstige Bedingungen für den weiteren Ausbau der Position der DDR auf den internationalen Märkten."

Mit einer außergewöhnlichen Dynamik hatte es derweil auch

die VP bei den Messediebstählen zu tun. Doch sie fand keine heiße Spur. Die Stasi hingegen war erfolgreicher. Als eines Tages gefälschte Schecks mit der Unterschrift von MfS-Hauptmann P. auftauchten, nahm sie ihren Genossen still und heimlich fest. Er gehörte seit Jahren zum festen Stamm der „Messemännchen“, die nächtens ihre Runden drehten. Nach ein paar groben Verhören packte er aus, und die Vernehmer mochten ihren Ohren nicht trauen. Hauptmann P. versuchte seine Haut zu retten, indem er all die anderen anschwärzte, die aus seiner Truppe beim Klauen aktiv waren: „Ich habe die Namen nur deswegen genannt, damit ich nicht bestraft werde. Das hat man mir auch versichert.“

Mehr als 30 Jahre später erklärte das diebische Stasi-Messemännchen der Fernsehautorin Nina Rothermund im Interview: „Die Diebstähle waren bandenmäßig, mafiosihaft durchgeführt. [...] Es war eine richtige kriminelle Vereinigung, die sich gegenseitig gedeckt haben, sich unterstützt haben und sich gegenseitig die Waren zugeschustert haben.“

Die erhalten gebliebenen Stasi-Akten belegen, dass es sich bei den gestohlenen Artikeln überwiegend um recht banale Dinge handelte. Sie hatten aber alle eine Gemeinsamkeit: In der DDR zählten sie zu den begehrten Mangelwaren. Hauptmann P.: „Alles, was nicht niet- und nagelfest war, wurde gestohlen.“ In dem Protokoll wurden unter anderem aufgelistet: „200 bis 700 Stück Taschenmesser, 2000 bis 3000 Stück Wegwerf-Gasfeuerzeuge, 3000 bis 5000 Kugelschreiber, 30 bis 150 Kleinschraubenzieherbestecke (vom Uhrenkombinat Ruhla)“ oder auch „20 bis 50 Stück Regenschirme“, Rasierklingen und „Taschenrechner, 50 bis 100“. Doch es blieb beileibe nicht bei derartigen Kleinigkeiten. Auch Lederjacken, Pelze oder Heimelektronik gehörten zum Diebesgut.

Hauptmann P. beteiligte sich seit 1974 am Diebstahl. Seine damals bereits emsig stehlenden Genossen hatten ihn nach und nach in ihre Geschäfte einbezogen: „Da lagen immer kleine Geschenke unter meinem Kopfkissen, mal 'ne Stange Zigaretten, mal ein Parfum, mal ein paar Lippenstifte." Das machte ihn stutzig, und er observierte seine Leute. „Ich habe dann beobachtet, wie die Mitarbeiter tauschten und kofferweise Klamotten rausgeschleppt haben." Die illegalen Aktivitäten zu unterbinden kam ihm nicht in den Sinn. Stattdessen machte er mit und entwickelte sich bald zu einem nützlichen Mitglied der Diebesbande. Als Chef schrieb der Hauptmann nämlich die Dienstpläne. P. sorgte fortan dafür, dass die Stasi-Ganoven dort eingesetzt wurden, wo die fetteste Beute wartete. Nun rentierten sich die Streifzüge erst richtig, und auch für ihn fiel einiges an Sore ab, zum Beispiel eine Nappalederjacke.

Elf Jahre lang verlief alles ohne Probleme. Die VP schrieb fleißig ihre Protokolle, doch einen „Genossen von der Sicherheit" auch nur andeutungsweise zu verdächtigen kam ihr nicht in den Sinn. Inzwischen hatten sich die Mitglieder der Stasi-Bande regelrecht spezialisiert. Leutnant Sch. – 1985 von Hauptmann P. angeschwärzt – erinnert sich: „Im Haus, in dem ich eingesetzt war, waren nur kosmetische Artikel. Von der Qualität her waren die Produkte doch besser als leider Gottes unsere DDR-Produkte." Treuherzig versichert er noch heute, dass es ihm nur so gelang, seine lästigen Schuppen zu bekämpfen.

Bei Hauptmann P. hingegen bestimmte die wachsende Gier das Handeln. In seinem Vernehmungsprotokoll wurde festgehalten: „Um mein Vorhaben zu realisieren, packte ich pro Nachtschicht in eine Aktentasche und in einen größeren Beutel die entwendeten Sachen. Damit verließ ich das Messehaus und leerte die Behältnisse in meinem Pkw. [...] Über die

Ansammlung von gestohlenen Waren hatte ich keine Übersicht mehr."

Als er schließlich wegen der gefälschten Schecks aufflog und seine Aussagen machte, ging alles Schlag auf Schlag. Leutnant Sch. weiß noch genau, dass alles konspirativ lief: „Ich wurde in die Personalabteilung gerufen, und man hat mir dort mitgeteilt, dass ich zu einem Sondereinsatz sofort wegmuss." Die unauffällige Verhaftung traf 17 weitere Stasi-Mitarbeiter. Sie alle wurden in eine MfS-Schule in der Nähe von Magdeburg gebracht und mussten dort, isoliert voneinander, ihre Geständnisse schreiben.

Die Vernehmer machten ihnen tüchtig die Hölle heiß. Sie drohten mit zwölf Jahren Knast sowie Sippenhaft und sprachen davon, dass der über die elf Jahre angerichtete Schaden bei vier Millionen D-Mark läge. Doch die Art und Weise des Umgangs mit ihnen ließ die Delinquenten trotzdem auf Nachsicht hoffen. Sie wussten, dass es im MfS üblich war, Straftaten der eigenen Mitarbeiter zu verschleiern. Nur wenn es gar nicht anders ging, wurden die untreuen Genossen erst aus dem Ministerium entlassen und dann später als „ganz normale DDR-Bürger" vor ein Gericht gestellt. Alle erklärten sich 1985 eilfertig bereit, die in den Wohnungskellern gebunkerte Sore zurückzugeben, und ihre Hoffnung auf Nachsicht erfüllte sich.

In den Stasi-Akten zu dem Großdiebstahl steht: „Durch diese Handlungsweisen wird bei etwaigem Bekanntwerden nicht nur das Ansehen des MfS auf das gröbste geschädigt, sondern auch das der DDR gegenüber Ausstellern und Messegästen. Keiner der befragten Angehörigen nahm aus eigenem Entschluss von seinen Fehlverhaltensweisen Abstand. Überlegungen dazu wurden nur durch die Angst vor etwaiger Entdeckung bestimmt." Auch die Genossen von der VP und vom Messeamt durften nichts erfahren: „Es ist davon auszugehen, dass bei Bekanntwerden der Straftaten der Angehörigen des MfS eine erhebliche Störung im weiteren Zusammenwirken mit den Einsatz- und Sicherungskräften der Volkspolizei sowie des Messeamtes eintritt. Damit verbunden sind schwerwiegende Auswirkungen auf die Realisierung erforderlicher operativer Maßnahmen während der Leipziger Messe."

Besonders Letzteres durfte nicht geschehen. HV A-Oberstleutnant Günter Bohnsack bestätigte: „Die Messe war für uns so etwas wie ein Einsatz am Feind. Dort wurden Kontakte zu potenziellen Kundschaftern geknüpft, und wir sammelten Material, das wir eventuell einmal brauchen könnten, um den einen oder anderen Geschäftsmann aus dem Westen im Fall des Falles ‚positiv zu beeinflussen'. Dazu führten unsere Messemännchen ihre ‚Messefrauchen', und natürlich störte es auch, wenn aus den Messeständen immer wieder etwas verschwand. Das Ambiente musste stimmen – immer locker und weltoffen."

So wurde schließlich alles unter den Teppich gekehrt. *Neues Deutschland* meldete am 18. März 1985 mit gewohnter Jubelfanfare: „Die Leipziger Frühjahrsmesse 1985 ist am Sonnabend nach siebentägiger intensiver Verhandlungs- und Geschäftstätigkeit sowie wissenschaftlich-technischem Informationsaustausch abgeschlossen worden. 9000 Aussteller von allen Kontinenten sowie Politiker, Kaufleute und Experten aus 100 Ländern und Westberlin bekräftigten mit ihrer Teilnahme an diesem bedeutenden Handelsereignis die große Internationalität der Messe und ihren hohen Rang als Zentrum des völkerverbindenden Handels im Interesse des Friedens."

Die 19 Stasi-Diebe und alle, die von ihren Taten wussten, mussten Schweigeverpflichtungen unterschreiben. Die Akten hielten fest: „Obwohl eine disziplinarische Entlassung und die Einleitung von Ermittlungsverfahren gegen die unter 1 – 17 genannten Angehörigen sowie gegen Hauptmann P[...] und Leutnant Sch[...] gerechtfertigt wäre, wird [...] vorgeschlagen, davon abzusehen [...]." So geschah es dann auch.

Dass der VP die Hände gebunden waren, wenn die Täter von der Stasi waren, musste auch Kriminalist Berndt Marmulla aus Berlin erfahren. Ohne lange zu fackeln, übernahm die „Spezialkommission" des MfS derartige Fälle: „Wir hatten mal ein Zimmermädchen geschnappt, das Hotelgäste beklaut hatte. Mitten in die Vernehmung hinein erschien ein Kollege der Spezialkommission – und wir waren den Fall los. Die Dame war im Auftrag der Stasi unterwegs und horchte westdeutsche und ausländische Gäste aus."

In einem anderen Fall waren Berndt Marmulla und seine Leute einer Diebesbande auf der Spur. „Sie stiegen regelmäßig in die Häuser und Wohnungen reicher DDR-Bürger ein. Wir ermittelten einen Mittäter, der sich über die Kennzeichen teurer Autos die Adressen der Besitzer beschaffte. Als wir bei dem Mann klingelten, bat er uns, telefonieren zu dürfen. Und dann war Schluss mit lustig: Er war Major bei der Stasi und für uns unantastbar."

Das Vertuschen von durch Stasi-Mitarbeiter begangene Straftaten entsprach den Intentionen ihres Chefs Erich Mielke. Für die diebischen Messemännchen blieb es bei Verweisen und Strafversetzungen als „Offizier im besonderen Einsatz" in irgendeinen DDR-Betrieb. Der Minister hatte sich mit viel größeren Delikten aus seinem Hause herumzuschlagen. Besonders jene, die durch die „Arbeit im Operationsgebiet" Zugang zu Westgeld hatten, machten immer wieder Ärger.

Auf einer erweiterten Kollegiumssitzung am 19. Februar 1982 hörten die Chefs der MfS-Bezirksverwaltungen und die Abteilungsleiter davon. Die Kritik des Armeegenerals galt vor allem „der sich über Jahre erstreckenden Unterschlagung von Operativgeldern [...], verbunden mit der Vertuschung anderer schwerwiegender krimineller Handlungen, Tauschen zum Spekulationskurs, Schiebung hochwertiger Artikel DDR / BRD".

Bereits 1961 erschoss ein Major des geheimen Nachrichtendienstes der NVA seine beiden ausländischen Agenten. Er hatte ihren Agentenlohn von insgesamt 6300 West-Mark über Jahre unterschlagen. Dafür wurde er zum Tode verurteilt und am 24. Mai 1967 in Leipzig hingerichtet.

Da aber auch solch drastische Maßnahmen unter strikter Geheimhaltung standen, blieb der Abschreckungseffekt gering. Stattdessen sprachen sich immer wieder Fälle im Ministerium herum, bei denen „die Genossen Verständnis gezeigt" hätten. Die „Konspiration" machte Kontrollen schwierig. Wurde tatsächlich einmal jemand entdeckt, blieb die Bestrafung milde.

Das hatte eine lange Tradition. Am 26. November 1952 wurden in einem Geheimprozess vier Mitarbeiter der Stasi-Kreisdienststelle Neuruppin wegen Mordes zu einer lebenslangen Freiheitsstrafe verurteilt. Ein fünfter, Heinrich R., bekam wegen Unterschlagung von Asservaten zwölf Jahre Zuchthaus. Er hatte als Kronzeuge die ganze Sache ins Rollen gebracht.

Der Fall begann am 31. März 1951 mit dem Fund einer Wasserleiche im Ruppiner See durch einen Mitarbeiter der Wasserwirtschaft. Der Tote stand aufrecht mit gefalteten Händen im Wasser, allein der Kopf sah heraus. Die zur Hilfe gerufenen Volkspolizisten stellten nicht nur fest, dass er erst nach Eintreten der Leichenstarre dorthin gelangt sein konnte, sondern fanden in den Socken auch den gestickten Namen R. Heck.

Die Polizisten kannten diesen Namen, denn sie hatten Richard Heck kurz vor seinem Tod als Schwarzhändler verhaftet und an die Stasi-Kreisdienststelle übergeben. Der Mann aus Birkenwerder bei Berlin, 1904 in Ostpreußen geboren und gelernter Fleischer, war seit Januar 1951 mit einem Koffer voller Uhren, Schmuck, Westgeld und wertvollen Stoffen in der Gegend unterwegs, um sie an sowjetische Offiziere zu verkaufen. Neuruppin gehörte mit seinem Flugplatz zu den größten Garnisonen der Besatzer in Ostdeutschland.

Bis zum 12. Februar 1951 saß er in einer Zelle im Keller der Kreisdienststelle am Neuruppiner Hafen. An jenem Tag feierten deren Mitarbeiter mit viel Alkohol das einjährige Jubiläum ihres Ministeriums. Bei einer Kontrolle der Zelle gegen 23 Uhr wurde Richard Heck in seiner Zelle angeblich regungslos aufgefunden. Was dann geschah, berichtete MfS-Mitarbeiter Heinrich R. der Kripo: Seine Genossen kamen auf die Idee, den Toten im See zu versenken. Einer von ihnen habe gesagt: „Wenn die Leute hören, der ist getürmt, werden sie auf den Gedanken kommen, dass er sich verfolgt fühlte und deshalb ins Wasser ging."

Damals besaß die Stasi noch längst nicht die Allmacht der späteren Jahre, und auch die DDR-Justiz bemühte sich noch um Gerechtigkeit ohne Ansehen der Person. Da die fünf Stasi-Mitarbeiter die wertvolle Ware Richard Hecks unter sich aufgeteilt hatten, gingen die Richter davon aus, sie hätten ihren Häftling gemeinschaftlich ermordet, um an dessen Besitz zu kommen. Nur Heinrich R. bekam ein milderes Urteil, weil er alles ausgesagt hatte.

Fünf Jahre später hatten sich die Machtverhältnisse geändert. Nach einem ebenfalls streng geheimen Wiederaufnahmeverfahren kamen alle Verurteilten frei. Nun ging das Gericht nach Absprache mit der MfS-Führung davon aus, dass Richard Heck während der Feier unbemerkt geflohen und von einem Unbekannten ermordet worden sein könnte. Die ehemaligen

Stasi-Mitarbeiter kamen in anderen Berufen unter, der vormalige Chef der Kreisdienststelle Reinhold S. fing als Arbeiter im VEB Minimax an. Ein Mörder Richard Hecks wurde nie gefunden.

Über all die Jahre gab es immer wieder Beispiele dafür, dass Delinquenten aus dem MfS auf mehr Nachsicht als andere DDR-Bürger hoffen durften. Das erfuhr zum Beispiel auch der bis 1980 tätige Führungsoffizier aus der HV A, Referat X/3, Peter E. Bei MfS-internen Kontrollen wurde Ende Juni 1980 entdeckt, dass für verschiedene Operationen im Westen 40 060,00 DM und 4798,55 DDR-Mark zwar bewilligt, aber nicht verbraucht worden waren. Peter E. hatte sie unberechtigt vereinnahmt und das durch die Manipulation von Quittungen verschleiert. Dafür flog er am 2. Juli 1980 aus dem MfS, damit bei dem nicht zu umgehenden Gerichtsprozess nicht „das Ansehen unseres Organs" beschädigt würde. Erst ein Dreivierteljahr später, am 6. März 1981, wurde er zu einer Freiheitsstrafe von fünf Jahren und sechs Monaten verurteilt. Nur etwa drei Jahre davon musste Peter E. absitzen. Nach seiner Entlassung verpflichtete das MfS ihn sofort wieder als IM und brachte ihn beim Elektron-Apparate-Werk in Berlin-Treptow unter.

Spurlos verschwunden

Ungeklärter Vermisstenfall in Pirna

Marion Mitscherlich war ein hoffnungsvoller „Nachwuchskader" in der DDR. Die junge Frau hatte die Jugendhochschule „Wilhelm Pieck" am Bogensee bei Berlin absolviert und war danach als hauptamtliche FDJ-Sekretärin in der FDJ-Kreisleitung Pirna gelandet. Das eröffnete ihr die Aussicht auf eine spätere Parteikarriere in der SED. In Berlin stand bereits der erste FDJ-Chef der DDR, Erich Honecker, als Generalsekretär an der Spitze der Partei und des Staates. Im Bezirk Dresden hatte Hans Modrow ab 1973 das Sagen als 1. Sekretär der SED-Bezirksleitung, ebenfalls ein „Kader" aus der Jugendorganisation. Es gehörte zur Tradition der Machtelite in der DDR, sich die ersten Sporen bei der Freien Deutschen Jugend (FDJ) zu verdienen und dann in die „große Politik" zu starten.

Marion Mitscherlich, am 5. Juni 1957 geboren und gerade einmal 20 Jahre alt, arbeitete als „Sekretär für Kultur und Sport" in der FDJ-Kreisleitung. In der DDR bevorzugte man auch für Frauen die männliche Bezeichnung ihrer Funktion. Volksbildungsministerin Margot Honecker hieß offiziell „Genossin Minister".

Die junge Frau in der Kreisleitung Pirna war ehrgeizig und wollte zeigen, dass sie es verstand, das „Jugendleben" in der südöstlichen Ecke der DDR in Schwung zu bringen. Das war ein schwieriges Unterfangen, denn nach der Schule, der Lehre oder dem Studium suchten junge Leute kaum noch nach Abwechslung im Jugendverband. Wer die 20 erreicht hatte, für den standen meist Familie, Kinder und Alltagssorgen im Vordergrund. Deshalb gab sich Marion Mitscherlich auch besonders viel Mühe. Ihre frühere Klassenkameradin Regine Bosdorf bestätigt: „Sie war eine ganz quirlige, aufgeschlossene Person. Sie stand gern im Mittelpunkt." Marion Mitscherlich wollte etwas im Leben erreichen, und die Politik bot der jungen Frau, die „Wirtschaftskaufmann" gelernt hatte, dazu die Chance. Ihr Vater Tilo Mitscherlich betrachtete das mit Wohlwollen: „Sie stand fest an der Seite des Staates und engagierte sich in allem, was sie machte. Halbe Sachen, die gab's nicht." Er konnte das beurteilen, denn seine Tochter wohnte noch bei den Eltern zu Hause.

Dass sie bei der FDJ oft Überstunden machen musste, war an der Tagesordnung. Natürlich rief Marion dann zu Hause an und sagte Bescheid, dass es später werden würde. So geschah es auch am 24. Oktober 1977. Dass ihre Tochter am darauffolgenden Morgen nicht zu Hause war, bereitete Vater und Mutter keine Sorgen. Wenn es abends spät geworden war, hatte sie schon öfters mal im Büro übernachtet. Auch als gegen elf Uhr jemand von der Kreisleitung anrief und fragte, weshalb die Mitarbeiterin nicht zur Arbeit erschienen sei, dachte noch niemand daran, sie könne für immer verschwunden sein. So etwas passierte in der DDR schließlich nicht.

Zwei Tage später wurde Marion Mitscherlich dann doch bei der VP als vermisst gemeldet. Es gab keine Nachricht von ihr, keiner hatte sie gesehen – das war schon sehr ungewöhnlich. Routinemäßig lief der Fall bei der MUK in Dresden auf, und auch die Abteilung IX der MfS-Bezirksverwaltung schaltete sich ein.

Das hatte seinen Grund. Wer in der DDR für eine politische Funktion auf einer höheren Ebene auserkoren war, wurde in einer „Kader-Nomenklatur“ geführt. Dazu gehörten auch die hauptamtlichen Funktionäre der FDJ. Entscheidendes Auswahlkriterium war die politische Vertrauenswürdigkeit, danach kamen die fachliche Kompetenz und schließlich die Akzeptanz bei den Untergebenen. Als Marion Mitscherlich in diese „Nomenklatur“ aufgenommen wurde, sah die SED bereits auf Jahrzehnte einer derartigen Personalpolitik zurück. Schon 1957 definierten die Genossen: „Die Kader sind jene Menschen, die das volle Vertrauen der Partei haben und die aufgrund entsprechender Fähigkeiten von der Partei als Leiter und Organisatoren [...] entsendet werden.“ Waren Funktionäre irgendeiner Leitungsebene in Partei oder Staat in den Zusammenhang mit Straftaten zu bringen – ganz egal, ob als Tatverdächtige oder Opfer –, wurde bei den Ermittlungen die Staatssicherheit aktiv. Der frühere Staatsanwalt Hans-Dieter Brüheim bestätigt: „Dass das MfS politisch interessante Fälle bearbeitet hat, das halte ich für gegeben. Dafür waren die ja als Untersuchungsorgan eingestuft und hatten zunächst erst einmal die gleichen Kompetenzen, wie sie auch die Polizei hatte.“

Obwohl die Ermittlungsmöglichkeiten des MfS weit größer waren als die der VP, lag die Arbeit zuerst immer bei der Polizei. Erst wenn es der Stasi nötig erschien oder gar Verdächtige aus den eigenen Reihen auftauchten, griff sie ein. Vom Fortgang der Ermittlungen erfuhren die Polizisten dann in aller Regel nichts mehr. Über ihre IM innerhalb der Polizei und durch das festgelegte Berichtswesen hatte die Stasi ohnehin alles im Blick.

So verhielt es sich auch im Fall von Marion Mitscherlich. Die Kriminalisten der VP ermittelten, die Stasi kontrollierte sie.

Die Polizisten durchsuchten die Wohnung und das Grundstück der Eltern, befragten Arbeitskollegen und Bekannte der jungen Frau und rekonstruierten, was sie am Tag ihres Verschwindens, dem 24. Oktober 1977, gemacht hatte. Der damalige Ermittler Ralf Hubrich erinnert sich noch ganz genau, was dabei herauskam: „Es gab den Tagesablauf, der nachzuvollziehen war, dass sie am Abend noch einen Bericht schreiben sollte, der fertig werden musste, und dass sie am Abend noch gesehen wurde im Speisesaal und dass bis vor 22 Uhr noch Licht in dieser Kreisleitung brannte."

Danach gab es keinerlei Spuren mehr von Marion Mitscherlich, und niemand hatte von ihr gehört. Die Polizei streifte durch die Wälder, suchte mit Tauchern die Elbe ab und setzte eine Vermisstenanzeige in die regionale Presse, um doch noch eventuelle Zeugen zu finden. Sie ging von dem Zeitpunkt aus, zu dem Marion mit Sicherheit noch gesehen wurde, und das war um 21.15 Uhr: „Die Bürgerin wurde zum genannten Zeitpunkt letztmalig in Pirna, F 172, Heidenauer Straße in Höhe des VEB Kunstseidenwerk gesehen." In diesem Betrieb gingen auch die Mitarbeiter der FDJ-Kreisleitung zum Essen. Wahrscheinlich befand sie sich auf dem Rückweg an ihren Schreibtisch.

Doch auch dieser Aufruf brachte kein Ergebnis. Stattdessen machten sich die Kriminalisten über das Gebaren der hauptamtlichen Funktionäre des Jugendverbandes ihre Gedanken, denn ihre Befragungen brachten allerhand ans Licht. Ralf Hubrich: „Das fröhliche Jugendleben hat sicherlich auch in dieser Kreisleitung stattgefunden – es wurde ordentlich gefeiert." Alkohol spielte dabei eine bedeutende Rolle, und es gab auch die eine oder andere Liebschaft unter den Genossinnen und Genossen. Ralf Hubrich spekulierte: „Wenn ich davon ausgehe, dass ein großer Prozentsatz der Täter aus dem Umfeld des

Opfers kommt, dann ist dort was passiert, ist was aus dem Ruder gelaufen und die Marion ist irgendwie zu Tode gekommen, wie auch immer."

Für diese Vermutung gibt es bis heute keinerlei Beweise, auch dafür nicht, dass die Stasi irgendwas vertuschte. Marion blieb spurlos verschwunden. Das belastete vor allem ihre Eltern. Vater Tilo Mitscherlich sagt noch 40 Jahre nach der Tat: „Das Gefühl habe ich noch, dass sie lebt. Ich habe nie irgendwie innerlich damit abgeschlossen." Manchmal scheint es ihm im Rückblick sogar so, als wollte sich seine Tochter damals, am 24. Oktober 1977, telefonisch noch einmal im Elternhaus melden, bevor sie aus irgendeinem Grunde freiwillig verschwand.

Solche Gedanken stellen sich bei Angehörigen nicht selten ein, wenn es ihnen nicht gelingt, den Verlust eines Familienmitglieds emotional zu bewältigen. So bleibt eine Hoffnung, dass sich alles noch zum Guten wendet. Tilo Mitscherlich überlegte sogar: „Es könnte passiert sein, dass sie von der Staatssicherheit nach dem Westen geschleust wurde und dort irgendwelche Aufgaben hatte."

Dem widerspricht Kriminalist Remo Kroll, der zu vielen Mord- und Vermisstenfällen publiziert hat: „Das halte ich für unwahrscheinlich, weil, wenn das MfS jemanden in den Westen geschickt hat, in ‚das Operationsgebiet', dann hatten die auch eine gesicherte Legende und die Legende wurde immer so gewählt, dass sie in der DDR keine Probleme macht."

Wie perfekt so etwas in der Regel klappte, zeigt das Beispiel von Johanna Olbrich. Im Jahr 1963 begann die Stasi der damals 37-jährigen Frau eine neue Identität zu schaffen. Sie sollte als Spionin in den Westen geschickt werden. Dazu schlüpfte die gelernte Pädagogin in die Haut der fast gleichaltrigen Sonja Lüneburg, die in der Koloniestraße 5 im West-Berliner Bezirk

Wedding als Friseurmeisterin den „Salon Sonja" betrieb. Als diese im September 1966 vor ihren Schulden in den Osten floh, beglich die Stasi diese, und zwei Monate später meldete sich die vermeintliche Sonja Lüneburg, hinter der sich nun Johanna Olbrich verbarg, in West-Berlin ab, um nach Colmar in Frankreich zu ziehen. Ein Jahr später siedelte sie in die Bundesrepublik über und begann eine Karriere als Vorzimmerdame bei der FDP. Ihrer Familie hatte man gesagt, sie sei an der DDR-Botschaft in Nord-Korea tätig. Regelmäßig kamen von dort auch Kartengrüße und Souvenirs. So schöpfte niemand Verdacht. Nachdem die falsche Sonja Lüneburg 1985 in einem Taxi in Rom ihre Handtasche mit falschen Pässen vergessen hatte, floh sie in die DDR. Dem Verfassungsschutz gelang es auch im Nachhinein nicht, Johanna Olbrich zu enttarnen. Sie lebte unauffällig in Bernau bei Berlin und flog erst nach der deutschen Einheit durch einen Stasi-Überläufer auf. 1992 wurde sie zu einer zweieinhalbjährigen Freiheitsstrafe verurteilt. 1994 wurde ihre Strafe nach der Revision in einer erneuten Verhandlung zur Bewährung ausgesetzt.

Dass Marion Mitscherlich in den Westen gelangt war, dürfte also sehr unwahrscheinlich sein. Ihr Vater Tilo wollte trotzdem jahrzehntelang die Hoffnung, seine Tochter doch noch einmal wiederzusehen, nicht aufgeben. Erst am 3. April 2002 ließ er seine Tochter vom Morddezernat in Pirna offiziell für tot erklären.

Das erinnerte den damaligen Kripo-Chef Ralf Hubrich an den Fall der 1977 spurlos verschwundenen jungen Frau, den er als junger Mann in der DDR bearbeitet hatte. Seinen langjährigen Erfahrungen nach sind bei derartigen Taten die Täter meist im Umfeld des Opfers zu suchen. Deshalb stellte Ralf Hubrich nun einen Antrag auf Einsicht in die Stasi-Akten. Dass sie für Aufklärung von Straftaten benutzt werden dürfen, legte das Stasi-Unterlagengesetz ausdrücklich fest. In manchen Fällen erwies sich das als hilfreicher Weg, manchmal war es die allerletzte Chance, ein Verbrechen doch noch aufzuklären.

Die Hoffnung von Ralf Hubrich wurde enttäuscht: In den Stasi-Akten fand sich nichts zur Person der jungen, hoffnungsvollen Nachwuchsfunktionärin. „Das ist ungewöhnlich", konstatierte der Kriminalist, versagte sich aber jede öffentliche Spekulation, Akten könnten vernichtet worden sein.

Eine vage Spur fand er trotzdem: Der Name Marion Mitscherlich fand sich in einer Stasi-Akte eines Vorbestraften. Ralf Hubrich: „Der Mann hat gegenüber seinem Kumpel - ich denke mal, im Rausch - erzählt, er hätte in Pirna oder bei Pirna eine junge Frau umgebracht. Und der gute Kumpel arbeitete aber mit dem MfS zusammen, und der hat das dann da erzählt."

Die Akten belegten, dass die Stasi damals auch dieser Spur nachgegangen war. Das blieb jedoch ohne Ergebnis. Schließlich beendete sie die Ermittlung mit der Einschätzung, dass es sich um eine erlogene Geschichte eines verwirrten Alkoholikers handeln müsse. Die VP erfuhr nichts davon.

Da Mordfälle heute in Deutschland niemals verjähren - in der DDR war die Rechtslage anders -, fühlte sich Ralf Hubrich verpflichtet, auch dieser Sache noch einmal nachzugehen. Das war gar nicht einmal besonders schwierig, denn der betreffende Mann saß bereits wieder im Maßregelvollzug in Berlin ein. Der Kriminalist aus Sachsen führte ein ausführliches Gespräch mit ihm. In ihm stellte sich heraus, dass er weder Marion Mitscherlich kannte noch sonst irgendeine Beziehung zu der jungen Frau aus Pirna hatte. Hubrich fasste das Ergebnis seiner Ermittlungen, die sich letztlich über 40 Jahre hinzogen, in dem Satz zusammen: „Ich würde ausschließen, dass er mit dieser Sache etwas zu tun hat." Damit bleibt der Fall Marion Mitscherlich ungeklärt.

Immer wieder gibt es in der Kriminalgeschichte Fälle, in denen Menschen spurlos verschwinden. Das war zum Beispiel auch bei einem Mann der Fall, dessen Leiche ein Angler am 31. Dezember 2013 im Liepnitzsee nördlich von Berlin fand. Der Torso ohne Kopf war stark verwest, trotzdem konnte die rechtsmedizinische Untersuchung das DNA-Profil des Toten bestimmen. Sie stellte außerdem fest, dass es sich um einen etwa 30 Jahre alten und rund 1,60 Meter großen Mann handelte. Möglicherweise lag er mehrere Jahrzehnte in dem See. Seine Kleidung stammte aus DDR-Produktion und war im Stil der 1960er- oder 70er-Jahre. Das war alles – eine Vermisstenmeldung aus der DDR, die vielleicht weitere Hinweise hätte geben können, lag nicht vor.

Die Odyssee des Sophienschatzes

Legendärer Kunstraub im Dresdner Stadtmuseum

Am 20. September 1977 mischten sich unbekannte Diebe unter die Besucher des Dresdner Stadtmuseums an der Wilsdruffer Straße. In einem unbeobachteten Moment ergriffen sie 56 Schmuckstücke, die zum sogenannten Ratsschatz gehörten, und verschwanden. Neben 41 Objekten aus dem dazugehörigen Sophienschatz erbeuteten die Kriminellen auch die berühmte goldene Königskette der Privilegierten Bogenschützen-Gesellschaft samt ihren 15 kostbaren Anhängern. Der Raub der Schmuckstücke aus der Zeit zwischen dem 16. und dem 19. Jahrhundert wurde erst Stunden später entdeckt. Karl-Heinz Sobierajski, damals bei der Spurensicherung und Phantombildzeichner der Dresdner Kripo, kennt den Fall aus eigener Erfahrung: „Ein Museumsmitarbeiter führte gerade eine Reisegruppe aus der Sowjetunion durch das Museum. Dann wollte er den Besuchern stolz den Sophienschatz im Treppenhaus in der vierten Etage zeigen und entdeckte eine fast völlig leer geräumte Vitrine."

„Niemand hat damals geglaubt, dass so ein Kunstraub in der DDR möglich ist", erklärte später Wolfgang Schütze von der Dresdner Polizei. „Die Museumsmitarbeiter waren auf so einen Fall nicht vorbereitet." Dahinter dürfte eine Mischung aus Naivität und Leichtsinn gesteckt haben, denn im Oktober 1976 hatten sich schon einmal Unbekannte an der Vitrine mit dem

Schatz zu schaffen gemacht – damals noch vergeblich. Aber es waren Schlösser beschädigt und Überwachungskameras überklebt worden – genauso wie es auch am 20. September 1977 bei dem erfolgreich durchgeführten Raub geschah –, und Einbruchswerkzeug hatte man seinerzeit auch gefunden.

Diesmal sicherten die Kriminaltechniker sogar neun Fingerspuren. Die genaue Tatzeit konnte hingegen niemand bestimmen. Vermutlich lag sie zwischen 10.00 Uhr und 14.30 Uhr. Auch wie viele Täter am Werk waren, weiß man bis heute nicht. Kripo-Mann Karl-Heinz Sobierajski meinte: „Es müssen damals mindestens zwei Leute, wahrscheinlich eher drei beteiligt gewesen sein." Tatsächlich waren einem Zeugen im Vorfeld des Raubs drei dubiose Gestalten mittleren Alters aufgefallen.

Am 22. September 1977 meldete *Neues Deutschland*: „Der gestohlene Schmuck besitzt einen Wert von mehreren Millionen Mark. Zur Aufklärung der Straftat wurden unverzüglich alle notwendigen Maßnahmen eingeleitet. [...] Vor dem Ankauf dieser Kunstgegenstände wird gewarnt." Sogar im Fernsehen bat die Staatsanwaltschaft um Hinweise aus der Bevölkerung.

Danach wurde es in der Öffentlichkeit still um den Raub. Bereits in der ersten Woche nach der Tat bearbeiteten 55 Kriminalisten den Fall, später war eine Sonderkommission mit bis zu 150 Leuten von Polizei und Staatssicherheit im Einsatz. Sie fahndete zweieinhalb Jahre lang erfolglos nach den gestohlenen Schmuckstücken im In- und Ausland. 1980 wurden die Akten erst einmal geschlossen.

Gefunden worden war der Sophienschatz rein zufällig bei den Bauarbeiten für die HO-G „Am Zwinger" im Oktober 1964. Dort hatte früher die evangelische Sophienkirche gestanden. Sie war im Laufe der Jahrhunderte mehrfach umgebaut worden und galt ab 1909 als einsturzgefährdet. Während der Bombenangriffe im Februar 1945 brannte das Gotteshaus – wie auch weitere 26 Dresdner Kirchen – vollständig aus. Am 2. August 1949 beschloss das Evangelisch-Lutherische Landesamt, das Bauwerk nicht zu erhalten.

Am 11. Juni 1959 informierte die *Sächsische Zeitung* erstmals über Abrisspläne. Es folgten Proteste von Denkmalschützern und Architekten, und auch in der Bundesrepublik reagierte die Presse. Dies führte zu dem Kompromiss, die Sophienkirche im April 1961 nicht zu sprengen, sondern lediglich abzutragen. Dabei konnte man einige wertvolle architektonische Bauteile bergen. Niemand dachte zu dieser Zeit jedoch daran, dass die Kirche nach zwei Jahrhunderten als Begräbnisstätte des Adels und des reichen Bürgertums Dresdens noch wertvolle Grabbeigaben enthalten könnte. Erst während der späteren Bauarbeiten war durch einen Zufall der einzigartige Goldschatz ans Licht gebracht und dann an das Museum übergeben worden.

In seiner Meldung über den Verlust der Preziosen teilte *Neues Deutschland* am 22. September 1977 zum Tathergang mit: „Unbekannte Täter verübten am Dienstag einen Einbruch im Museum für Stadtgeschichte Dresden. Aus einer Vitrine entwendeten sie wertvolle Kunstgegenstände, nachdem sie vorher Sicherungsanlagen außer Betrieb gesetzt hatten."

Das war nicht gelogen, aber auch nicht die ganze Wahrheit. Die Vitrine war nicht besonders gesichert. Kriminalist Karl-Heinz Sobierajski weiß noch: „Wir haben es hinterher mal ausprobiert: Das Schloss an der Vitrine konnte man mit einem Taschenmesser oder einer Büroklammer aufbekommen." Die Überwachungskamera, die auf den Schatz gerichtet war, war einfach weggedreht worden, berichtet er. „Einer hat dann auf der Treppe nach unten Schmiere gestanden, einer die Vitrine ausgeräumt." Der Raub des wertvollen Schatzes ging blitzschnell.

Kripo-Mann Wolfgang Schütze: „Das alles hat wahrscheinlich nicht mehr als 15 Sekunden gedauert."

Vielleicht gab es tatsächlich noch einen dritten Mann, der die Landhausstraße von einem Gaubenfenster aus im Auge behielt. Ein Polizist aus dem gegenüberliegenden VPKA hatte jemanden beobachtet. Sobierajski fertigte damals nach dessen Angaben ein „subjektives Porträt" an, mit dem auch öffentlich gefahndet wurde.

Das größte Manko bei der Schatzsuche war, dass von einigen der geraubten Schmuckstücke keine oder nur unscharfe Fotos existierten. Mitarbeiter des Museums beschrieben dem Zeichner Sobierajski und dem Grafiker Martin Hänsch aus der Erinnerung die Stücke. So entstand schließlich ein recht unvollkommener Katalog der gesamten Beute. Mit dieser Dokumentation wurde auch die Polizei im Westen um Mithilfe bei der Jagd auf den verlorenen Schatz gebeten.

In der DDR fahndeten Polizei und Stasi mit riesigem Aufwand nach dem geraubten Schmuck. Dennoch fanden die ermittelnden DDR-Kriminalisten trotz der Aufnahme von rund 3200 Zeugenaussagen keine heiße Spur.

Einmal schienen die Ermittler den Räubern dicht auf den Fersen zu sein. Karl-Heinz Sobierajski entdeckte in einer Zeitung einen Gerichtsbericht über den Prozess gegen eine bewaffnete Diebesbande, die Meißner Porzellan aus dem Spreewaldmuseum Lübbenau gestohlen hatte. Die Bande flog auf, als ein Waldarbeiter zufällig ein Depot mit Diebesgut entdeckte, das sie im Graupaer Forst angelegt hatte. Die Polizei konnte zwei West-Berliner Brüder und einen Österreicher festnehmen. Sobierajski fiel auf, dass Letzterer dem Mann auf dem Phantombild, das den mutmaßlichen Schmieresteher darstellte, ähnlich sah. Auch die Tatumstände waren bemerkenswert.

Neues Deutschland beschrieb sie so: „Das Diebesgut sollte unter Missbrauch des Transitabkommens in die BRD geschleust und mit Hilfe von Hehlern über dunkle Kanäle der Unterwelt und auf internationalen Auktionen verkauft werden." Ähnliches war auch für den Sophienschatz zu vermuten, denn in der DDR war er faktisch unverkäuflich. Doch zu guter Letzt erfuhren die Dresdner Polizisten von ihren Berliner Kollegen, dass diese Bande nichts mit dem Sophienschatz zu tun habe.

Erst fast zehn Jahre nach dem Kunstraub tauchte bei einer Auktion in Hamburg ein Anhänger der 1977 gestohlenen Königskette auf, die „Goldene Klippe Magdalene Sybilla". Ihre Spur ließ sich bis zu Christie's in London zurückverfolgen, weiter jedoch nicht. Kein Auktionshaus gibt Auskünfte über seine Bezugsquellen. Durch diskrete deutsch-deutsche Verhandlungen gelangte das Schmuckstück zurück nach Dresden.

Dann war lange nichts mehr von dem Schatz zu hören. Im Juli 1999 aber bekam Ermittler Jürgen Oelsner, der bereits bei der DDR-Kripo mit der Fahndung nach dem Diebesgut beauftragt war, einen Tipp: In Oslo würden 38 Stücke aus dem Dresdner Kunstraub zum Kauf angeboten. Darunter befanden sich elf Anhänger der Königskette. Der Münzhändler Gunnar Thesen hatte die Stücke bereits 17 Jahre zuvor von dem Kopenhagener Antiquitätenhändler Arne Jacob Becker erworben. Der Däne hatte nachweislich über Geschäftsverbindungen zum DDR-Kunsthandel verfügt, war aber bereits 1983 verstorben.

Der Vorgang in Oslo ließ erneut die Gerüchte aufblühen. Und je länger die Tat zurücklag, umso abenteuerlicher wurden sie. Auch Verstrickungen der Stasi wurden vermutet. Daran änderte auch nichts, dass Claus Bogner von der Staatsanwaltschaft Dresden im Januar 2000 auf eine Anfrage verlauten ließ: „Wir haben Stasi-Unterlagen geprüft und keine Hinweise darauf gefunden."

Der *Stern* aus Hamburg präsentierte am 16. März 2000 einen Mann namens Axel Weltz aus Chemnitz, der 1977 als junger Historiker im Dresdner Museum gearbeitet hatte. „Ich habe die Leitung wiederholt gewarnt, dass die Schlösser leicht zu knacken seien. Mittags musste ich deshalb immer eine Kontrollrunde durchs Museum drehen", wurde er zitiert. Am Tag des Raubs fand die zusätzliche Kontrolle nicht statt, denn der junge Mann war unerwartet zum Wehrkreiskommando bestellt worden. „Als ich später erfuhr, dass die Fernsehüberwachungsanlage kurzfristig ausgefallen war, habe ich mir so meine Gedanken gemacht."

Dass doch die Stasi hinter allem steckte, meinten offenbar auch die Fernsehautoren Birgit Tanner und Carsten Gutschmidt. Im Jahr 2009 präsentierten sie die ZDF-Dokumentation *Geheimakte Sophienschatz*. Vorab wurde der Auftritt eines „Kronzeugen" in der Presse angekündigt, dessen Name zunächst geheim blieb. Es hieß, er sei ein „Insider der Kunstszene der DDR", und das klang zunächst vielversprechend. Zum Inhalt einer „Geheimakte" war allerdings nichts zu erfahren.

Helmut Dohnke, so der Name des Zeugen, arbeitete in der DDR für die Kunst- und Antiquitäten GmbH. Nach der Vereinigung machte er sich als Galerist selbstständig. Im Frühjahr 2001 hatte sich der inzwischen 67-Jährige vor dem Landgericht Verden an der Aller wegen Betrugs und Urkundenfälschung zu verantworten. Dem Galeristen wurde vorgeworfen, über Jahre hinweg viel Geld mit gefälschten Landschaftsbildern und Stillleben berühmter Maler des Expressionismus verdient zu haben. Er gab sie als Originale aus und kassierte dafür jeweils sechsstellige Summen.

Das brachte dem kriminellen Kunsthändler 2001 schließlich ein Urteil von drei Jahren und zehn Monaten Haft ein. Seine als „sensationell“ angekündigte Aussage zum Sophienschatz in der Fernsehdokumentation erschöpfte sich in der Feststellung: „Die DDR hat im Zusammenhang mit dem Kunsthandel von Ost nach West einiges gemacht. Dieser Schatz wurde unter eigenartigen Umständen geraubt. Dieser Raub war organisiert.“

Das war sicher alles richtig, aber für einen „Kronzeugen“ doch recht dünn. Zwei Wochen nach dieser Aussage starb der Potsdamer. Die ZDF-Doku sorgte noch einmal für ein Rauschen im Blätterwald. Am 3. September 2009 meldete *Bild*: „Mielke ließ Sophienschatz klauen!“

Derartige Verschwörungsgeschichten hielt schon damals Gisbert Porstmann, Direktor der Museen der Stadt Dresden, für abwegig: „Wenn man die Kunst zwecks Devisenbeschaffung hätte verkaufen wollen, hätte man das einfach getan und nicht so eine Show inszeniert und anschließend aufwendig vertuscht.“ Auch Wolfgang Schütze, der inzwischen als Hauptkommissar die polizeihistorische Sammlung in Dresden betreute, bezweifelte die angebliche Stasi-Spur: „Aber die haben doch selbst ihre Auslandsagenten auf den Fall angesetzt, so ihre Enttarnung riskiert. Ich halte das für äußerst unwahrscheinlich.“ Hinzu kommt, dass die Stasi einen rund eineinhalb Meter langen internen Aktenband zu dem Raub angelegt hat. Porstmann: „Nur zum Zwecke einer Tarnung würde das für mich überhaupt keinen Sinn ergeben.“

Trotzdem sind die Gerüchte über einen geheimnisvollen Stasi-Deal bis heute nicht verschwunden. Hin und wieder hört man sie auch aus den Kreisen früherer DDR-Ermittler, was sich daraus erklären mag, dass niemand gern ungelöste Fälle als eigenen Misserfolg bewerten lassen möchte.

Der Tipp aus Oslo zehn Jahre zuvor, im Juli 1999, erwies sich hingegen als brandheiß, denn die norwegische Polizei beschlagnahmte die Preziosen im Wert von rund einer Million Mark. Im Jahr 2005 kehrten sie nach Dresden zurück – über die finanziellen Hintergründe wurde geschwiegen. Gerüchte wussten von 220 000 Euro, die angeblich geflossen sind.

Ein Jahr später fand sich ein weiterer Anhänger der gestohlenen Königskette in Hannover, der wiederbeschafft werden konnte. Dann wurde es erneut ruhig um die noch verlorenen Teile das Schatzes – bis ein Münchner Auktionshaus dem Grünen Gewölbe in Dresden ein Stück anbot, dass offenbar auch dazugehörte. Am 28. Juli 2017 tauchte der 350 Jahre alte Anhänger, den einst Johann Georg der Dritte, Vater von August dem Starken, anlässlich eines Vogelschießens gewann, wieder auf. Eine Kölner Witwe hatte ihn bis dahin in ihrem Besitz. Sie hatte das Schmuckstück gutgläubig erworben, ohne seine Herkunft zu kennen. Der Weg, den es zuvor genommen hatte, war nicht mehr feststellbar. Für 10 000 Euro gab sie das vorletzte der verschwundenen Einzelteile der Königskette ab.

Inzwischen fehlt neben 14 weiteren Objekten aus dem Sophienschatz noch die aus 1,3 Kilogramm reinen Goldes bestehenden Kette und ein Anhänger. Die Hoffnung, diesen Rest noch zu finden, ist gering. Erika Eschenbach, Direktorin des Stadtmuseums, meint. „Die Kette hat keinerlei Markierung oder Alleinstellungsmerkmale. Sie könnte quasi als beliebige Kette durchgehen, vermutlich ist sie schon längst in Barrenform.“

Die verkohlte Transitleiche

Versuch einer Mordvertuschung im Kreis Gera

Für Jäger ist der November ein Traummonat. Ob Rot- oder Damwild, Rehe, Hasen, Muffel- oder Schwarzwild, Füchse oder Kaninchen – wenn die Nebelschwaden steigen und der erste Nachtfrost die Böden hart macht, darf alles geschossen werden. Einen Monat vor Heiligabend 1979 wollte ein Jagdkollektiv im Thüringer Holzland rings um Hermsdorf und Bad Klosterlausnitz die günstige Jahreszeit für eine Ansitz-Drückjagd nutzen. Während die Jäger und Treiber noch ihre Plätze einnahmen, entdeckte der Jagdleiter gegen 8.20 Uhr eine Brandstelle auf einem Waldweg. Darin fanden sich menschliche Überreste.

Zum fröhlichen Halali am Ende der Jagd kam es nun nicht mehr. Stattdessen begann dieser Samstag, der 24. November 1979, mit einer umfangreichen Polizeiaktion. Rolf Rabe, damals als Kriminaltechniker am Tatort, weiß bis heute: „Mein erster Eindruck war, dass bei dieser Brandleiche ein Brandbeschleuniger eingesetzt wurde, aufgrund der vielfältigen, umfangreichen Verletzungen dieser Leiche.“ Die Kriminalisten fanden bereits beim ersten Angriff eine Unmenge an Spuren. Reifenabdrücke wiesen auf einen Ford Granada hin, der in der Nähe des Tatorts gewesen sein musste und in der DDR sehr selten war. Auch die Kleidungsreste der Leiche und der Koffer, in dem das Opfer transportiert worden war, deuteten von Anfang an darauf hin, dass es sich nicht um einen Einheimischen handelte.

Obwohl es damals noch keine DNA-Analysen gab, konnten die Gerichtsmediziner der Friedrich-Schiller-Universität Jena aus den Brandresten umfangreiche Spuren sichern. Sie identifizierten die Blutgruppe, dokumentierten den Zahnstatus, fertigten Teilabdrücke einer Hand an und konnten schließlich sogar das Gesicht des Toten rekonstruieren, denn der feuchte Waldboden hatte die eine Gesichtshälfte konserviert. Da sich weder Ruß- noch Rauchrückstände in den Lungen fanden, war klar, dass das Opfer bereits tot war, als es angezündet wurde. Die Fachärzte für Mord und Totschlag bescheinigten stumpfe Gewalt auf den Kopf des Opfers, konnten aber im Hinblick auf den Tatzeitpunkt nichts Genaues sagen. Überdies konnten Haare eines Hundes sichergestellt werden, die dessen Rasse belegten.

Schnell entstand der Verdacht, dass es sich bei dem Brandopfer um einen Bundesbürger oder West-Berliner handeln müsse. Derartige Vorkommnisse liefen bei den Mordermittlern in der DDR unter dem Stichwort „Transitleichen“. Dabei handelte es sich stets um Leichenfunde nahe der Autobahnen zwischen West-Berlin und der Bundesrepublik. Polizei und Staatssicherheit untersuchten solche Fälle unter der Annahme, dass die Ermordung im Westen stattgefunden hatte und die Täter nun darauf setzten, der Eiserne Vorhang würde alle Nachforschungen ins Leere laufen lassen. Für die Chance einer derartigen Vertuschung ihrer Tat riskierten manche Täter den gefährlichen Weg über die deutsch-deutsche Grenze. Nach Inkrafttreten des Transitabkommens am 3. Juni 1972 durften westliche Reisende nur noch dann kontrolliert werden, wenn die DDR-Behörden einen hinreichenden Verdacht auf Missbrauch des Abkommens hatten.

Transitleichen kamen häufiger vor. Die Fachautoren Remo Kroll und Prof. Dr. Frank-Rainer Schurich berichteten nicht nur über das Verbrechen von Bad Klosterlausnitz, sondern auch über eine kopflose Frauenleiche, die 1975 gefunden wurde, und die zerstückelten Überreste eines Afghanen, die 1984 auftauchten – beide bei Lehnin, unweit des Grenzübergangs Drewitz / Dreilinden.

All diese Taten gewannen sehr schnell eine politische Dimension, denn die Rechtsverhältnisse zwischen der DDR und der Bundesrepublik waren bis zur Vereinigung ungeklärt. Fälle wie die der Transitleichen zeigten, dass Regelungen für solche Fälle längst überfällig waren. Deshalb wurde bei derartigen deutsch-deutschen Tötungsdelikten besonders intensiv ermittelt, um mit den Ergebnissen die Behörden der Bundesrepublik und West-Berlins zu einer Zusammenarbeit zu zwingen.

Im Fall der Brandleiche von Bad Klosterlausnitz versuchte die VP zunächst Zeugen zu finden, die regelmäßig die Straße in Richtung Jena befuhren und eventuell etwas gesehen haben könnten. Nach drei Tagen erfolgloser Straßenkontrollen startete sie auch einen öffentlichen Aufruf. Die *Volkswacht* aus Gera meldete am 27. November: „Die Volkspolizei bittet um Mithilfe – Alle Bürger, die sich am Mittwoch, dem 21.11.1979, zwischen 21 und 23 Uhr auf der Landstraße IO 75 zwischen der Autobahnabfahrt Bad Klosterlausnitz und Albersdorf befanden, werden gebeten, sich zwecks Aufklärung eines Verbrechens bei der nächsten Dienststelle der Deutschen Volkspolizei zu melden." Die Zeitungsnotiz brachte ein sehr konkretes Ergebnis: Am 21. November 1979 hatte ein Passant zwischen 21.50 und 22.10 Uhr ein Feuer im Wald gesehen. Er vermutete jedoch Waldarbeiter und scherte sich nicht weiter darum. Mithilfe dieser Zeitangabe konnte konkretisiert werden, wann die Leiche abgelegt und in Brand gesetzt worden war.

Nun waren die Mordermittler der Abteilung IX der MfS-

Bezirksverwaltung Gera gefragt, denn sie verfügten über die notwendigen Angaben zu Grenzpassagen im fraglichen Zeitraum und konnten aus westlichen Medien Vermisstenmeldungen auswerten. Anhand der Transitvisa stellten sie fest, dass am Abend des 21. November ein Ehepaar bei Hirschberg aus der DDR ausgereist und schon eine Stunde später wieder eingereist war, um dann nach West-Berlin weiter zu fahren. Bei dem dabei benutzten Ford Granada handelte es sich um einen Mietwagen. Ein verdeckter Ermittler aus der DDR beschaffte ihn bei der West-Berliner Autovermietung. Danach wurde er in Ost-Berlin kriminaltechnisch untersucht. Das Auto wies eindeutige Spuren eines Leichentransports auf.

Aus alldem ergab sich ein handfester Tatverdacht gegen das Ehepaar Petra und Rainer R., 23 und 24 Jahre alt. Sie waren in der DDR aufgewachsen, dann aber nach West-Berlin übergesiedelt. Deshalb übermittelte der Generalstaatsanwalt der DDR die Ermittlungsergebnisse umgehend seinem dortigen Kollegen.

In West-Berlin wurde sehr schnell die Identität des Opfers festgestellt, denn es lag bereits eine Vermisstenmeldung vor. Der 46-jährige Hans-Wolf Sch. aus Charlottenburg war am Mittag des 21. Novembers 1979 zum letzten Mal gesehen worden. Auch seine Beziehung zu den mutmaßlichen Tätern ließ sich klären. Es ging um ein Geschäft. Die beiden Verdächtigen wurden am 19. Dezember 1979 in West-Berlin vorläufig festgenommen.

Das grausame Verbrechen rief dort sofort ein riesiges Presseecho hervor. Deutsch-deutsche Ereignisse waren immer von politischer Brisanz. *Bild* titelte am 20. Dezember 1979: „Berliner Ehepaar verbrannte Mordopfer auf der Autobahn“. *Der Tagesspiegel* meldete: „Verkohlte Leiche eines Vermissten an der Autobahn bei Gera“. Und das *Spandauer Volksblatt* berichtete: „Mordopfer in der DDR verbrannt. West-Berliner Mordkommission nahm Ehepaar unter Tatverdacht fest." Die Berichte über den Tathergang und die ersten Ermittlungsergebnisse der West-Berliner Behörden glichen sich. Im *Tagesspiegel* hieß es: „Die stark verkohlte Leiche eines etwa 40- bis 60-jährigen Mannes ist am 24. November gegen 8 Uhr im Bereich der Autobahnabfahrt Bad Klosterlausnitz im DDR-Bezirk Gera aufgefunden worden. Alle Anhaltspunkte sprechen nach Mitteilung der Polizei dafür, dass der Mann in West-Berlin getötet und seine Leiche dann an der Transitautobahn in Richtung Hof abgelegt worden ist. Dort wurde auch versucht, den Leichnam zu verbrennen. Der Tod soll schon am Abend des 21. November gegen 22 Uhr eingetreten sein. Gestern Mittag wurden zu diesem Fall ein 24-jähriger Schöneberger sowie seine 23-jährige Frau vorläufig in West-Berlin festgenommen. Der Mann, ein Klempner, legte gestern Abend ein erstes Teilgeständnis ab, die Frau bestreitet jede Tatbeteiligung. Die jetzt zugegebenen Einzelheiten über den Transport und die Ablage der Leiche decken sich jedoch stark mit den aus der DDR mitgeteilten Erkenntnissen."

Da solche Nachrichten über das allgegenwärtige Westfernsehen auch umgehend in die DDR gelangten, veröffentlichte die DDR-Nachrichtenagentur ADN am 21. Dezember 1979 eine offizielle Mitteilung. Sie betonte den politischen Aspekt und hob hervor, dass es sich bei der Tat vor allem um ein „Verbrechen unter grobem Missbrauch des Transitabkommens" gehandelt habe: „Am 24. November 1979 wurde durch Bürger der DDR in der Nähe der Autobahnabfahrt Bad Klosterlausnitz, Bezirk Gera, an der Transitstrecke Berlin–Hirschberg eine hochgradig verbrannte männliche Leiche aufgefunden. Durch intensive und umsichtige Ermittlungsarbeit der Deutschen Volkspolizei mit Unterstützung der Bevölkerung konnte eindeutig nachgewiesen werden, dass es sich bei dem unbekannten Toten um das Opfer eines außerhalb der DDR verübten Verbrechens handelt. Unter grobem Missbrauch des Transitabkommens war die Leiche im Kofferraum eines in Berlin (West) gemieteten Pkw in das Gebiet der DDR eingeschleust, an der Transitstrecke abgelegt, mit Benzin übergossen und verbrannt worden. In diesem Zusammenhang konnten Verdachtshinweise auf die Täterschaft zweier Einwohner von Berlin (West) erarbeitet werden. Der Generalstaatsanwalt der DDR übergab in einem Rechtshilfeersuchen umfangreiche Beweismittel zur Aufklärung des schweren Verbrechens unter Missbrauch des Transitabkommens an den Generalstaatsanwalt beim Kammergericht in Berlin (West)."

Details waren wiederum nur in den West-Berliner Zeitungen zu lesen. *Der Tagesspiegel* berichtete: „Wie ein Sprecher der Mordkommission mitteilte, betreibt das Ehepaar in der Katzbachstraße in Kreuzberg ein Lokal. Der Ehemann gab, als seine Frau im Oktober für eine Woche nicht in Berlin war, in einer Zeitung eine Annonce auf, um sein Lokal zu verpachten oder zu verkaufen. Auf dieses Inserat meldete sich am 19. November, also zwei Tage vor der Tat, der 46-jährige Druckereibesitzer und erklärte, dass er das Lokal pachten oder kaufen wolle. Im Verhör sagte die Ehefrau aus, dass der Interessent 25 000 Mark bei sich hatte, die er in dem Lokal hinterlegte. Tags darauf sei der Mann wiedergekommen und habe das Geld zurückgefordert. Das Ehepaar habe ihm jedoch erklärt, dass man ihm einen Verrechnungsscheck aushändigen werde, womit sich das Opfer angeblich einverstanden erklärt haben soll. Am 21. November sei der Mann jedoch erneut gekommen. Das Ehepaar beschloss, den 46-jährigen Mann betrunken zu machen und ihm den Verrechnungsscheck wegzunehmen. Obwohl das Opfer sehr viel getrunken habe, sei er jedoch nicht ‚unter den Tisch gefallen'.

Der Lokalbesitzer habe ihm schließlich mehrere Schläge mit der Faust versetzt, worauf der Mann vom Hocker gefallen sei. Nach den bisherigen Feststellungen und Aussagen des Ehepaares soll das Opfer an diesem Sturz gestorben sein. Wie der Sprecher der Mordkommission sagte, gehen die Aussagen des Ehepaares über den tatsächlichen Ablauf der Tat auseinander. Jeder beschuldigte den anderen, das Opfer getötet zu haben. Erst über den weiteren Ablauf stimmen die Aussagen der beiden wieder überein. Nachdem man festgestellt habe, dass der 46-jährige Mann tot sei, habe man die Leiche in einen Koffer gelegt, dann einen Wagen des Typs Ford Granada gemietet und die Leiche in den Kofferraum gelegt. Man wollte in die DDR fahren und den Toten dort verbrennen. Eine Abfahrt vor dem Hermsdorfer Kreuz auf der Transitstrecke Berlin–Hof sei man etwa einen Kilometer weit von der Autobahn weggefahren. Nach Angaben der Ehefrau habe ihr Mann den Wagen dann rückwärts in ein Waldgrundstück gesteuert. Gemeinsam wurde die Leiche in den Wald geworfen, mit fünf Litern Benzin übergossen und angezündet. Sobald die Flammen die ganze Leiche erfasst hatten, sei man in Richtung Hof weitergefahren und von dort eine Stunde später wieder zurückgekehrt."

Die unterschiedlichen Aussagen des Ehepaars R. sorgten für ein überraschendes Urteil. Die Moabiter Richter hatten zu bewerten, ob das Opfer vom Ehemann mit Faustschlägen, wie sie behauptete, oder von der Ehefrau mit einer Sektflasche, wie er es berichtete, niedergeschlagen worden war. Die Brandverletzungen der Leiche ließen keinen eindeutigen Schluss mehr zu. Das Gericht folgte der Version von den Schlägen und verurteilte Gastwirt Rainer R. am 18. Juni 1980 nur wegen gemeinschaftlich versuchten Diebstahls, gemeinschaftlicher Unterschlagung und Körperverletzung mit fahrlässig herbeigeführter Todesfolge zu einer Freiheitsstrafe von sechseinhalb Jahren. Seine Frau Petra kam wegen gemeinschaftlich versuchten Diebstahls und gemeinschaftlicher Unterschlagung mit eineinhalb Jahren Bewährung davon.

Den Grund für die milde Strafe lieferte das Opfer Hans-Wolf Sch. selbst, denn bei ihm wurde der nahezu unwahrscheinlich hohe Blutalkoholwert von 4,6 Promille festgestellt. Deshalb ging das Gericht davon aus, dass der ehemalige Druckereibesitzer und spätere Gastwirt nach den Faustschlägen an seinem eigenen Blut erstickt sei.

Damit war der Fall der Transitleiche von Bad Klosterlausnitz abgeschlossen – vor allem dank der bei diesem Verbrechen zwangsläufig praktizierten deutsch-deutschen Zusammenarbeit.

Ein kleines Nachspiel hatte der Fall ein Jahr später. Am 11. Juni 1981 meldete die West-Berliner *BZ*: „Unglaublich! Wächter ließen Mann laufen, der sein Opfer verbrannt hatte". Rainer R. hatte einen Besuch bei seiner kranken Mutter in Schöneberg in Begleitung eines Justizbeamten und eines Gefängnispfarrers genutzt, um durch das Fenster einer Toilette zu fliehen. Wenig später wurde er jedoch wieder gefasst und zog erneut in die Justizvollzugsanstalt Berlin Tegel ein.

Bombenbastler und Entführer

Vom politischen Attentat bis zur Flugzeugentführung

Zum 20. Jahrestag der DDR, dem 7. Oktober 1969, hatten die Techniker der Stasi für ihren Minister Erich Mielke eine ganz besondere Überraschung vorbereitet. „Am Tag der Vorführung konnten wir eine gewisse Nervosität nicht abstreifen. Alle beteiligten Genossen stellten sich die Frage: ‚Wird's klappen?' Aber als der Genosse Minister startete, der Wartburg sich in Bewegung setzte, nach Sekunden in Flammen aufging, hatten wir Freudentränen in den Augen, weil sich die Mühe gelohnt hatte."

Natürlich hatten die vor Glück weinenden Genossen kein Attentat auf den Minister verübt und ihren Erich Mielke ausgerechnet zum Republikgeburtstag in die Luft gesprengt. Sie freuten sich vielmehr darüber, nun für den Klassenkampf besonders gut gerüstet zu sein. Dazu gehörte nämlich auch das Sprengen von fahrenden Autos des Feindes. Deshalb war ein Wartburg mit Napalm präpariert und mit einer von Erich Mielke persönlich zu bedienenden Fernsteuerung versehen worden.

Sehr verlässlich klappte das allerdings noch nicht. Denn bei einem weiteren Test am 10. April 1974 sprengte sich Oberstleutnant Paul Marustzök auf dem Übungsgelände des MfS-Wachregiments bei Teupitz selbst in die Luft. Er hatte einen braunen Aktenkoffer aus Kunstleder, 55 mal 35 mal 16 Zentimeter groß, mit einer hochbrisanten Sprengladung präpariert, die per Magnet unter einem Auto befestigt und dann mit einer

Funkfernbedienung gezündet werden sollte. Das ging leider schief.

Bombenbastler gab es aber nicht nur bei der Stasi. Am 9. März 1980 begann die Fahndung nach einem von ihnen. An jenem Abend lief die Folge *Vergeltung* in der Serie *Polizeiruf 110*, und es saßen viele Menschen vor ihren Fernsehgeräten. Schnee- und Nieselregen ließen diesen Sonntag besonders dunkel erscheinen.

Kurz nach 21 Uhr lud Josef Kneifel vor seinem Häuschen in Niederlichtenau bei Karl-Marx-Stadt eine selbst gebastelte Elf-Kilogramm-Bombe in seinen grauen Trabant Kombi. Er band sich einen Gürtel um, in den er vier Handgranaten und einen Revolver steckte, denn bei Misslingen seines Plans wollte er keinesfalls überleben. Darüber zog er einen viel zu großen Arbeitsoverall. Das Nummernschild des Autos hatte Josef Kneifel vorsorglich überklebt. Laut späteren Stasi-Erkenntnissen setzte sich das explosive Gemisch in der Propangasflasche aus einer Mixtur „bestehend aus dem Unkrautvertilgungsmittel ‚Wegerein K', Staubzucker und Schwefel" zusammen.

Das Ziel des 38-Jährigen war der Panzer T 34 mit der Nummer 195, eines der DDR-typischen Panzermonumente der Sowjets am Zusammenlauf der Dresdner und der Frankenberger Straße im heutigen Chemnitz.

Josef Kneifel wollte den Koloss vom Sockel werfen. Das jedoch schaffte seine selbst gebaute Bombe nicht. Immerhin aber schleuderte ein 250 Kilo schweres Laufrad des Panzers 50 Meter weit. In der Umgebung zerbarsten die Fensterscheiben, Trümmer flogen bis in die nahe Wache der VP. Wie durch ein Wunder wurde niemand verletzt. „Der reale Sozialismus hatte es geschafft, einen Bücherwurm zum Terroristen zu machen", resümierte Josef Kneifel 25 Jahre später.

Wegen staatsfeindlicher Hetze verurteilte ein Gericht den gelernten Dreher und Werkzeugmacher am 28. August 1975 zu einer Haftstrafe. „Die zehn Monate haben mir die Seele verätzt", kommentierte der diese Zeit. Als „Uneinsichtiger" wurde er nach Verbüßung der Strafe entlassen.

Mit einer neuen Bombe wollte er dann gegen den Einmarsch der Sowjets in Afghanistan protestieren. Die Stasi suchte zeitweise mit bis zu 6000 Leuten nach dem „Terroristen". Stasi-Oberstleutnant Eberhard Böttcher erinnerte sich: „Wir waren Tag und Nacht im Einsatz, so eine Fahndungsmaßnahme hat es in der DDR sonst nie gegeben." Dann führte die gegen ein Pfarramt gerichtete Lauschaktion „Theo I" die Ermittler auf Josef Kneifels Spur.

Am 18. August 1980 verhaftete die Stasi ihn. Ein halbes Jahr später, am 9. März 1981, begann vor dem Bezirksgericht Karl-Marx-Stadt der Prozess, der mit dem Urteil zu einer lebenslangen Freiheitsstrafe endete. Kneifels Freund Horst K., der beim Bau der Bombe geholfen hatte, wurde zu zwölf Jahren Haft verurteilt, seine Frau Irmgard bekam als Mitwisserin zwei Jahre.

In der Haft verweigerte Josef Kneifel die Arbeit, trat in einen Hungerstreik und protestierte mit verschiedenen Aktionen gegen die Haftbedingungen. Mithäftlinge misshandelten und vergewaltigten ihn. Später betonte Josef Kneifel immer wieder, dass auch das Wachpersonal Psychoterror auf ihn ausübte, körperliche Übergriffe beging und die Gewalttaten anderer Häftlinge gegen ihn tolerierte. Die Verfolgung der von ihm 1990 gestellten Strafanzeigen gegen frühere Mitarbeiter des Strafvollzugs wurde jedoch eingestellt.

Der Spiegel schrieb im September 1992 im Rückblick: „Wie das SED-Regime mit Kneifel umsprang, ist selbst für die harten

Gebräuche in ostdeutschen Knästen ungewöhnlich – und entlarvend für die Unmenschlichkeit des Systems. Kneifel war kein gefährlicher Opponent, sondern nur ein schwieriger Einzelgänger."

Körperlich schwer angeschlagen und gezeichnet von dauerhaften gesundheitlichen Schäden, kaufte ihn die Bundesrepublik am 6. August 1987 gemeinsam mit seiner Frau frei. Im Westen bekam er eine Entschädigung als politischer Gefangener. Das „Strafrechtliche Rehabilitierungsgesetz" vom 29. Oktober 1992 fand in seinem Fall keine Anwendung, weil seine Tat, trotz des von ihm stets betonten Motivs des politischen Widerstands, Menschenleben gefährdet hatte.

Verschiedene Publikationen berichteten indessen über Josef Kneifels Nähe zur rechtsextremen Szene. In einem Interview mit der *Sächsischen Zeitung* am 9. März 2006 betonte er jedoch, sich nicht als Neonazi, sondern als „Gerechtigkeitsfanatiker" zu sehen. Mehrere Zeitungen berichteten bis 2011 über verschiedene Veranstaltungen rechtsextremer Gruppen, bei denen Josef Kneifel als Redner auftrat. Darunter befanden sich die NPD und die Nachfolgeorganisation der am 14. März 2014 verbotenen Vereinigung „Nationale Sozialisten Chemnitz", die danach als „Interessengemeinschaft Chemnitzer Stadtgeschichte" auftrat.

Josef Kneifel blieb der einzige, der mit Bomben gegen die Politik der DDR vorzugehen versuchte. Ein anderer wollte diesen Staat nur verlassen. Seine Geschichte begann am 22. November 1982 – und sie schien zunächst recht skurril. „Dann haben wir alle gelacht. [...] Das gab's ja eigentlich nicht, und wir haben ja nicht dran geglaubt", erzählt Christine Ruppert heute. Sie wollte an jenem Spätherbsttag mit dem Linienbus des VEB Kraftverkehr von Karl-Marx-Stadt nach Reichenbach fahren.

„Wo der Einstieg zum Bus war, standen wir an, und dann kam ein kleinerer Mann vor, hat sich vorgedrängelt. Der hatte ein Netz mit zwei großen Töpfen."

Im Bus öffnete der Mann eines der Behältnisse, einen großen Windeltopf. Darin steckten 50 Füllfix-Gaspatronen und ein paar Hände voll abgebrochener Streichholzkuppen. Er beauftragte einen Mitreisenden, dem Busfahrer sein Ultimatum zu überbringen: „Falls Sie die von mir angezeigte Route nicht fahren, bringe ich die 50 Butangasflaschen zur Explosion. Die Sprengkraft der Bombe reicht, den Bus samt seinen Insassen einschließlich Ihnen und mir zur Hölle zu befördern." Der Mann wollte mit dem Bus und den anderen Fahrgästen als Geiseln einen Grenzdurchbruch bei Hirschberg erzwingen.

Nun merkten die Leute im Bus langsam, dass es ernst wurde. Mitreisende Heike Krahl: „Mir ist das dann halt bewusst geworden, als er von der Autobahn runter ist in Reichenbach." Einige warfen Zettel aus den Fenstern. Der Busfahrer machte dem Entführer weis, dass er unbedingt noch tanken müsse, um es bis in den Westen zu schaffen. Er steuerte den VEB Kraftverkehr in Reichenbach an. Dort wurden zwei Soldaten, drei Frauen und ein Kind freigelassen. Dann rollte der Bus wieder los, Richtung Elsterberg. Verhaltene Panik machte sich breit. Heike Krahl, damals 18 Jahre alt: „Ich hatte sehr große Angst. Ich habe mir plötzlich ausgemalt, als Jugendliche völlig mittellos im Westen zu landen ..."

Dass es so weit kommen würde, glaubte wohl nicht einmal die Stasi. Im Lada verfolgten Major Steffen Klemm und zwei seiner Leute das entführte Fahrzeug. An der Bushaltestelle in Elsterberg griffen sie zu. Die Busreisenden wurden in den folgenden Tagen in ihren Betrieben verdonnert, über das Erlebte Stillschweigen zu bewahren. Experten der Stasi bauten die

Bombe nach und erschraken: Wäre sie gezündet worden, hätte sie den Bus zum Ausbrennen bringen können.

Der 30-jährige Täter hatte schon vier Mal versucht, aus der DDR zu fliehen. Er wurde in die Psychiatrie Waldheim eingewiesen. Dort nahm er sich noch vor dem Ende der DDR das Leben.

Ein ganzes Flugzeug wurde bereits am 30. August 1978 nach West-Berlin entführt. Eigentlich sollte die TU 135 der polnischen LOT von Danzig nach Ost-Berlin fliegen, zum Flughafen Schönefeld. Um 6.50 Uhr hob sie in der polnischen Hafenstadt ab. Im Luftraum über Fürstenberg zog der Ost-Berliner Kellner Detlev Tiede, damals 30 Jahr alt, eine Spielzeugpistole vom polnischen Trödelmarkt. Seine Bekannte Ingrid Ruske, 34 Jahre alt (später trug sie den Namen Maron) und deren zwölfjährige Tochter waren ebenfalls in der Maschine. Die polnischen Piloten ließen sich täuschen. MiG-Abfangjäger stiegen auf. Trotzdem landete die LOT-Maschine in Tempelhof. Auf dem amerikanischen Militärflughafen erwarteten US-Scharfschützen den Entführer. Er wurde verhaftet.

In der polnischen Linienmaschine reisten 62 Passagiere, darunter 50 DDR-Bürger. Neben Ingrid Ruske, ihrer Tochter und Detlev Tiede blieben weitere sechs DDR-Bürger im Westen. Die anderen wurden am Abend mit einem Bus an den Grenzübergang nach Ost-Berlin gebracht.

Ursprünglich hatten Detlev Tiede und Ingrid Ruske geplant, per Schiff über Danzig in den Westen zu gelangen. In Polen warteten sie vergeblich auf Horst Fischer, Ingrids damaligen Geliebten. Der Hamburger arbeitete beim Aufbau des Fleischkombinats Eberswalde in der DDR und hatte bei dieser Gelegenheit die Frau kennengelernt. Im Absatz seines Schuhs wollte er die Stempel für die Ausreise der DDR-Bürger aus Polen nach Schweden schmuggeln, wurde jedoch dabei von der Stasi erwischt.

Die Amerikaner, die gemeinsam mit den Briten, Franzosen und Sowjets in Berlin das Sagen hatten, saßen nach der Verhaftung Tiedes in West-Berlin in einer Zwickmühle. Einerseits verstanden sie dessen Wunsch nach Freiheit, andererseits durfte die Flugzeugentführung nicht zur Nachahmung anregen.

Bereits am 19. Oktober 1968 zwangen die Ost-Berliner Peter Klemt, 24 Jahre alt, und Ulrich von Hof, 19, eine LOT-Maschine zur Landung in Tegel, das im französischen Sektor lag. Sie bekamen von einem französischen Gericht dafür zwei Jahre Haft und waren nach sechs Monaten, Anfang 1970, wieder frei - ein Preis, den auch manch anderer Fluchtwilliger gern gezahlt hätte.

Für den Fall Tiede flog eigens ein US-Gericht nach West-Berlin. Auch Richter Herbert J. Stern urteilte Ende Mai 1979 milde. Detlev Tiedes Strafe galt mit der neunmonatigen Untersuchungshaft als verbüßt, Ingrid Ruske und ihre Tochter befanden sich bereits nach zwei Monaten wieder auf freiem Fuß.

Der Regierung in Bonn wurde damit eine peinliche Situation erspart. Kurz zuvor hatte sie das Haager „Übereinkommen zur Bekämpfung der widerrechtlichen Inbesitznahme von Luftfahrzeugen“ ratifiziert. Das sah die Auslieferung von Flugzeugentführern vor. Mit einer alliierten Anordnung vom 16. August 1973 hatten die USA jedoch die Übernahme des Gesetzes für Berlin untersagt und betont, dass dort bei Luftpiraterie auch weiterhin das „Gesetz Nr. 7“ der Militärregierung vom 17. März 1950 gelte.

Einen Tag nach Detlev Tiede und Ingrid Ruske wurde der West-Berliner Horst Fischer in Ost-Berlin „wegen bandenmäßig organisierter Verbrechen“ zu acht Jahren Haft verurteilt. Nach zwei Jahren wurde er von der Bundesrepublik freigekauft. Später heiratete er Ingrid Ruske.

Die Entführung einer S-Bahn am Berliner Bahnhof Friedrichstraße plante am 27. Mai 1983 Wolfgang K. aus Stollberg in Sachsen. Zu jener Zeit arbeitete er bei der Müllabfuhr in der Hauptstadt. Im „Alex-Treff" trank er sich Mut an, dann stieg er am Alexanderplatz in die S-Bahn, und zwar in das Abteil direkt hinter dem Führerstand. Er hatte sein Luftdruckgewehr Kaliber 4,5 bei sich, für das er sich zuvor in der „Suhler Jagdhütte" 400 Schuss Diabolo-Munition gekauft hatte.

Kurz bevor der Zug aus Mahlsdorf um 18.24 Uhr in den Bahnhof Friedrichstraße rollte, riss der Mann die Tür zum Führerstand auf, bedrohte die 21-jährige Zugführerin Simona A. und forderte: Nach West-Berlin weiterfahren! Das ging nicht, denn der Zug bremste automatisch, und der Strom schaltete sich ab. Wolfgang K. versuchte die Bahn wieder in Gang zu bringen, öffnete gleichzeitig das Fenster und zielte auf die Grenzer.

Vier Stasi-Offiziere schwärmten aus, drei von ihnen rannten auf dem Zug nach vorn. Leutnant Siegfried K. zerschlug mit seiner Pistole die Frontscheibe der S-Bahn und schoss. Zwei weitere Schüsse lenkten den Entführer ab. Hauptmann Uwe Z. und Leutnant Stephan B. nahmen Wolfgang K. um 18.50 Uhr fest.

Simona A. wurde in der Charité medizinisch versorgt und später außerplanmäßig als „Verdiente Eisenbahnerin der DDR" ausgezeichnet. Darüber, was mit Wolfgang K. geschah, geben die vorhandenen Akten keine Auskunft.

Solche Vorkommnisse beflügelten die Fantasie. Das zeigte sich etwa am 7. Mai 1986. Gegen 11.45 Uhr brach im U-Bahn-Tunnel zwischen Klosterstraße und Alexanderplatz ein Brand aus. Ein Kurzschluss in einem abgestellten Wagen hatte ihn verursacht, schließlich brannten neun U-Bahn-Wagen aus. Um 14.40 Uhr war alles gelöscht. Der aus dem U-Bahn-Schacht quellende Rauch – am Tag darauf in der Zeitung zu sehen – ließ die Situation dramatischer erscheinen, als sie war. Um 20.30 Uhr fuhren die Bahnen der Linie A wieder.

Dass der besagte Tunnel eine Verbindung zwischen der U-Bahn Ost und der U-Bahn West darstellte, ließ die Gerüchte erblühen. „Massenflucht unter dem Alex – sechs Menschen erschossen?“ titelte die West-Berliner *BZ* am 1. Juli. „Scheiterte in Berliner U-Bahn-Schacht eine Massenflucht in den Westen?“, fragte *Die Welt* am selben Tag.

Die Fragezeichen waren gerechtfertigt. Denn verlässliche Informationen fehlten. *Bild* meldete: „Ost-Berlin: U-Bahn-Zug ausgebrannt, Überlebende hingerichtet“. Zwölf Flüchtlinge sollen es gewesen sein, „darunter sechs Fallschirmjäger und zwei Söhne hoher Stasi-Offiziere“. Sie wollten angeblich eine „blockierte Weiche freilegen, eine 24 cm Sperrmauer zwischen den Gleisen aufsprengen und mit ihrem Zug den rund 800 Meter entfernten West-Berliner U-Bahnhof Moritzplatz erreichen“.

Wer sich ein wenig mit der U-Bahn-Technik auskannte, lächelte über diese Darstellung. Aber wer weiß schon so genau, wie es in einem U-Bahn-Tunnel aussieht? Wenig sachlich klang allerdings auch das Dementi von ADN. Die ganze Geschichte sei „erstunken und erlogen“, hieß es am 2. Juli 1986.

Die Gerüchte erstickte das keineswegs. So entschloss sich Ost-Berlin endlich zu einem eigentlich ganz naheliegenden Schritt: U-Bahn-Chef Diethelm Graetsch und Oberst Horst Meier von der Feuerwehr ließen den Korrespondenten der französischen Nachrichtenagentur AFP den Tunnel besichtigen. Der fand weder Spuren einer Schießerei noch welche, die auf deren Vertuschung hindeuteten. Es war wohl wirklich nur ein Kurzschluss.

Der mörderische Volkspolizist

Tödliche Vergewaltigung einer jungen Frau bei Wismar

Von Krönkenhagen bis nach Wismar an die Ostsee sind es gerade einmal knapp zehn Kilometer. Zum Baden ist es Ende September 2004 längst zu kalt, und Werner Engler hat auch anderes im Sinn. Er will über das erzählen, was vor 25 Jahren geschah. Damals saß er unter Mordverdacht in Haft. „Ich wollte mich umbringen und mit meinem Blut ‚Ich war's nicht' an die Wand schreiben", sagt er und zeigt die Spuren seines Suizidversuchs am Handgelenk. „Ich hab's nicht geschafft."

Der Mann, inzwischen Anfang 50, Invalidenrentner, geschieden, hatte vier Kinder von drei Frauen. „Das waren wilde Zeiten mit meinen Jungs von der Band, der Lotus-Formation", schwärmt der gelernte Zimmermann.

Am 28. April 1979 standen die Musiker wie so oft auf der Bühne. Beim Tanz in den Mai im nahen Bernstorf ging es hoch her. Werner Engler erinnert sich noch an alles, als wäre es gestern gewesen: „Boney M. und Village People waren damals ganz groß. Wir haben das damals im Westradio gehört und dann nach Gehör den englischen Text aufgeschrieben." Er hat noch seine alten Zettel: „Hi hät onlie ßien se dark seit of leiv ..." Werner Engler hingegen fühlte sich in jenen Jahren auf der Sonnenseite des Lebens. „Natürlich war meine Frau nicht begeistert. Ich hatte ja damals schon ein Kind nebenbei zu laufen, und dann war da die Sache mit Karin gerade aktuell." Die 20-jährige Kinderkrankenschwester wollte nachkommen zum Tanz in Bernstorf, denn im Trabi der Musiker, in dessen Anhänger sie auch noch ihre Verstärker und Instrumente beförderten, war kein Platz mehr.

Karin kam jedoch nie an. Werner Engler machte sich darüber zunächst keine großen Sorgen: „Sie sah das alles nicht so verbissen, wollte per Anhalter nachkommen. ‚Wer mich abends mitnimmt, lässt mich morgens laufen', hat sie mal gesagt. Und ich habe sie damals schon gewarnt, dass da mal was passieren würde."

Acht Tage später, am 5. Mai 1979, fanden Spaziergänger die Leiche von Karin Grabowski im Meiensdorfer Forst an der F 105 Richtung Wismar. Halb entkleidet, mit der Kordel ihres Parkas erdrosselt. Ihr Slip war heruntergerollt. Die Männer von der Mordkommission Rostock und von der Hauptabteilung IX der Stasi-Bezirksverwaltung Schwerin ermittelten. Die Kriminaltechniker sicherten Spermaspuren und fremde Haare. Trotzdem deuteten vor Ort keinerlei Zeichen auf eine Vergewaltigung hin. Die Leichenflecke zeigten jedoch, dass die Tote während der ersten zwölf Stunden nach dem Tod bewegt worden sein musste. Der Fundort konnte also nicht der Tatort sein. Auf Letzteren gab nicht einmal der Mageninhalt des Opfers einen Hinweis: Sahnequarktorte, Äpfel und Gurken hatte Karin Grabowski zuletzt gegessen.

Werner Engler vermutete: „Die bei der Polizei haben das bestimmt besonders gründlich gemacht, denn Karins Vater war ja Oberleutnant bei der Kripo." Das hatte Folgen. Schnell stießen die VP-Kriminalisten auf eine heiße Spur: auf Horst K., selbst VP-Obermeister, nebenbei IM der Stasi und im VPKA Grevesmühlen als Schirrmeister für den Fahrzeugpark zuständig. Sein Hobby war die Jagd. Als Jagdleiter verfügte er sogar über eine

Jagdhütte im nahen Grenzgebiet. Dort ging auch ein Freund und Jagdkamerad von Horst K., der Leiter der MfS-Kreisdienststelle Grevesmühlen, ein und aus.

Die Kriminalisten ermittelten, dass Horst K. in der Mordnacht im Wald unterwegs war. Hinzu kam, dass er sich immer tiefer in Widersprüche verstrickte. Der Polizist gehörte zu jenen, die ein Auge auf die flotte Karin geworfen hatten. Doch mit Mitte 40 hatte er keine Chance bei ihr. Nun beteuerte Horst K., in jener Nacht mit seinem Wartburg auf dem Rückweg von der Jagd über Bernstorf nach Grevesmühlen gefahren zu sein. Das überprüften die Kriminalisten und stellten fest, dass der Landweg unbefahrbar war, denn Traktoren hatten ihn total zerfurcht. Sein auffällig desinteressiertes Verhalten während der Befragung erschien den Kollegen ebenso verdächtig. Er wollte offenbar nichts mit dem Fall zu tun haben, obwohl ihm das Opfer und dessen Vater gut bekannt waren.

Da gegen einen VP-Angehörigen jedoch nur die Stasi vorgehen durfte, wurden alle Hinweise zu dem Verdächtigen zur streng vertraulichen „Sonderspur K." zusammengefasst. Der Chef der MfS-Kreisdienststelle teilte seinen Genossen von der Polizei wenig später mit, er würde sich fortan persönlich um den Fall kümmern. Und so geschah es auch: Im Januar 1980 wurden die Ermittlungen zu Horst K. eingestellt.

Werner Engler verzweifelte indessen. Er wollte doch, dass der Mord an seiner Geliebten aufgeklärt würde. „Das war eine ganz besondere Frau. Ich habe sie wirklich geliebt", erklärt er auch noch viele Jahre später. Er traf sich deshalb sogar heimlich mit dem Chef der politischen Polizei K 1 des VPKA Grevesmühlen, „in einer Kiesgrube im Degtower Wald". Dass der VP-Leutnant nebenbei als IM „Bernd Max" für die Stasi arbeitete, ahnte Werner Engler nicht. Der Kriminalist zeigte ihm Fotos vom Tatort und erzählte alle Einzelheiten der Bluttat. Werner Engler unterschrieb dafür eine Schweigeverpflichtung. Nun nistete das Täterwissen in seinem Kopf.

Genau das wurde ihm zum Verhängnis, als er am 16. März 1982 an seinem Arbeitsplatz in der Landwirtschaftlichen Produktionsgenossenschaft (LPG) verhaftet wurde. Die Polizei hatte kurz zuvor einen Brief in die Hände bekommen, den die Mutter von Englers unehelichem Kind an ihren Verlobten geschrieben hatte. Darin behauptete die Postangestellte Erika, Engler habe sie gezwungen, die Leiche von Karin Grabowski mit dem Post-Barkas aus dem Questiner Wald in den Meiensdorfer Forst zu schaffen. Den Grund dieser Aussage kann sich der damals so schwer Beschuldigte auch mehr als 20 Jahre später nicht erklären: „Sie muss verrückt geworden sein. Sie hat sich damit ja auch selbst belastet. Eifersucht? Ich weiß es nicht. Mir hat sie mal gesagt: ‚Wenn ich dich nicht haben kann, dann soll dich auch keine andere kriegen.' Ich habe mir zuerst gar keinen Kopf gemacht. Ich stand zur fraglichen Zeit ja in Bernstorf auf der Bühne. Da haben mich Hunderte von Leuten gesehen."

Doch letztlich konnte niemand ausfindig gemacht werden, der sein so felsenfest erscheinendes Alibi bestätigte. Aus Angst vor der Staatsmacht schwiegen offenbar die potenziellen Zeugen.

Nach insgesamt 350 Stunden und 30 Minuten Verhör bis zum 8. September 1982 – so die Zeitangaben auf den Protokollen – wusste Werner Engler selbst nicht mehr, wo er an dem fraglichen Abend war und was er getan hatte oder nicht. Er gestand den Mord dreimal und widerrief sein Geständnis ebenso oft.

Fachleuten ist dieses Phänomen bekannt. Einen plausiblen Erklärungsansatz dazu entwickelte der Kieler Psychologe und langjährige Gerichtsgutachter Prof. Hermann Wegener: „Der

Verhörte bemüht sich zunächst meist, die Situation durchzustehen. Nach langen und mehrfachen Verhören resigniert er und gibt seine Strategie der Stressbewältigung auf. Er zieht sich auf einfache Verhaltensweisen zurück. Dadurch kann er sich erholen, seine Leistungsreserven mobilisieren und erneut versuchen, die Lage wieder unter Kontrolle zu bringen. So kommt es zu mehrfachen Geständnissen und Widerrufen." Werner Engler erinnert sich nur noch an eines: „Irgendwann gibt man eben einfach auf."

Am 21. März 1983 verurteilte ihn das Bezirksgericht Rostock wegen Mordes zu lebenslanger Haft. Die Postangestellte Erika bekam ein Jahr wegen Mittäterschaft.

Wenig später bot man dem Verurteilten an, sich in den Westen abschieben zu lassen. Das lehnte Werner Engler ab. Stattdessen strebte er eine Revision an. Aufgrund von mangelhafter Beweisführung hob das OG der DDR am 8. Juli 1983 die Urteile auf und verwies die Strafsache nach Rostock zurück. In der Berufungsverhandlung wurden beide Inhaftierte freigesprochen, da keine handfesten Beweise aufgeführt werden konnten.

Der Mordverdacht war damit aber nicht aus der Welt. Der einstmals beliebte und bekannte Musiker lebte fortan das Leben eines Aussätzigen. Auch die Gerüchte, es sei bei den Ermittlungen nicht alles mit rechten Dingen zugegangen, hielten sich hartnäckig.

Nach dem Ende der DDR, Mitte der 1990er-Jahre, wurden die Ermittlungen wiederaufgenommen. Kriminalist Olaf Claus hatte von einem Kollegen einen Tipp bezüglich der 1979 unterdrückten „Sonderspur K." erhalten: „Ich habe von meinem damaligen Kommissariatsleiter in Schwerin einen Stapel Akten bekommen. Ich glaube, es waren insgesamt 13 Bände Ermittlungsakten mit über 1000 Seiten. Und dann hat er mich gefragt, ob ich diesen Fall kenne." Für Olaf Claus begann eine fast unüberschaubare Suche nach dem wahren Täter: „Dann habe ich alles durchgelesen und nach weiteren Unterlagen geforscht, denn offensichtlich fehlten Unterlagen. Im Berliner Bundesarchiv sowie im Landesarchiv Mecklenburg-Vorpommern habe ich nachgeforscht. Dann in den Archiven der Landespolizei, der Rostocker Polizeidirektion, in den Außenstellen der Gauck-Behörde in Rostock/Waldeck und Schwerin/Görslow. Also überall, wo ich Unterlagen vermutet habe, war ich in den Archiven, und ich bin überall auch fündig geworden. Im Herbst 1999 habe ich dann die fehlenden Ermittlungsakten der Kriminalpolizei bekommen. Die lagen in der Staatsanwaltschaft Rostock in vier oder fünf Umzugskartons. Vernehmungsprotokolle, Ermittlungsberichte, Bilder, Spuren. Bei einem Umbau fand der damalige Chef der Kriminaltechnik dann noch Bekleidung, die Karin Grabowski gehörte, in einem Keller. Unter anderem wurden auch Haare gefunden. Wir konnten somit einen DNA-Abgleich machen. Die Haare waren weder dem Opfer noch Werner Engler zuzuordnen."

Olaf Claus vernahm Werner Engler im Beisein seines Anwalts zu den damaligen Verhören. „Werner Engler berichtete mir, dass ihm Haare ausgerissen wurden, er wurde mit dem Kopf gegen die Wand geschlagen. Für mich waren diese Schilderungen unglaublich, da ich die Kriminalisten kannte, die ihn vernommen hatten. Er hat sie alle namentlich genannt. 1998/99 habe ich dann auch gegen meine ehemaligen Kollegen ermittelt. [...] Stutzig wurde ich, als Engler mir von einem Hocker erzählte, bei dem die Bolzen der Beine aus der Sitzfläche herausragten und auf der Sitzfläche mit Schraubenmuttern befestigt wurden. Während der Vernehmungen musste er auf diesem Hocker sitzen. Seine Narben hat er mir gezeigt."

Doch davon wollte niemand etwas wissen. Olaf Claus: „Die Staatsanwaltschaft in Rostock hat keine Ermittlungsverfahren gegen die Kollegen eingeleitet, weil am 2. Oktober 2000 sämtliche Straftaten aus DDR-Zeiten verjährt waren. Das Verfahren habe ich im Juli 2000 abgeschlossen. Dann waren nur noch drei Monate Zeit, um das in die Gänge zu bringen. Die gefundenen Unterlagen in der Rostocker Staatsanwaltschaft wurden vermutlich bewusst zurückgehalten. Die Verantwortlichen wurden von mir im Schlussbericht genannt. Es hatte aber keine Folgen für sie."

Die Männer waren längst wohlbestallte Hauptkommissare bei der Kripo Rostock und der Polizeidirektion Grevesmühlen. Auch der einstige Ankläger Werner Englers konnte sich „nicht mehr daran erinnern", 1983 irgendetwas falsch gemacht zu haben. Als Justizrat ging er 1996 in Pension.

Für Olaf Claus stellte sich schnell heraus, dass die einstige „Sonderspur K." auf den tatsächlichen Mörder von Karin Grabowski hinwies. „Diese Akte fand ich dann 1999 in den Umzugskartons aus der Staatsanwaltschaft Rostock. Danach konnte ich gezielt Ermittlungen anstellen und habe erfahren, dass diese ‚Sonderspur K.' durch einen Kriminalisten an den Leiter der örtlichen Stasi-Dienststelle übergeben wurde, da DDR-Volkspolizisten nicht gegen andere Volkspolizisten ermitteln durften. Das war der Staatssicherheit übertragen worden."

Diese hatte dafür gesorgt, dass das Verbrechen an Karin Grabowski gründlich vertuscht wurde. In der DDR geschehene Kapitalverbrechen sind bis heute von der Verjährung zum 3. Oktober 2000 ausgeschlossen. Doch noch während Olaf Claus ermittelte, verstarb der nun Hauptverdächtige Horst K. im Oktober 1999 im Alter von 64 Jahren an einem Herzinfarkt. Das Verfahren gegen den früheren VP-Schirrmeister, Stasi-IM und Jagdgenossen wurde deshalb eingestellt. Die Polizei verzichtete darauf, die Leiche zu exhumieren, aber sie nahm Speichelproben von Horst K.s Kindern und konnte so mit einem eindeutigen DNA-Abgleich feststellen, dass die Haare, die an der Jacke von Karin Grabowski gefunden worden waren, von Horst K. stammten.

Für Olaf Claus stand damit fest, dass er doch noch den richtigen Mörder gefunden hatte. „Offiziell ist dieser Fall für mich abgeschlossen. Da ich im Jahr 2007 zum Bürgermeister im Ostseebad Boltenhagen gewählt wurde, bin ich aus der Landespolizei entlassen worden. Seit 2014 bin ich im Ruhestand."

Werner Engler nutzte die Aufklärung des Falls und Identifizierung des wahren Mörders nicht viel. „Das ging ja dann durch alle Zeitungen, sogar ein Schauspieler meldete sich bei mir, Luca Zamperoni. Er wollte die Sache verfilmen, vier Stunden haben wir hier bei mir über die Geschichte geredet: ‚Einmal Mörder, immer Mörder' – so in diese Richtung sollte es gehen. Klar, plötzlich kannte mich auch der eine oder andere hier aus den Dörfern in der Umgebung wieder, die bisher immer im Stall verschwunden waren, wenn sie mich nur von Weitem sahen. Das war alles eine riesengroße Verschwörung. Die hingen doch alle miteinander zusammen, Vopo, Stasi, die Staatsanwaltschaft ..."

Weshalb er nach dem Ende der DDR keine Anzeige erstattet hat? „Ich wollte einfach meine Ruhe habe. Alles endlich vergessen." Und der Film? „Ich habe nichts mehr davon gehört." Die Geschichte *Für immer ein Mörder – Der Fall Ritter* wurde erst im Herbst 2014 fertiggestellt. Luca Zamperoni: „Er hat davon nicht mehr erfahren. Ich hatte ihm einen Brief geschrieben, der zurückkam. Ich dachte erst, er sei umgezogen. Ich habe dann das Einwohnermeldeamt kontaktiert." Dort erfuhr er, dass Werner Engler 2005 verstorben war, im Alter von 54 Jahren.

Faustrecht und Pranger

Selbstjustiz im Sozialismus

Von der „Faust der Arbeiterklasse" war gern mal die Rede, wenn es darum ging, unbotmäßige Mitbürger zu disziplinieren. Seit Ende der 1950er-Jahre ging das mit einer spürbaren Toleranz gegenüber der auch in der DDR verbotenen Selbstjustiz einher. Diese glich dem mittelalterlichen Faustrecht.

Die DDR-Juristen erfuhren davon aus einem im Fachblatt *Neue Justiz* abgedruckten Urteil des Kreisgerichtes Potsdam. Derartige Veröffentlichungen gab es immer dann, wenn eine Entscheidung als „beispielhaft" galt.

Dabei ging es um einen Fall, der eigentlich banal war: Ein Jugendlicher hatte mit seinem Kofferradio auf der Straße den Westsender RIAS gehört. Das missfiel einem Passanten. Er verlangte von dem jungen Mann, auf einen DDR-Sender umzuschalten. Als der das nicht tat, zerschlug der Fremde das Radio. Dabei entstand ein relativ hoher Sachschaden: Der 1959 vom VEB Stern-Radio Rochlitz produzierte Kofferempfänger „Stern 1" kostete damals 397 Mark, was ungefähr einem vollen Monatslohn entsprach.

Trotzdem lehnte das Gericht im Urteil vom 15. Januar 1959 Schadensersatz ab. Begründung: „Gemäß § 228 BGB handelt derjenige nicht widerrechtlich, der eine fremde Sache beschädigt oder zerstört, um damit eine durch die fremde Sache hervorgerufene drohende Gefahr von sich oder einem anderen abzuwenden. Nachweislich hat der Kläger das Kofferradio so laut spielen lassen, dass auch andere Passanten den Hetzkommentar des RIAS hören konnten. Er hat sich damit eine Verbreitung von Hetze gegen unseren Staat zuschulden kommen lassen."

Wenig später schürten auch die SED-Zeitungen Pogromstimmung. Die *Leipziger Volkszeitung* titelte am 16. Juni 1961 „Mit Provokateuren wird abgerechnet" und lobte Schläger aus einem Metallbaubetrieb, die einen Mann krankenhausreif geprügelt hatten, weil der mit einem Bier auf die Westpolitiker Ernst Lemmer und Willy Brandt anstoßen wollte. Am 5. August 1961 berichtete Gerhard Grimmer aus dem Karbidwerk Buna im SED-Zentralorgan *Neues Deutschland*, wie „unsere Kumpel", die „das Herz auf dem richtigen Fleck haben", am 11. Juli ihren Kollegen Fritz Wolter verprügelten: „Diese Sprache verstand er offenbar besser als Worte." Leipzigs FDJ-Chef Horst Schumann gab am Tag des Mauerbaus, dem 13. August 1961, einen „Kampfbefehl" aus, in dem es hieß: „Mit Provokateuren wird nicht diskutiert. Sie werden erst verdroschen und dann staatlichen Organen übergeben. [...] Jeder, der auch nur im geringsten abfällige Äußerungen über die Sowjetarmee, über den besten Freund des deutschen Volkes, den Genossen N. S. Chruschtschow, oder über den Vorsitzenden des Staatsrates Genossen Walter Ulbricht von sich gibt, muss in jedem Falle auf der Stelle den entsprechenden Denkzettel erhalten." Am 24. August 1961 lobte *Neues Deutschland*: „Das Beispiel der Karbidarbeiter in Buna, die dem üblen Provokateur Wolter ihre Faust zu spüren gaben, hat Schule gemacht."

Wenige Wochen später kam zum Faustrecht der sozialistische Pranger hinzu. In der Aktion „Blitz kontra NATO-Sender" setzten FDJ-Stoßtrupps Leute unter Druck, deren Fernsehantennen, nach dem gleichnamigen bayrischen TV-Sender Ochsenkopf genannt, gen Westen wiesen. Sie wurden nun „in Richtung Frieden" gedreht oder gleich demontiert. Die *Junge Welt* lobte am 29. August 1961: „Eine besonders originelle Idee hatten die Freunde der FDJ-Organisation der Mathias-Thesen-Werft in Wismar. Sie schufen die Figur ‚Tele-Conny', die all jenen an die Haustür geheftet wird, die noch immer die Fernsehsendungen des Westens empfangen. Sobald die Antennen aber Richtung Sozialismus zeigen, wird ‚Tele-Conny' wieder abgeholt."

Die *Berliner Zeitung* informierte am 6. September 1961 über eine Wahlkreiskonferenz in Eilenburg, die beschloss, die Stadt solle „als erste westantennenfrei sein".

Wer dennoch das Westfernsehen bevorzugte, musste mit Diffamierungen rechnen. Darüber berichtete das FDJ-Blatt am 7. September 1961, als es frohlockte, dass „der unverbesserliche Otto P[...] entlarvt" wurde: „Seine Antenne wurde abgesägt, auf dem Marktplatz in Bad Düben für alle Einwohner sichtbar ausgestellt und daneben auf zwei Bildern geschrieben: ‚Wir dulden keine Lügen und Hetzantennen – durch sie wurde P[...] zum Verbrecher an der Arbeiterklasse.'"

Unter der Überschrift „Um Sauberkeit in jeder Wohnung" stachelte die *Berliner Zeitung* vom 7. September 1961 besonders Jugendliche zu Übergriffen an: „Die FDJler diskutieren in diesen Tagen mit allen denjenigen, die noch immer nicht begriffen hatten, wie gefährlich das Gift der NATO-Sender ist. [...] Sie weisen auf das Beispiel des Otto P[...] aus dem Kreis Eilenburg hin, der in seiner Wohnung das gemeinsame Abhören von Westsendern organisierte. Ihm folgten solche, die ‚objektiv' zu sein glaubten. [...] Wie leicht könnten sie auf einen ähnlichen Weg geraten wie die 57-jährige Berlinerin Siekmann, die die Kriegspropaganda des RIAS zum Selbstmord trieb." Ida Siekmann starb am 22. August 1961, als sie aus ihrer Wohnung in der Bernauer Straße sprang, um nach West-Berlin zu fliehen, und das Sprungtuch der Feuerwehr verfehlte.

„Wer aber böswillig und unbelehrbar ist, der wird die Blitze der FDJ zu spüren bekommen ..." Am 19. September 1961 berichtete *Neues Deutschland*: „Vom 5. bis 9. September hat die FDJ eine große politische Offensive gegen das ideologische Grenzgängertum unter der Losung ‚Blitz kontra NATO-Sender' durchgeführt. In diesen Tagen waren über 25 000 FDJ-Agitatoren im Einsatz, um mit jenen zu diskutieren, die die Gefährlichkeit der NATO-Politik und ihrer Sender noch nicht begriffen haben."

Diese Art der Selbstjustiz ebbte glücklicherweise ab, denn etliche Bürger wehrten sich gegen die Sachbeschädigung, die auch in der DDR strafbar war. Überdies war der Empfang von Rundfunk und Fernsehen aus dem Westen zu keiner Zeit verboten. Walter Ulbricht verkündete per Interview in der *Jungen Welt* vom 21./22. Oktober 1961: „Wenn es bei uns noch kein Gesetz gibt, das überhaupt das Abhören von NATO-Sendern und das Betrachten des Westfernsehens auch im privaten Bereich verbietet, dann deshalb, weil unsere Regierung hofft, durch Erziehung, durch gesellschaftliche Beeinflussung, durch Aufklärung zu erreichen, dass alle unsere Bürger so einsichtig und vernünftig werden, sich nicht der raffinierten feindseligen Propaganda auch im privaten Bereich auszusetzen."

Damit knüpfte Ulbricht an den „Beschluss des Staatsrates der DDR über die weitere Entwicklung der Rechtspflege" vom 30. Januar 1961 an. Der sollte die turbulenten Kampagnen der vorangegangenen Jahre dämpfen und für die Bürger wieder mehr Rechtssicherheit schaffen. Das bisherige Geschehen nannte man nun euphemistisch „Überspitzungen", die es künftig zu verhindern galt.

Dieser Beschluss wurde allerdings nur noch halbherzig befolgt, als Mitte der 60er-Jahre die Ausläufer des westlichen Jugendprotestes in die DDR überschwappten. Bei unbotmäßigem Verhalten wurde von „guten Genossen" unverhohlen mit Gewalt gedroht. In einer großen „Leseraussprache" berichtete so zum Beispiel der Cottbuser Klubhausleiter Peter Krumpelt am 9. Januar 1965 im Parteiorgan *Neues Deutschland*: „Es war im August 1964, als einige hundert Bauarbeiter und Montageelektriker in Cottbus ihr Quartier bezogen, um am Aufbau des Kraftwerkes Vetschau mitzuhelfen. [...] Wir erwarteten, dass neue Freunde unser Klubhaus besuchen würden. [...] Kurz und gut, die Freunde besuchten uns, und es kam gleich zu einer außerordentlich ‚saftigen' Schlägerei. [...] Wer die Regeln, die wir uns für ein ordentliches Klubleben aufstellten, nicht einhält, mit dem setzen wir uns auseinander. Nun darf man nicht glauben, dass diese Art der Auseinandersetzung bei uns vorherrscht. Wir wenden sie wirklich nur an, wenn es nicht anders geht – dann aber sehr wirksam. [...] Bestimmt werden jetzt diejenigen ihre Stimme erheben, die zwar rhetorisch sehr überzeugend, aber per distance meinen, so könne man die Jugend nicht erziehen. Richtig! Das kann man auch nicht, wenn man es beim ‚Vor-die-Tür-Setzen' bewenden lässt. Das aber machen wir nicht. Was ich hier schilderte, war eine den Umständen entsprechende notwendige ‚Schocktherapie'."

Von der FDJ sanktionierte Prügeleien und Ausgrenzung sollten helfen, die aus dem Westen kommenden neuen Rhythmen zu unterdrücken. Manche Gaststättenleiter entwarfen nun ihre eigenen Gesetze und hingen Schilder mit Aufschriften wie „Nieten in Nietenhosen unerwünscht" und „Auseinandertanzen verboten“ in ihren Lokalen auf. Wurde es trotzdem mal laut, wurden „Randalierern“ schon mal gewaltsam die Haare abgeschnitten. Veranlasste ein „klassenbewusster Arbeiter“ einen derartigen Akt der Selbstjustiz, wie im November 1968 der Leiter des „Klubs der Jugend und Sportler“ in Leipzig, für die Stasi nebenbei als „Hartmut Rüdiger“ tätig, wurde das sich wehrende Opfer bestraft und der Täter – in diesem Fall der Hausmeister des Klubs – belobigt.

Dass derartige Übergriffe gegen „Mistfinken“ und „Gammler“, wie die SED-Zeitungen gern formulierten, damals bereits über Jahre hinweg praktiziert worden waren, belegt ein Vorfall aus der Berliner Ernst-Wildangel-Oberschule. Nachdem dort der FDJ-Sekretär einem Mitschüler gewaltsam die schulterlangen Haare abgeschnitten hatte, kommentierte *Neues Deutschland* unter dem Titel „Gegen Dreck“ am 16. Oktober 1965: „Diese Tat der FDJler verdient volle Anerkennung. Sie sollte Schule machen, damit die Manie, wie ein verwildertes Ferkel herumzulaufen, sich nicht erst in unserem sauberen Staat ausbreitet. Es ist bekannt, dass manche Erwachsene etwas bedenklich sind, die gleichen Methoden wie die FDJler anzuwenden. Offensichtlich fürchten sie, als verkalkte Dogmatiker bezeichnet zu werden.“

Dass diese Art des „Faustrechts“ über mehr als zwei Jahrzehnte praktiziert wurde, illustriert eine Eingabe an das Ministerium für Volksbildung vom Januar 1979, die 1996 in einem Dokumentenband veröffentlicht wurde. Darin hieß es unter anderem: „Mein Sohn (10. Kl.) besucht Berlin. An seiner Jacke trägt er ein Emblem von Lewis [recte Levi's], dieses wird ihm durch vier Streifenpolizisten gewaltsam unter Drohung abgerissen, obwohl es zu dieser Zeit diese Hosen in der DDR zu kaufen gab. Daraufhin machte er sich ein Emblem aus der BRD, und zwar die Fahne dran [...]. Darauf wurde er in seiner Schule vom Direktor aufgefordert, die Fahne zu entfernen [...]. Danach traten einige Schüler [...] zur Selbstjustiz [an] und beschädigten die Jacke erheblich genau wie die VP. [...] Anschließend wurde eine FDJ-Versammlung angesetzt. Hier wurde er als einer am Rande der Gesellschaft und als Lügner sowie wir als Eltern auch hingestellt. [...] Er wurde so erniedrigt, dass er am gleichen Abend versuchte, aus dem Leben zu gehen."

In den 80er-Jahren traf die sozialistische Selbstjustiz sogar ein Symbol, dass eigentlich nicht zu beanstanden gewesen sein dürfte. Am 4. Dezember 1959 schenkte die Sowjetunion der UNO eine Bronzeskulptur des Bildhauers Jewgeni Wutschetitsch. Die nach einem Wort des biblischen Propheten Micha gestaltete Figur im Stil des sozialistischen Realismus zeigte einen Mann, der ein Schwert zu einer Pflugschar schmiedete. Am Buß- und Bettag 1980 tauchte das Abbild dieser Skulptur, das bislang auch im Schulgeschichtsbuch für die sechsten Klassen zu sehen war, mit dem Schriftzug „Schwerter zu Pflugscharen" als Friedenssymbol in Gottesdiensten auf. Die private Druckerei Abraham Dürninger der christlichen Herrnhuter Brüdergemeinde hatte sie in einer Auflage von 120 000 Stück auf Vlies gedruckt. Dieses Verfahren galt in der DDR als „Textilveredelung" und bedurfte keiner Druckgenehmigung.

Da zu jener Zeit das Wettrüsten eskalierte, fühlte sich der Staat vom öffentlichen Zeigen des Sowjet-Denkmals bedroht. Ohne jegliche Rechtsgrundlage begannen Lehrer und Polizisten, den meist jugendlichen Trägern den Aufnäher „Schwerter zu Pflugscharen" von den Ärmeln zu reißen.

Mit dem offiziellen Verbot der Plakette im November 1981 wurde diese Selbstjustiz nachträglich legalisiert. Die nun angewandten Sanktionen umfassten Relegierungen von Oberschulen und Universitäten, die Verweigerung gewünschter Lehrstellen, das Verbot des Aufenthalts an bestimmten Stellen sowie Strafversetzungen. Für die Herstellung von Aufnähern wurde eine Genehmigungspflicht eingeführt.

Die Tendenz, sich in der DDR „seine eigenen Gesetze" zu machen, hatte sich längst etabliert. Verkäufer entschieden, wer Mangelwaren bekam, örtliche Funktionäre bremsten oder förderten die Ausbildung der Kinder, und Denunzianten konnten auf den verschwiegenen Wegen über die Stasi ihre Interessen außerhalb der gültigen Rechtsordnung durchsetzen. Mit all diesen Spielarten von Selbstjustiz fand man sich ab und sprach allenfalls hinter vorgehaltener Hand von den „Gleicheren" unter den Gleichen. Auch aus diesem Grund war die Herstellung von Rechtssicherheit eine der zentralen Forderungen bei den Demonstrationen im Herbst 1989.

In jenen Wochen des Jahres 1989 flackerte die Tendenz zur Selbstjustiz noch einmal auf. Allerdings erschöpfte sie sich in verbalen Attacken – diesmal gegen die bis dahin herrschende Ordnung in der DDR. So ging zum Beispiel am 10. Oktober 1989 ein Drohbrief an einen Tischler in Ribnitz, in dem es hieß: „Wenn Du Kommunistenschwein noch einmal die Fahne aus dem Fenster hängst, schlagen wir Dich tot. Neues Forum Ribnitz." Am 9. November 1989 bekamen Mitarbeiter des Rates der Stadt Kühlungsborn Post: „Sekretär des Rates. Du wirst jetzt verurteilt. Verdufte sofort aus Deiner Wohnung. Folgst Du nicht, blasen wir Dir das Licht aus!" Am 17. November 1989 verkündete ein anonymes Schreiben an die SED-Kreisleitung Stralsund: „Das Volksgericht in der ‚DDR' – Todesurteil gegen [es folgten fünf Namen]. Hinrichtungsarten: Totprügeln oder erhängen."

Zu wirklichen Übergriffen kam es aber nicht. Trotzdem

berichtete ZK-Kandidat Siegfried Funke am 10. November 1989 in der Sitzung des ZK der SED, nun bereits unter Leitung von Egon Krenz, aufgeregt: „Zurzeit werden draußen in den Betrieben Parteisekretäre reihenweise abgeschlachtet. Sie müssen sich gerade bekennen für das, was das Politbüro getan hat." Auch wenn das erlogen war, machte es den Anwesenden reichlich Angst. Schließlich hatten sie mit der sozialistischen Selbstjustiz über Jahre ihre Erfahrungen gemacht.

Die geheimen Privilegien der Funktionäre

Kavaliersdelikt Korruption

Im Frühling 1976 machte ein Reporter der Frauenzeitschrift *Für Dich* eine Runde durch die märkische Seenlandschaft um Berlin und wunderte sich über die vielen gediegenen privaten Anwesen. Bei „so mancher Datsche", berichtete das Blatt, seien „Zäune und Tore [...] für jedermann sichtbare Beispiele unrechtmäßiger Verwendung von Material. Viele sehen das, aber keiner sagt ein Wort, wahrscheinlich, weil so mancher sich auch schon einmal umsonst aus dem großen Topf der Gesellschaft bedient hat."

Damit traf die Zeitschrift gewiss den Nagel auf den Kopf, denn Korruption über die als „Vitamin B" bezeichneten Beziehungen war in der DDR allgegenwärtig. Auf ihrem IX. Parteitag im Mai 1976 mahnte die SED: „Der sozialistischen Gesellschaft sind Handlungsweisen wesensfremd, wie sie im Egoismus und Raffgier, im Spießertum, im Streben sich auf Kosten der Gesellschaft zu bereichern, zum Ausdruck kommen." Die Mahnung reichte offenbar nicht. Eine Änderung im Strafgesetz machte bald darauf eine „staatliche Kontroll- und Erziehungsaufsicht" möglich, und in den Zeitungen erschienen Gerichtsberichte wie „Umfangreicher Handel mit Schmuck ohne Gewerbeerlaubnis" oder „Durch Raffgier und asoziales Verhalten hohen Lebensstandard ergaunert". Nicht thematisiert wurde in der Presse, dass große Korruption nicht von kleinen Leuten betrieben werden konnte. Sie setzte immer einen Zugriff an die entsprechenden Schaltstellen voraus.

Das zeigten verschwiegene Kriminalfälle aus jenen Jahren: Im Leipziger Maschinenbaubetrieb VEB Mikrosa leitete der Chef eines Produktionsbereichs insgesamt 135 000 Mark auf sein Privatkonto – bezahlt für Elektromaterial, das der Betrieb nie erhielt. Beim VEB Blüthner-Piano führte die Chefbuchhalterin Phantom-Werktätige in den Lohnlisten und steckte so Lohngelder in Höhe von 140 000 Mark in die eigene Tasche. Im volkseigenen Industrieverband Fahrzeugbau-Karosseriewerk ließen sich zwölf leitende Mitarbeiter insgesamt eine halbe Million Mark zukommen – durch einen neun Jahre lang betriebenen illegalen Handel mit zuvor aus dem Werk gestohlenem Autozubehör.

Spielte sich die Korruption im abgeschotteten Kreis der SED-Funktionselite ab, stiegen die Chancen, dass sie selbst bei Entdeckung vertuscht wurde. Das beweist unter anderem der Fall des Generalmajors Theo Gregori. Seit 1974 leitete er den Militärischen Nachrichtendienst (Mil-ND) der NVA. Diese Funktion nutzte der General, um wie ein byzantinischer Herrscher zu residieren. Er zog in ein nobles Haus in Berlin-Karolinenhof am Peitzer Weg 10 und ließ es „standesgemäß" mit westlichen Konsumgütern ausstatten. Ob eine Küche für 14 000 DM, ein Swimmingpool mit Gegenstromanlage oder eine Sauna – das Feinste war gerade gut genug. Auf dem Nachbargrundstück entstand ein weiteres Haus für Repräsentationszwecke, natürlich auch mit Westtechnik ausgestattet, von einer Ölheizung bis zu den Sanitäranlagen. Gefeiert wurde vorzugsweise auf Regimentskosten in Schmöckwitz, und zum 50. Geburtstag bestellte Ehefrau Charlotte im Westen Platin-Manschettenknöpfe mit Brillanten. Selbstverständlich kamen von dort auch Schnaps und Zigaretten, Farbfernseher und Stereoanlage. Für den Urlaub in Ungarn oder Jugoslawien ließ sich der General vorsorglich Bargeld in harter Währung auszahlen. DDR-Geld war nicht einmal bei den dortigen sozialistischen Freunden beliebt. Theo Gregori verfügte über einen Diplomatenpass der DDR sowie über Dienst- und Reisepass. Ebenso trug ein Reisepass der Bundesrepublik mit der Nummer E 1648793 und dem Falschnamen Rudolf Sommer, gültig bis zum 12. Oktober 1982, sein Bild. Seine beiden Fahrer fungierten nebenbei als Butler, und zeitweilig waren bis zu vier Dienstwagen für Familie Gregori im Einsatz.

Die Praxis dieses Wohllebens organisierte Hans Pf., der es im Dienst des Mil-ND bis zum Oberstleutnant brachte. Nebenbei agierte er unter dem Decknamen „Peter Bauer“ als Spitzel für die Stasi.

Da beim Geheimdienst alles geheim war, funktionierte auch diese Variante der Korruption über Jahre ohne jegliche Konsequenzen. Erst als in der NVA-Führung zu viel hinter vorgehaltener Hand geredet wurde, schickte der Minister für Nationale Verteidigung am 23. September 1982 Theo Gregori aus „gesundheitlichen Gründen“ in Rente. Der General schrammte knapp an einem Strafverfahren vorbei, wurde degradiert und musste aus dem Haus in Karolinenhof ausziehen.

Um den Rest kümmerte sich die Stasi. Unter der Registriernummer XVIII 27/13/81 führte sie gegen Theo Gregori den Operativen Vorgang (OV) „Manipulator“. Das neue 60-Quadratmeter-Domizil in Neuenhagen, Rosenaue 41, wurde mit Wanzen präpariert. Das MfS legte vorsorglich fest: „In unmittelbarer Nähe ist ein operativer Stützpunkt durch die Hauptabteilung I zu schaffen, der für die Einleitung spezifischer Maßnahmen gegen ‚Manipulator‘ nach dessen Ausscheiden aus der

NVA geeignet ist." Seine „Schrankwand (massiv Eiche)" musste der General ebenso im alten Haus lassen wie „Kühlschrank und Tiefkühltruhe, Anzugstoffe, Farbfernsehgerät, komplette Kücheneinrichtung", „Stores und Obergardinen", „Speise- und Kaffeeservice" und manches mehr, das durch Korruption beschafft worden war. An die Öffentlichkeit drang über all dies nichts.

Trotzdem fühlte sich nun auch Oberstleutnant Hans Pf. bedroht, denn wenn er für seinen General Luxusgüter aus dem Westen besorgte, fiel immer auch einiges für ihn und seine geliebte Dogge „Hexe" ab. Das verschwieg „Peter Bauer" jedoch tunlichst in seinen Stasi-Berichten. Die Stasi brauchte ihn zwar, um seinen Chef abzuschießen, aber er selbst konnte kaum auf Nachsicht bauen. Unter anderem deshalb erhängte sich Hans Pf. am 2. Oktober 1982 gegen vier Uhr im Schlafanzug in einer „doppeltlaufenden Schlinge einer Hundeleine" am Heizungsrohr in seinem Keller. Auch diese Leine war aus dem Westen gekommen.

Um solche Bagatellen ging es bei der allgegenwärtigen Korruption jedoch selten. Die neuralgischen Punkte in der DDR waren Wohnungen und Autos. Das eine wie das andere ohne jahrelange Wartezeiten zu erlangen war nur mit ganz besonderen Beziehungen möglich.

Stasi-Oberstleutnant Günter Wurm hatte genau diese. Er beherrschte in den 1960er- und 70er-Jahren einen geheimen Außenhandelsbetrieb namens „Industrievertretung". Dort zweigte der Offizier genügend Geld ab, um sich und seinen „Freunden" alles nur Denkbare zu beschaffen. Wohnungen „außerhalb des Kontingents" gehörten dazu. Dabei half Oberstleutnant P., ein Komplize aus der HV A, Sektor Wissenschaft und Technik. Der wiederum hatte einen IM in der Wohnungsverwaltung des Ost-Berliner Magistrats sitzen, für den etwa ab 1965 ein einträgliches Geschäft begann.

Als schließlich Stasi-intern alles aufflog, natürlich „unter Wahrung strikter Geheimhaltung", gab Günter Wurm 1981 bei seinen Vernehmungen zu: „Gen. OSL [Oberstleutnant] P. verlangte von mir bzw. gab mir anfangs zu verstehen, dass er seinem Mann ‚etwas' zukommen lassen müsste. Dazu war ich bereit, stutzte zwar etwas, als er von mir pro Wohnung 1000 DM-West verlangte, gab sie ihm aber ohne weitere Fragen zu stellen mit dem Hinweis, dass unter keinen Umständen etwas schief laufen darf. Es traten auch keinerlei Vorkommnisse auf."

Bis 1980 erhielt der Stasi-Offizier gegen Zahlung von insgesamt 45 000 DM Bestechungsgeld mindestens 45 Wohnungen – ganz genau war das später alles nicht mehr feststellbar. Günter Wurm nutzte diese, um weitere Leute damit zu korrumpieren. So erhielt zum Beispiel ein DDR-Staatssekretär ein Appartement auf der Berliner Fischerinsel, um dort die Schäferstündchen mit seiner Sekretärin zu verbringen. Aber Günter Wurm dachte auch an sich selbst und seine Geliebte. Die internen Ermittler konstatierten: „Von diesen Wohnungen richtete sich Gen. Wu. vier illegale konspirative Wohnungen auf modern ein. Diese Wohnungen wurden sowohl ausstattungsmäßig als auch hinsichtlich der laufenden Kosten mit Geldern der ‚Industrievertretung' bezahlt." Und sie hatten einen ganz entscheidenden Vorteil: Die Ehefrau erfuhr „aus konspirativen Gründen" nichts von ihnen.

Wohnungsschieber ohne Stasi-Verbindungen kamen nicht straflos davon. Im Juni 1979 verurteilte das Berliner Stadtbezirksgericht Prenzlauer Berg Klaus Dieter M. und Henny L. zu jeweils einem Jahr und zwei Monaten Freiheitsentzug sowie 6000 bzw. 3000 Mark Geldstrafe, Henny L. durfte überdies drei Jahre lang keine Funktion in einer Arbeiterwohnungsbaugenossenschaft (AWG) ausfüllen. Mittäterin und Nutznießerin der Schieberei Monika B. bekam zwei Jahre Bewährung bei einer Strafandrohung von acht Monaten Freiheitsentzug und 3000 Mark Geldstrafe.

Zur Tat hieß es im Gerichtsbericht: „Klaus Dieter M. hat von März bis Juni 1978, unter Ausnutzung seiner Bekanntschaft zu Henny L., die in einer AWG hauptamtlich tätig war, Bestechung begangen. Er bewog Henny L., pflichtwidrig Nichtmitglieder bevorzugt mit Wohnraum der AWG zu versorgen. Klaus Dieter M. versprach Geschenke und überließ ihr auch einen Restbetrag von AWG-Anteilen der Familie B. Unrechtmäßig erhielt die Familie B. bevorzugt innerhalb weniger Wochen eine 4-Raum-Neubauwohnung. [...] Henny L. hat von März bis Juni 1978 unter Missbrauch ihrer Befugnisse für das Versprechen und Überlassen von Geschenken der Familie B. die genannte 4-Raum-Wohnung unberechtigt verschafft."

Noch härter erwischte es 1988 Annette K., damals 38 Jahre alt, die als „Wohnraumlenkerin" beim Ost-Berliner Stadtbezirk Treptow arbeitete, ihren Mann Roger K. sowie Mittäter Siegfried S. Gegen Bestechungsgeld manipulierten sie die Wohnungszuweisungen und „versorgten" so insgesamt acht Familien. Annette K. kassierte dabei 30 000 Mark, Siegfried S. 14 500 Mark. Das Gericht verurteilte sie am 31. März 1988 zu viereinhalb Jahren Freiheitsentzug und einer Zusatzgeldstrafe von 40 000 Mark. Siegfried S. bekam dreieinhalb Jahre und 28 000 Mark Geldstrafe, Roger K. wegen Beihilfe ein Jahr Bewährung mit der Strafandrohung von sechs Monaten. Gegen jene, „die sich durch Bestechung unrechtmäßig Wohnraum verschafften oder an andere vermittelten" – so das Gericht –, wurden Strafbefehle zwischen 6000 und 12 000 Mark erlassen.

Die „unrechtmäßig bezogenen Wohnungen“ mussten geräumt werden.

Ebenso begehrt wie Wohnungen waren Autos. Manchmal mussten sie nicht einmal bezahlt werden. Das entdeckte die Valutakontrollgruppe des Ministeriums für Finanzen und Preise, als sie im letzten Jahr der DDR vom 2. Januar bis zum 9. Februar 1990 den bis dahin im Geheimen arbeitenden Bereich Kommerzielle Koordinierung (KoKo) von Alexander Schalck-Golodkowski kontrollierte. Die Kassenprüfer hielten zu diesem Teilbereich fest: „Verantwortlich für die Vergabe von Pkw war der ehemalige stellvertretende Leiter des Bereichs Kommerzielle Koordinierung, Herr Seidel. Nach Direktiven von Herrn Dr. Schalck, Herrn Honecker, Herrn Dr. Mittag und anderen sowie nach eigenem Ermessen wurden durch Herrn Seidel der Import, die Vergabe, die Bezahlung in Mark der DDR oder Valuta, zum Teil die Höhe des Preises und die Rechnungslegung entschieden. Die Prüfung der Unterlagen aus 1989 ergab, dass Herr Seidel in 7 Fällen angewiesen hat, keine Rechnung zu legen. In weiteren 5 Fällen konnten keine Einzahlungsbelege nachgewiesen werden.“ Dabei ging es nicht um simple Standardmodelle aus DDR-Produktion, sondern um Westautos. Keiner der durch diese Spielart der Korruption Bevorzugten musste auf eine entsprechende Ausstattung verzichten: „Auf Anweisung von Herrn Dr. Schalck/Herrn Seidel wurden die Pkw entsprechend den Wünschen der Käufer mit Extras, wie z. B. Autoradios (und/oder) Schonbezügen aus dem NSW [Nichtsozialistisches Wirtschaftsgebiet], ausgestattet.“ Allerdings fand die Übergabe der edlen Karossen nicht im chromglänzenden Ambiente eines Autohauses statt, sondern eher konspirativ: „Nach Aussage von Fr. Ostmann [Mitarbeiterin im Bereich KoKo] kam es auch vor, dass Fahrzeuge laut Weisung von Herrn Dr. Schalck oder Herrn

Seidel ohne Papiere oder mit einem verschlossenen Umschlag an unbekannte Personen übergeben wurden."

Dieses „Geschäft" hatte einen erheblichen Umfang. Nur die in der DDR produzierten Wartburgs schienen dabei nicht so recht zu laufen: 1988 beschaffte KoKo rund 800 Autos, darunter gerade einmal 52 vom VEB Automobilwerk Eisenach. Ersatzteilsorgen bei den Westwagen nahmen die Männer an der Quelle den stolzen Besitzern gleich mit ab: „Über die Werkstatt [Berag] bzw. über die Firma Camet haben Herr Seidel / Herr Dr. Schalck für bestimmte Betriebe und Institutionen [...] und für Privatpersonen die Möglichkeit geschaffen, über die Werkstatt Ersatzteile für importierte Fahrzeuge zu beziehen. Die Bezahlung der Rechnungen erfolgte nur in Mark über die Werkstatt."

Wer nicht mit einem Auto korrumpiert werden musste, hatte die Chance, wenigstens an anderen Segnungen der westlichen Konsumwelt teilzuhaben. Die Fahnder des Finanzministeriums: „Analog der Verfahrensweise für den Bezug von Pkw sind 1988 hochwertige Konsumgüter, z. B. Farbfernsehgeräte, Videogeräte, Garderobe, Juwelen aus Importen in Höhe von über 100 TM an Privatpersonen verkauft worden." Beispielsweise durfte sich Oberst Wolfram Meinel, Chef der Arbeitsgruppe, die die KoKo bei der Stasi überwachte, am 7. Februar 1989 an einer Hifi-Anlage von Sony für 2342 DM erfreuen. Der Videorecorder SLV 402 für 1550 DM, ebenfalls von Sony, wurde am 16. Februar nachgeliefert. Für KoKo-Mitarbeiter Klaus-Dieter N., bei der Stasi als IM „Bert" geführt, fielen am 27. August unter anderem zwei Anzüge, ein Hemd und ein Gürtel für 993,90 DM und am 4. Januar „1 Juwelen-Liebesvögel"-Set für 1000 DM ab. Ost-Berlins Oberbürgermeister erhielt am 5. Oktober 1989 einen Panasonic-Farbfernseher und einen Infrarotstrahler, für die die KoKo 1698,95 DM bezahlte.

Insgesamt verzeichnete allein die Liste der Finanzkontrolleure über Beispiele aus einem einzigen überprüften Jahr Westeinkäufe für 61057,02 DM, mit denen „wichtige Genossen" bestochen wurden.

Juristische Konsequenzen hatten derlei Delikte nur in den letzten Monaten der DDR. Noch unter Regie der DDR-Justiz kam es wegen Amtsmissbrauchs und Korruption zu 21 Anklagen gegen 28 Personen. Rechtskräftig abgeschlossen wurde vor der deutschen Einheit nur ein einziges Verfahren: Am 10. August 1990 verurteilte das Kreisgericht Pirna Arne R., Direktor des Kombinats Hoch- und Tiefbau Pirna, wegen mehrfacher Untreue im schweren Fall mit einer Schadenssumme von rund 55000 Mark zu einer Freiheitsstrafe von 15 Monaten.

Der Kreuzworträtselfall

Knifflige Mordermittlungen in Halle

Am Sonntag, dem 6. November 1988, saßen 57,4 Prozent aller Fernsehzuschauer der DDR vor ihrem Bildschirm und sahen als 123. Folge der Krimireihe *Polizeiruf 110* den Film *Der Kreuzworträtselfall*. Von Anfang an ahnten sie, wer der Täter war, doch das tat der Spannung keinen Abbruch. Zum ersten Mal zeigte ein Krimi akribisch die Ermittlungsarbeit der Polizei. Nach genau 84 Minuten hatte Hauptmann Beck alias Günter Naumann einen jungen Triebtäter dingfest gemacht und Leutnant Grawe, von Andreas Schmidt-Schaller gespielt, wurde zur Belohnung Fernseh-Oberleutnant.

Obwohl der Film in Berlin-Marzahn gedreht wurde, sprach sich schnell herum, dass er auf einem wahren Fall aus Halle-Neustadt, im Volksmund Ha-Neu genannt, beruhte. In der für mehr als 100 000 Chemiearbeiter konzipierten Plattenbausiedlung erfuhren die Einwohner am 17. Januar 1981 aus ihrer Zeitung, der *Freiheit*, davon. Unter dem Rubrum „Volkspolizei bittet um Mithilfe“ fand sich das Foto eines Jungen und die Information: „Seit dem 15. Januar 1981 gegen 15.30 Uhr wird der siebenjährige Lars Bense aus Halle-Neustadt vermisst. Das Kind wurde letztmalig zur angegebenen Zeit vor der HO-G ‚Treff‘ in Halle-Neustadt gesehen.“

An jenem Tag hatte es geschneit, und der Erstklässler wollte den Nachmittag im „Wohngebietszentrum Treff“ verbringen, das auch Kino für Kinder anbot. Als er danach nicht zu Hause erschien, machten sich die Eltern Sorgen. Der damalige Abschnittsbevollmächtigte (ABV) der VP, Peter Zimmermann, weiß noch: „So etwa 18 Uhr haben wir die erste Mitteilung bekommen, dass der Lars Bense nicht nach Hause gekommen ist, von dieser Kinoveranstaltung." Die Polizisten nahmen das sofort sehr ernst und begannen noch am selben Abend mit der Suche. Die Volkspolizisten Günther Depcik und Otto Schulze mobilisierten ihre freiwilligen Helfer und sahen in den langen, verwinkelten Fluren der Häuser, den Kellern und in den „Trempeln", den nicht einmal mannshohen Hohlräumen unter den Dächern, nach. Es wurde nichts gefunden. Am nächsten Tag wurde die Suche auf den gesamten Stadtteil und sogar die Kanalisation erweitert. Die Polizei entdeckte dort zwar einiges an Diebesgut, aber keine Spur von Lars. Im vierten Stock der Feuerwache von Ha-Neu, direkt gegenüber dem Block 483, in dem im ersten Stock Familie Bense wohnte, richtete die MUK ihre Büros ein. Deren Chef, VP-Hauptmann Siegfried Schwarz, machte sich von Anfang an keine großen Illusionen. Sicher, der Junge hätte in die Saale gestürzt sein oder einen anderen Unfall erlitten haben können, aber all das schien ihm nicht sehr wahrscheinlich: „Es war eine Vielzahl von Möglichkeiten, denen der Junge zum Opfer gefallen sein konnte, aber aufgrund der Familiensituation war mir klar, dass es ungewöhnlich war, dass der Junge jetzt aus diesem Milieu so abrupt herausgegangen ist oder genommen wurde und dass doch ernsthaft zu prüfen war, dass hier eventuell doch ein Tötungsverbrechen vorliegen könnte."

Zwei Wochen nach dem Verschwinden von Lars Bense wurde dieser Verdacht zur traurigen Gewissheit. Am Bahnkilometer 107,4 auf der Strecke von Halle nach Leipzig fand Streckenläufer Uwe Theuerkorn einen Koffer im Schnee. Der damals 19-Jährige: „Anscheinend habe ich zu viele Kriminalromane gelesen früher, jedenfalls habe ich ihn mit dem Lascheschlüssel aufgemacht.“ So wie es manchmal im Krimi zu sehen war, hoffte er auf einen Batzen Geld oder wenigstens ein Paar Jeans aus dem Westen. Stattdessen sah Uwe Theuerkorn nach dem Öffnen des Deckels den Oberschenkel eines kleinen, in den Koffer gepressten und unter Papier verborgenen Körpers. Panisch ließ er seine rote Lampe vor dem nächsten herannahenden Zug kreisen und veranlasste ihn zu einer Notbremsung.

Der grausige Fund landete sofort in der Gerichtsmedizin Leipzig. Deren damaliger Chef, Prof. Dr. Wolfgang Dürwald: „Wir fanden zunächst einmal eine ganze Menge Zeitungen, zusammengeknüllte Zeitungen, zum Teil auch glatte Zeitungen und darunter dann eine kindliche Leiche.“ Es war Lars Bense, eingewickelt in Zeitungen mit handschriftlich gelösten Kreuzworträtseln. Der Sektionsbericht belegte, dass er Opfer eines Sexualverbrechens geworden war und danach brutal ermordet wurde: „Es fanden sich mehrere Stichverletzungen und auch Verletzungen durch stumpfe Gewalt, vorwiegend im Bereich des Kopfes.“ Später stellte sich heraus, dass sie von einem Hammer stammten. Ansonsten blieben die Spuren rar. Kriminaltechniker Bernd Heyroth sicherte Staub- und latente Fingerspuren, aber der wichtigste Fahndungsansatz blieben die gelösten Kreuzworträtsel in den Zeitungen aus dem Koffer.

Für Hauptmann Siegfried Schwarz, selbst Vater von vier Kindern, folgte nun einer der schwersten Wege seiner gesamten Dienstzeit: Er musste die Eltern des ermordeten Jungen verständigen. Entgegen jeder Dienstvorschrift versprach er ihnen, den Mörder des Jungen zu finden, ganz egal, wie lange es dauern würde. Weil das Sektionsergebnis auf einen abnormen Sexualstraftäter hinwies, war dem Fachmann klar, dass die Polizei nun eine mögliche Mordserie verhindern musste. Doch diese Aufgabe stellte sich als nahezu aussichtsloses Unterfangen dar – hatte man als einzige Spur doch nur ein paar handgeschriebene Buchstaben aus den Kreuzworträtseln. Dennoch setzten die Ermittler auf ebendiese Spur. Oberstaatsanwalt Wilfried Wölfel bestätigte fast 20 Jahre später: „Wir waren uns eigentlich sicher, entweder wir ermitteln den Täter auf diese Art und Weise, oder wir haben das nächste Opfer."

Alle Hoffnung ruhte auf dem damaligen Schriftsachverständigen der VP, Werner Brettschneider. Er entwarf Ansichtstafeln mit typischen und markanten Merkmalen der Kreuzworträtsel-Buchstaben. Sie sollten den vielen Hilfskräften bei der Identifizierung der Schrift helfen. Derweil sammelte die Polizei Vergleichsproben, im Polizei-Deutsch „Schreibleistungen" genannt. Kripo-Oberleutnant Adolf Döling war als Mitglied der Einsatzgruppe dabei: „Wir haben von früh bis abends, treppauf, treppab, bei den Leuten geklingelt, den Grund der Suche erklärt und dann die Schreibleistung eingeholt."

Schnell erwies sich das als wahre Sisyphusarbeit, denn in Ha-Neu lebten damals bereits mehr als 100 000 Menschen. Ihre eventuellen Besucher zur Tatzeit waren zu berücksichtigen, selbst an derweil Verstorbene musste man denken, Leute waren ausfindig zu machen, die inzwischen umgezogen waren, und es musste überprüft werden, ob eventuell jemand illegal dort wohnte. Oberstaatsanwalt Wilfried Wölfel: „Das war die sprichwörtliche Suche nach der Stecknadel im Heuhaufen."

Dennoch blieb ihnen keine andere Wahl, denn auch das öffentliche Ausstellen des gefundenen Koffers im „Treff" brachte keinerlei Ergebnisse. Die mit den Klingeltouren eingeholten „individuellen Schreibleistungen" wurden ergänzt um rund

100 000 handschriftliche Lebensläufe in den Kaderakten der großen Chemiebetriebe, 30 000 Wohnungsanträge, etwa 250 000 Anträge auf Ausstellung eines Personalausweises, 95 000 ausgefüllte Telegrammformulare und nicht zuletzt 40 000 Bestellscheine, mit denen die Hallenser ihre Autos geordert hatten – sie alle wurden durchgesehen. Von hartnäckigen Verweigerern der Schriftproben besorgten „die Organe" diese auf konspirativen Wegen. Ein Kreuzworträtsel-Wettbewerb mit zehn Mark Gewinn startete, und Schwärme von Jungen Pionieren sammelten nach einem ausgeklügelten Plan Altpapier, sodass schließlich allein 60 Tonnen Zeitungen zusammenkamen.

An das erste Teilergebnis der Auswerter erinnert sich Oberstaatsanwalt Wölfel: „Schriftverursacher wird eine Frau mittleren Alters sein. [...] Da war uns klar, dass Schriftverursacherin und Täter zwei verschiedene Personen sind." Das machte die weitere Suche noch komplizierter.

Deshalb wurden auch die Kriminalistik-Experten der Berliner Humboldt-Universität um Prof. Dr. Hans Girod zu Rate gezogen. Sie analysierten das mögliche Verhalten des Opfers und leiteten daraus Schlussfolgerungen für den eventuellen Tatort ab. Die ebenfalls beteiligten Mordermittler der Stasi hielten fest, dass 92 „Kontakt- und Bezugspersonen zum Geschädigten", 260 „einschlägig vorbestrafte Personen", 190 „als homosexuell bekannte Personen" und 1250 „aus den Ermittlungen zur Personenbewegung bekannt gewordene Personen im Bereich der Gaststätte ‚Treff'" befragt wurden.

Alles blieb neun lange Monate ohne greifbares Ergebnis – bis am 10. November 1981 der Block 398 in Halle mit der Schriftauswertung dran war. Eine Bewohnerin, Frau G., arbeitete als Kellnerin an der Ostsee. Willi Steffen, der ABV in Wustrow auf dem Fischland, wurde beauftragt, die Mitvierzigerin an ihrem

Arbeitsort die Buchstaben schreiben zu lassen. Am 17. November lag das Ergebnis in Halle auf dem Tisch, Treffer: Nach dem 551198. Vergleich hatten die Schriftauswerter – inzwischen unter Leitung von Oberleutnant Adolf Döling – die Schreiberin des Kreuzworträtsels ermittelt. Schnell stellte sich heraus, dass die Tochter von Frau G. zur Tatzeit mit einem jungen Mann, Matthias S., befreundet war. Er arbeitete inzwischen als Techniker im Erholungsheim des FDGB „August Bebel" im thüringischen Friedrichroda. Die Polizei verhaftete ihn am Arbeitsplatz, und noch am selben Tag, dem 17. November 1981, gestand der Verdächtige vor Oberstaatsanwalt Wilfried Wölfel den sexuellen Missbrauch und den Mord. Er hatte ihn in der Wohnung von Frau G. begangen, weil er wusste, dass sie zu jener Zeit auswärts arbeitete.

Hauptmann Siegfried Schwarz hatte sein Versprechen gegenüber der Familie Bense gehalten. Die Bezirkszeitung meldete am 21. November 1981 lapidar: „Tötungsverbrechen in Halle-Neustadt ist aufgeklärt – Nach intensiven Ermittlungen der Kriminalpolizei in enger Zusammenarbeit mit der Bevölkerung wurde ein Mann aus Halle-Neustadt ermittelt, der am 15. Januar 1981 den siebenjährigen Schüler Lars Bense tötete und in einem Koffer ablegte. Der Beschuldigte befindet sich in Untersuchungshaft. Er legte vor der Kriminalpolizei und dem Staatsanwalt ein Geständnis ab."

So endeten die wohl aufwendigsten Ermittlungen der VP in einem Mordfall wenig spektakulär. Die ein paar Jahre später gedrehte Folge von *Polizeiruf 110* machte das Ganze etwas spannender und ließ die Fahnder in letzter Sekunde zugreifen, bevor sich der Täter an seinem nächsten Opfer vergehen konnte. Am Ende des Falls resümierte TV-Hauptmann Beck zu dem gefassten Triebtäter: „Jetzt werden wir ihn ein Leben lang vor sich selbst schützen müssen – und die Kinder vor ihm.“ Darin waren sich die Polizisten aus dem Film mit den echten Ermittlern sicher einig.

Im Sommer 1982 verurteilte das Bezirksgericht Halle Matthias S. zu einer lebenslangen Freiheitsstrafe. Oberstaatsanwalt Wilfried Wölfel meint im Rückblick auf diesen Prozess: „Dieses Urteil bewegte sich im Rahmen des Gesetzes. Und ich bin auch der Meinung, dass die Bevölkerung ein anderes Urteil wohl kaum verstanden hätte.“

Doch nach der deutschen Einheit wurde das Verfahren 1991 wiederaufgenommen. Nach den nun geltenden Gesetzen unterlag Matthias S., der zum Tatzeitpunkt 19 Jahre alt war, dem Jugendstrafrecht. Deshalb gab es am 20. Mai 1992 ein neues Urteil mit der nach aktuellem Recht möglichen Höchststrafe von zehn Jahren Gefängnis mit anschließender Einweisung in die geschlossene Psychiatrie. Bis 1996 befand sich Matthias S. im Maßregelvollzug Uchtspringe, dann für drei Jahre in betreutem Wohnen. Im Jahr 1999 wurde er entlassen. Danach lebte er unter dem Namen seiner neuen Frau mit ihr und deren Sohn aus einer früheren Beziehung in Magdeburg. Dort verstarb S. am 15. Januar 2013 im Alter von 50 Jahren nach einer schweren Krankheit.

Das Verbrechen hatte überdies Auswirkungen auf die Familien von Opfer und Täter. Familie S., die von dem grausamen Mord, den ihr Sohn begangen hatte, nichts geahnt hatte, isolierte sich, bis ihr die DDR-Behörden einen Umzug in eine andere Stadt ermöglichten. Trotzdem bewältigte der Vater des Mörders die Tat seines Sohnes nicht und verübte einige Jahre später Suizid. Auch die Familie des Opfers wechselte Wohnort und Arbeitsstelle. Der Vater des getöteten Lars verfiel dem Alkohol. Er starb am 15. Januar 1994.

Im Februar 2013 wurde durch die Staatsanwaltschaft Halle ein neues Mordermittlungsverfahren zum Fall Lars Bense eingeleitet. Der Grund war die Veröffentlichung des Buches *Der Kreuzworträtselmord* von Kerstin Apel. In dem mit dem Untertitel „Die wahre Geschichte" versehenen Roman machte die 1963 geborene Frau, die zum Tatzeitpunkt mit Matthias S. befreundet war, Angaben zum Ablauf des Mordes, die sich von ihren damaligen Aussagen unterschieden und auf Täterwissen hindeuteten. Staatsanwalt Klaus Wiechmann bestätigte im Januar 2014: „Wir prüfen eine Beihilfe zum Mord oder eine Mittäterschaft." Aus Mangel an Beweisen wurden die Ermittlungen im April 2014 jedoch eingestellt.

In der Kriminalgeschichte blieb der „Kreuzworträtselfall" bis heute die weltweit größte Auswertung von Schriftproben. Vergleichbar umfangreiche Datenermittlungen gab es im Rahmen der „Operation Mikado" im zweiten Halbjahr 2006. Dabei wurden von der Polizei Sachsen-Anhalts wegen Verdachts auf Kinderpornografie etwa 22 Millionen deutsche Kreditkarten auf eine Zahlung von 79,99 US-Dollar untersucht. Daraus ergaben sich bundesweit 322 Verdächtige.

Gegen dieses Vorgehen gingen beim Amtsgericht Halle-Saalkreis drei Anträge auf gerichtliche Überprüfung ein. Mit Beschluss vom 11. März 2007 stellte das Gericht fest, „dass die Datenabfrage der Staatsanwaltschaft Halle bei bundesdeutschen Kreditkarten- und Abrechnungsunternehmen im Rahmen des Ermittlungsverfahrens ‚Mikado' rechtmäßig war". Die dagegen eingelegte Beschwerde verwarf das Landgericht Halle/Saale am 16. Mai 2007 als unbegründet. Gegen diese Entscheidung wurde eine Verfassungsbeschwerde beim Bundesverfassungsgericht angestrengt. Sie stützte sich unter anderem darauf, dass es sich hier nicht um ein „Auskunftsersuchen" oder eine Rasterfahndung handele, sondern um eine „personenbezogene Datenfahndung". Das Bundesverfassungsgericht nahm die Beschwerde nicht zur Entscheidung an und begründete das mit mangelnder Erfolgsaussicht, da die „informationelle Selbstbestimmung" nicht verletzt sei, die Maßnahme keine Rasterfahndung darstelle und die Verhältnismäßigkeit gewahrt wurde.

Schieber, Schmuggler, Spekulanten

Illegaler Handel mit begehrten Waren

Tatort-Kommissar Paul Stoever alias Manfred Krug verdiente sich seine ersten Sporen als Optikschieber. Allerdings nicht im wahren Leben, sondern als 22-jähriger Jungschauspieler 1959 im DEFA-Film *Ware für Katalonien*. Der feierte am 6. März 1959 im Leipziger Kino „Capitol“ Premiere und bot eine Geschichte mit wahrem Hintergrund.

In dem Film werden die Aktivitäten des damals 34-jährigen Hasso Schützendorf und seiner Bande beschrieben. Schützendorf kaufte in der DDR produzierte Fotokameras, Objektive und Ferngläser, die damals noch zur Weltspitze gehörten, und schmuggelte sie nach West-Berlin. Beim Kurs von einer D-Mark zu vier bis fünf Ost-Mark war das ein Bombengeschäft. Hasso Schützendorf legte damit den Grundstein seines Vermögens, mit dem er später ein millionenschweres Mietwagen-Imperium auf Mallorca aufbaute. Im Jahr 2003 starb er auf der Insel an einem Lungenödem.

Nach dem Bau der Mauer 1961 ließ die ostdeutsche Mangelwirtschaft den Schmuggel zwischen West und Ost aufblühen. DDR-Zöllner Manfred Suwalski bestätigt: „Es gab einen großen schwarzen Markt in der DDR mit Produkten, die eben in der DDR nicht erhältlich waren. Und das waren sehr viele.“ Ob Taschenrechner, Quarzuhren, Computerelektronik, Schmuck oder Kfz-Ersatzteile – besonders lohnten sich die Schiebergeschäfte, wenn es erhebliche Preisunterschiede zwischen Ost und West gab.

Das nutzte Peter Gurak, der Mitte der 1970er-Jahre Kellner im „Pressecafé" am Berliner Alexanderplatz war. Er frönte nicht nur dem illegalen Glücksspiel, wie bereits berichtet, sondern handelte auch schwarz mit Gold. Die Geschäftsanbahnung war simpel: „Man spricht jemanden an: ‚Pass mal auf, wir können doch Geschäfte machen. Ich verdiene, du verdienst.'" Am einfachsten lief es mit Münzen. Die 20-Reichsmark-Münze als Nachprägung in Feingold kostete im Westen etwa 80 DM. Peter Gurak kaufte sie seinem Geschäftspartner für 1000 Ost-Mark ab. Der tauschte diese zum üblichen Kurs von fünf zu eins in D-Mark und hatte so 120 DM verdient. Der Ost-Berliner Kellner ging dann einfach zum Staatlichen Münzankauf beim VEB Münze in Berlin: „Für das Goldstück habe ich 1600 DDR-Mark bekommen. Also habe ich 600 Mark verdient." Ein lohnendes Geschäft. Zöllner Manfred Suwalski: „In West-Berlin oder auch in der Bundesrepublik zahlte man für ein Gramm Gold 18 D-Mark. Und in der DDR gab es dafür 226 DDR-Mark." Das war das Zwölffache.

Die drohenden Strafen dafür waren beträchtlich. Am 26. November 1973 meldete zum Beispiel *Neues Deutschland*: „Wegen umfangreicher Währungsspekulationen sind vom Bezirksgericht Leipzig der Ingenieur Harry Ma. und der Gastwirt Hans Mü. zu mehreren Jahren Freiheitsentzug und Zusatzgeldstrafen verurteilt worden. Beide Angeklagte hatten aus spekulativen Gründen einen schwunghaften Handel mit Edelmetallmünzen, Goldschmuck und Währung der BRD betrieben. [...] Das Bezirksgericht verurteilte Ma. wegen fortgesetzter Verstöße gegen das Edelmetall- und Zollgesetz sowie andere Gesetze zu vier Jahren Freiheitsentzug und einer

Zusatzgeldstrafe von 50000 Mark. Entschädigungslos wurden US-Dollar-Goldmünzen, zehn goldene Trauringe, drei Goldarmbänder sowie 72200 Mark eingezogen. Mü. wurde zu drei Jahren und sechs Monaten Freiheitsentzug und einer Zusatzgeldstrafe von 35000 Mark verurteilt. Entschädigungslos eingezogen wurden unter anderem ein Pkw Fiat, Goldarmbänder und Geldbeträge."

Goldschmuggel betrieben auch in der DDR stationierte sowjetische Offiziere. In der Sowjetunion gab es das Edelmetall zu kaufen. Daher bot es sich an, auf diesem Weg den kargen Sold aufzubessern, denn die DDR war für „die Freunde" ein beliebtes Konsumparadies.

Spekulationen funktionierten aber auch andersherum. Davon profitierte etwa Axel Kleinfeld aus Niedersachsen. Er kaufte in der DDR Practica-Kameras für rund 1000 Mark das Stück. Die gab es auch in der Bundesrepublik, wo sie circa 600 DM kosteten. Mit schwarz getauschten Ost-Mark bekam Axel Kleinfeld die Kameras für ein Drittel des Preises. Natürlich war die Ausfuhr verboten, doch er versteckte sie unter einem Blech im Fußraum seines VW Käfers. Kleinfeld wusste durchaus, dass er bei diesen Geschäften mit einem Bein im Knast stand. Aber, so erzählt er heute, wenn er „in Helmstedt war, war die Kamera im Westen".

Anfang der 70er-Jahre verstärkte sich der Schmuggel von Kleinantiquitäten aus der DDR in die Bundesrepublik. Das besorgten oftmals Rentner bei ihren Reisen in den Westen. Wolfgang Arlt, der damals dafür überall zwischen Ostsee und Erzgebirge privat die Ware beschaffte, baute darauf, dass die Reisenden nicht allzu gründlich kontrolliert wurden. „Dann hat sich das richtig gelohnt", erinnert er sich.

Dieses Geschäft wollte aber lieber der Staat selber machen.

Deshalb wurde der Aufkauf in der DDR staatlich geregelt und die Kontrollen privater Ankäufer verbessert. Nun waren vermehrt Diplomaten oder andere „bevorrechtigte Personen" gefragt, die die heiße Ware über die Grenze transportierten und selbst von den sehr speziellen deutsch-deutschen Verhältnissen profitieren wollten.

Welche Dimensionen der Schmuggel durch Diplomaten annahm, offenbart der OV „Hamster" der Stasi-Hauptabteilung VII/13. Er betraf den Schmuggel von mehreren Tausend Kilogramm Silberbarren durch etwa 40 Bürger aus Guinea, darunter das Personal der Botschaft. Am 10. August 1987 wurde eine dieser Personen am Checkpoint Charlie mit 69620 Ost-Mark verhaftet, die er in West-Berlin umtauschen wollte.

Die Stasi verfolgte solche Taten nicht nur, sondern versuchte durchaus auch, sie für ihre eigenen Zwecke zu nutzen. Hans-Dieter Bennühr, in den 70er-Jahren Diplomat an der Ständigen Vertretung der Bundesrepublik in Ost-Berlin, machte diese Erfahrung. Er nutzte seinen Aufenthalt in der DDR für den Kauf von Antiquitäten: „Das hielt ich aus meiner Sicht, auch nach Rücksprache mit dem Ministerium für Außenhandel der DDR, für durchaus legitim. Das machte jeder", berichtete der Diplomat. Dennoch tappte er in eine Falle des MfS: Das versuchte, ihn als „Benno" zur Spionage zu erpressen. Hans-Dieter Bennühr hat nie vergessen, was dann ablief: „Sie haben einen Schwachpunkt gesucht, nämlich meine Leidenschaft für alte Möbel. Sie haben provoziert. Und ich bin im Grunde genommen darauf reingefallen." Die Affäre endete in aller Stille mit der Ausweisung des Diplomaten, die Antiquitäten wurden beschlagnahmt.

Die Geschäfte der Schieber, Schmuggler und Spekulanten blühten erneut auf, als in den 80er-Jahren Spezialisten aus den westlichen Staaten und Jugoslawien komplette Großprojekte wie Hotels und Industriebetriebe in der DDR bauten. Sie reichten vom Gelegenheitsdeal bis hin zum millionenschweren Handel durch organisierte Banden.

Ende der 70er-Jahre waren Quarzuhren aus Fernost der Renner im Schmuggelgeschäft. Es begann, als ein jugoslawischer Arbeiter, der mit rund 130 Kollegen das Hotel „Merkur" in Leipzig errichtete, entdeckte, dass sich seine in Wien für 15 DM gekaufte Uhr in der Kneipe locker für 300 DDR-Mark absetzen ließ. Das einzige einheimische Modell von Ruhla kostete damals fast das Doppelte.

Der Polizei fiel der Handel auf, als bei den Leipziger Banken plötzlich massenhaft geflickte DDR-Geldscheine zum Umtausch eingereicht wurden. Dem ging ein Missgeschick der zu jener Zeit bereits äußerst professionell agierenden Schmuggler voraus: Beim illegalen Transport von 280 000 DDR-Mark im Reifen eines Chevrolet Camaro mit CD-Kennzeichen in Richtung Westen wurde das Geld durch die Walkbewegungen des Reifens zerfetzt. Mit Klebestreifen bastelten die Ganoven die Geldscheine wieder zusammen und tauschten sie auf der Straße in Leipzig: jeweils 600 DDR-Mark in geflickten Scheinen gegen 500 unbeschädigte Mark.

Trotz der dadurch aufgeflogenen Schiebung erlebte der Uhrenhandel 1981 einen regelrechten Boom. Inzwischen gab es ausgefeilte Schmuggelmethoden über die Transitstrecke mit typengleichen Pkw, deren Nummernschilder unterwegs ausgetauscht wurden.

Zu Verurteilungen führte der lukrative Schmuggel schließlich durch eine eifersüchtige Frau aus dem Westen. Sie vermutete hinter den vielen und regelmäßigen Fahrten ihres Mannes in die DDR eine heimliche Geliebte und gab der Ost-Berliner

Polizei einen entsprechenden Tipp. Wenig später entdeckten die DDR-Zöllner im Kofferraum seines Wagens bei der Grenzkontrolle in Drewitz 1500 Uhren. Der ertappte Schieber verdiente sich mit seinen Aussagen die Straffreiheit, doch nun wurden die Uhrenschmuggler reihenweise hochgenommen. Am 19. Mai 1982 verhaftete man Adam L. und verurteilte ihn wegen des illegalen Imports von insgesamt 20 830 Uhren im Zollwert von 3,9 Millionen Mark zu sieben Jahren Haft. Dreieinhalb Jahre davon saß er in Berlin-Rummelsburg ab.

Kaufmann Karlo B. traf es noch härter. Er wurde in seinem Auto mit 5000 Uhren sowie mit 55 000 Mark West und 115 000 Mark Ost erwischt. Bei einer Durchsuchung seiner Zweitwohnung in Ost-Berlin stießen die Fahnder auf Abrechnungen über weitere 36 000 Uhren. Das brachte ihm zwölf Jahre Haft ein.

Es waren jedoch nicht nur Privatleute, die am Schmuggel verdienten. Längst hatten auch die offiziellen Außenhändler diese lukrative Einnahmequelle entdeckt. Zigaretten und Alkohol boten sich dafür als ideale Waren an. Derartige Geschäfte liefen über Firmen aus dem Bereich KoKo, den Alexander Schalck-Golodkowski leitete. Die Stasi überwachte diese Aktionen, etwa den „getarnten Transport von Zigaretten nach Italien unter Umgehung des italienischen Zolls". Wie das genau ablief, hielt Oberleutnant Feldmann von der MfS-Hauptabteilung XVIII/7 in einem „Sachstandsbericht zum operativen Material ‚Transit'" fest.

In diesem Bericht ging es um den Schmuggel von in der DDR in Lizenz produzierten Marlboro-Zigaretten. Das Geschäft wurde von der DDR-Firma Delta und dem Mitinhaber der Schweizer Firma TRACOMEX S. A., laut MfS-Akten einem Herrn Weder, betrieben. Zur genauen Vorgehensweise notierte der Stasi-Offizier Anfang Oktober 1985: „Ablauf der Zigarettengeschäfte: Weder organisiert verschiedene Warenlieferungen per Container von Dänemark nach Italien. Auf dem Transit durch die DDR werden diese Container durch die Fa. DELTA mit Zigaretten der Marke Marlboro beladen und mit einem Teil der ursprünglichen Ware getarnt. Daraufhin werden die Container, die offiziell die ursprüngliche Ware enthalten, nach Italien gesandt. Auf diesem Wege gelangen die Zigaretten unter Umgehung des italienischen Zolls nach Italien. Das Umladen der Container erfolgt überwiegend im Lager Schacksdorf des VEB Antikhandel Pirna. Zu diesem Zwecke übergeben die ausländischen Partner die Container-Lastzüge auf der DDR-Autobahn einem Mitarbeiter der Fa. DELTA und übernehmen sie nach der Umladung wieder. In der Zwischenzeit werden sie von einem Mitarbeiter der Firma DELTA betreut."

Dank der staatlichen Beteiligung am Schmuggel waren Plomben und Papiere korrekt. In einem Bericht „nur für den internen Dienstgebrauch" konstatierten Fahnder des Kölner Zollkriminalinstituts bereits Mitte der 70er-Jahre: „Es steht fest, dass die hier praktizierte Schmuggeltechnik nur dadurch reibungslos funktioniert, weil Stellen in der DDR eingeschaltet sind, die diese kriminellen Vereinigungen wirkungsvoll unterstützen, zum Beispiel durch Verschlussmanipulationen, Be- und Entladung in DDR-Transitlagern, bevorzugte Abfertigung der Transporte durch DDR-Grenzorgane."

Erleichtert wurde solches Vorgehen dadurch, dass Geschäfte zwischen der DDR und der Bundesrepublik als „innerdeutscher Handel" so abgewickelt wurden wie zwischen den Mitgliedsstaaten der Europäischen Wirtschaftsgemeinschaft und ihren Nachfolgern. Das machte man sich auch beim Schmuggel von Alkohol zunutze. Diesen legal in Form fertiger Spirituosen zu verkaufen erschwerten die Einfuhrbestimmungen der Bundesrepublik. Deswegen erwies sich vor allem der Verkauf von Rohalkohol an Spirituosenhersteller als attraktiv. Offiziell kostete ein Liter im Westen, inklusive der von der Bundesmonopolverwaltung überwachten Branntweinsteuer, Ende der 70er-Jahre über 20 DM. Aus der DDR aber konnte der Rohalkohol für Literpreise zwischen 0,80 DM und 1,00 DM erworben werden. Westdeutsche Zwischenhändler verkauften diesen für schätzungsweise 12 DM unversteuert an Fabrikanten weiter. Das war zwar illegal, aber nur für die Gewährsleute im Westen. Bei diesem enormen Profit konnte eine Fuhre bereits 12 000 Mark allein für den Fahrer bringen. Im Jahr 1977 stellten die Zöllner im Westen insgesamt 23 900 Liter Äthylalkohol sicher. Laut Untersuchung des Kölner Zollkriminalinstituts wiesen sie darüber hinaus „den Schmuggel von weiteren 54 000 Litern Alkohol in den Jahren 1975 und 1976 nach". Seit 1969 seien insgesamt 1 287 000 Liter Sprit unverzollt in den Westen gelangt. Bei einer Gewinnspanne von 11 DM je Liter ergab das einen Profit von über 14 Millionen D-Mark. Sicherstellen konnten die Fahnder von 1968 bis 1978 jedoch nur 211 000 Liter.

Mit dem Fall der Mauer am 9. November 1989 blühte der Schmuggel noch einmal richtig auf. Nun ging es ums Geld. Dabei wurden im Westen erworbene Ost-Mark in die DDR gebracht, um diese bei der bevorstehenden Währungsunion am 1. Juli 1990 wieder in West-Mark zu verwandeln. Eine einfache Rechnung: In den ersten Monaten 1990 konnte man in West-Berlin für 500 DM mindestens 5 000 DDR-Mark erwerben. Wanderten die auf das Konto eines Freundes im Osten, wurden daraus ein paar Wochen später 2 500 DM. Lief der Deal nicht über den privaten Umtausch, sondern über ein Geschäftskonto zum Kurs von einer D-Mark zu drei DDR-Mark, verwandelten sich die

500 DM unterm Strich immer noch in 1666,67 DM. Das war zwar alles illegal, aber in Zeiten, in denen Millionen verschoben wurden, reichten die Kapazitäten der Ermittlungsbehörden für die kleinen Fische nicht aus.

Allein im Monat März 1990 deckten DDR-Zöllner insgesamt 9757 Schmuggelfälle auf. Zumeist handelte es sich dabei um die hier beschriebenen Devisenvergehen. Insgesamt wurden 4,5 Millionen illegal eingeführte DDR-Mark sichergestellt, teilte die Zollverwaltung am 10. April 1990 mit. Die Einzelsummen lagen nicht selten im sechsstelligen Bereich. Die Dunkelziffer betrug ein Vielfaches dieser Summe.

Die Todesschüsse eines Stasi-Offiziers

Verschwiegene Bluttat in Güstrow

An die Weihnachtszeit im mecklenburgischen Güstrow hatte Stasi-Minister Erich Mielke zumindest einmal im Leben recht gute Erinnerungen. Als Bundeskanzler Helmut Schmidt am dritten Advent 1981 die Stadt besuchte, ließ Mielke dort dem Gast aus dem Westen von seinen Leuten einen kompletten Weihnachtsmarkt mit „echten Bürger" vorgaukeln. Als einzigen Zwischenfall registrierten die Stasi-Akten zur Aktion „Dialog" am 13. Dezember 1981: „Gegen 9.30 Uhr rief die Person D. aus dem Fenster seiner Wohnung laut die Worte: ‚Ihr habt wohl Angst.' [...] Durch Sicherungskräfte wurde die Haustür Mühlenstr. 20 blockiert. D. wird unter Kontrolle gehalten." Zum Glück kam Helmut Schmidt erst gegen 14 Uhr, und da stand dann ein „kritischer DDR-Bürger" aus dem Stasi-Ensemble bereit. Mitten auf dem Markt maulte er in die westliche Kamera, dass er auch mal gerne in die Bundesrepublik fahren würde. Die falschen Güstrower antworteten ihm postwendend, natürlich ebenfalls via TV-Kamera: „Das können sie doch auch!" Die einstudierte Folklore-Show funktionierte so gut, dass der Historiker Detlev Brunner noch 25 Jahre später, im November 2006, in Erinnerung dieses Erlebnisses in der *Zeit* schrieb: „Ein Güstrower schaffte es doch noch, sich zu beschweren."

Drei Jahre später war die einstige Vorweihnachtsfreude in Güstrow vergessen. In der Stasi-Kreisdienststelle an der Straße der Befreiung (heute Neukruger Straße) wurde trotzdem gefeiert. Wachmann Unterleutnant Werner Funk nutzte am 21. Dezember 1984 die langweilige Nachtschicht, um mit seinen Genossen seinen 60. Geburtstag zu begießen. Lübzer Bier und der DDR-Wodka Kristall, im Volksmund Blauer Würger genannt, flossen so reichlich, dass der Alkoholpegel bei Werner Funk Stasi-Akten zufolge gegen 22 Uhr schon bei 2,3 Promille lag.

Als plötzlich der Wachhund bellte und aufgeregt in seinem Zwinger herumsprang, taumelte Werner Funk ins Freie. Dort sah er am Zaun drei Leute. Die Männer kamen von der Betriebsweihnachtsfeier des Landmaschinenbaus aus einer nahen Gaststätte und wollten mit dem Nachtbus um 23.02 Uhr nach Hause fahren.

Die Wartezeit für den Bus nutzte der 22-jährige Frank N., um mal kurz vom Mauersockel über den Zaun zu schauen. Wie dicht er sich dabei „dem Objekt“ näherte, wusste er später nicht mehr ganz genau. Dafür sorgten auch bei ihm 2,4 Promille Alkohol im Blut.

Auf das barsche „Ausweis vorzeigen!“ Werner Funks reagierte er jedenfalls genauso wenig wie seine Kollegen Uwe Siatkowski und Wolf-Dieter Runge, beide 30 Jahre alt und ebenfalls nicht mehr nüchtern. Plötzlich riss der Stasi-Unterleutnant seine 9 mm Makarov aus dem Halfter und schoss vor sich in den Sand. Die drei Männer, alle von Beruf Schlosser und nicht gerade ängstlich, wichen nun doch erschrocken zurück.

In diesem Moment fuhr Werner Funk ein stechender Schmerz in den Knöchel. Er war offenbar falsch aufgetreten und hatte sich das Gelenk doppelt gebrochen. Vom Schmerz gesteuert und vom Alkohol enthemmt, schoss er nun aus kürzester Entfernung auf die drei „Provokateure“. Uwe Siatkowski und Wolf-Dieter Runge brachen mit je einem Schuss in der Brust und im Bauch zusammen. Beide starben wenig später im Krankenhaus. Frank N. erlitt einen Oberschenkeldurchschuss im rechten Bein. Nach der Behandlung blieb dieses Bein deshalb drei Zentimeter kürzer, sodass er für immer gehbehindert blieb.

Fünf Kinder hatten ihre Väter verloren, zwei Frauen ihre Männer und zwei Ehepaare ihre Söhne. Natürlich konnte solch ein Fall auch in der DDR nicht so einfach vertuscht werden. Dennoch versuchte man es. Eine zentrale Rolle spielte dabei das SED-Bezirksblatt *Schweriner Volkszeitung*. Ein Beauftragter der Stasi suchte den damaligen Chef der Lokalredaktion auf und besprach mit ihm, wie die Zeitung über die Bluttat zu berichten habe. Die Vorgabe: „Betrunkene Raufbolde" hätten auf das Gelände der MfS-Kreisdienststelle vordringen wollen und dabei den Wachmann angegriffen. Der musste sich deshalb „in Notwehr" verteidigen. Auch der Militärstaatsanwalt verbreitete auftragsgemäß die Lüge von der Notwehr. Die Sanitäter, die mit zwei Krankenwagen am Tatort waren, und die Ärzte, die die Opfer operierten und Werner Funks gebrochenen Knöchel versorgten, mussten sich zum Schweigen verpflichten.

In der Berliner MfS-Zentrale war man sich zunächst uneins, wie mit dem Fall umzugehen sei. Für Erich Mielke stand stets das „Ansehen des Organs" an erster Stelle. Deshalb schien er zunächst auch nicht abgeneigt, dass Werner Funk der Prozess gemacht werden sollte. Immerhin hatte er zwei Menschenleben auf dem Gewissen, und die Bestrafung der Tat hätte öffentlich zeigen können, dass auch im MfS Recht und Gesetz herrschten. So wanderte der Wachmann zunächst in Untersuchungshaft und wurde verhört. Im Haftbefehl stand: „Der Beschuldigte Funk steht in dringendem Verdacht der Verletzung der Dienstvorschriften über den Wachdienst, der fahrlässigen Tötung im schweren Fall, sowie der schweren Körperverletzung."

Doch bald, so belegten die Stasi-Untersuchungsprotokolle zu dem Fall, kam es zu einer merkwürdigen Veränderung seiner Aussagen. Noch zwei Tage nach der Bluttat hatte der Unterleutnant zerknirscht bekannt: „Was soll ich dazu noch sagen? Ich bin schuldig." 48 Stunden später aber veränderte sich alles. Plötzlich war von einer „erhobenen Hand" einer der drei Schlosser die Rede, durch die sich der Stasi-Wächter angeblich bedroht fühlte. So ging es die nächsten zehn Tage weiter. Immer mehr veränderten sich die Aussagen Werner Funks zuungunsten seiner Opfer. Nach zwei Wochen und acht Verhören schien die Sache endgültig geklärt: Zwei der drei Männer hätten ihn von hinten umfasst, geschubst und geschlagen, hieß es nun im Protokoll. Mit letzter Kraft habe der dermaßen bedrohte Mann zur Pistole gegriffen und sich „in Notwehr" die Angreifer vom Leib geschossen.

Zu diesen Aussagen gab es von seinen Stasi-Vernehmern keine weiteren Rückfragen mehr. Der Untersuchungsführer „regt an, die Sache einzustellen", hieß es in den Akten. Eine gerichtliche Untersuchung des Falls fand nicht statt. Werner Funk bekam eine Wohnung in Berlin und ging einige Zeit später in Rente.

Das Vermeiden von Prozessen war bei kriminellen Delikten von MfS-Mitarbeitern nicht selten. Obwohl auch Gerichtsverhandlungen minutiös wie in einem Drehbuch vorbereitet wurden und zahlreiche IM für einen reibungslosen Verlauf sorgen sollten, blieb das Restrisiko, die Öffentlichkeit könne mehr von der Sache erfahren, als es die Stasi wünschte. Werner Funk, ein Mann von schlichtem Gemüt, schoss nicht nur, weil ihm der Alkohol die Sinne vernebelt hatte, sondern auch, weil er sich als

„Angehöriger des MfS" für mächtig und unangreifbar hielt und sich allein dank dieser Stellung im Recht fühlte. Diese Mentalität durfte nicht nach außen dringen, denn durch die Todesschüsse von Güstrow waren die Leute ohnehin schon alarmiert.

Die Trauerfeier für die beiden erschossenen Männer am 28. Dezember 1984 verlief unter strikter Aufsicht der Stasi. Die fürchtete auch, dass in den Christvespern der Kirchen der beiden Toten gedacht würde, doch die meisten Pastoren trauten sich nicht, sich mit der Staatsmacht anzulegen.

Als der Vater eines der beiden Opfer, ein Lehrer in Güstrow, im März 1985 versuchte, beim Generalstaatsanwalt der DDR Anzeige zu erstatten, bekam er Besuch in der Schule. Ein MfS-Mann in Zivil gab ihm zu verstehen, er solle seinen Sohn in Frieden ruhen lassen, die Sache sei endgültig abgeschlossen.

Die Witwen von Uwe Siatkowski und Wolf-Dieter Runge bekamen jeweils 328 Mark Rente zugebilligt – gleich für acht statt der üblichen drei Jahre –, als „sozialpolitische Maßnahme".

All das machte viele Güstrower Bürger wütend. Insbesondere Pfarrer Heiko Lietz fand keine Ruhe. Er hatte durch Bekannte bereits einen Tag nach der Tat von dem Verbrechen erfahren und konnte noch im Krankenhaus mit einem der Verletzten über das Geschehene sprechen. Der Seelsorger besuchte die hinterbliebenen Witwen der beiden getöteten Familienväter und nahm auch sonst kein Blatt vor den Mund. Bei einem Friedensgebet in der Güstrower Pfarrkirche gedachte Heiko Lietz am 2. Januar 1985 öffentlich der Opfer und ihrer Angehörigen. Das brachte dem bei der Stasi unter dem Codenamen „Zersetzer" geführten Kirchenmann ein viertägiges Verhör ein. Zwei IM, darunter die Theologiestudentin Ines F. als IM „Gisela", behielten ihn ohnehin im Auge. Rechtsanwalt Wolfgang Schnur, Kirchenvertrauter und gleichzeitig Stasi-IM „Torsten", wies

Lietz wiederholt darauf hin, dass er wegen Beeinträchtigung staatlicher Tätigkeiten belangt werden könne. Doch der Pfarrer ließ sich nicht beirren. Ihm war es wichtig, dass das Verbrechen auch jenseits der Grenzen der DDR bekannt wurde. Heiko Lietz nutzte dafür das 3. Friedensseminar „Konkret für den Frieden" im März 1985 in Schwerin. In einem Podiumsgespräch kam der Tatbestand ans Licht, dafür hatte der Pfarrer und Bürgerrechtler gesorgt: „Das war ein sehr ausgetüfteltes Frage- und Antwortspiel über mehrere Banden, um dann am Ende den eindeutigen Tatbestand veröffentlichen zu können. Die Stasi-Schüsse mit ihren verheerenden Folgen wurden so endlich auch im Westen bekannt." Ein Redakteur des Evangelischen Pressedienstes nahm an der Veranstaltung teil. Seine Meldung nutzten mehrere überregionale Tageszeitungen in der Bundesrepublik, um über die Todesschüsse von Güstrow zu berichten. Bereits am 4. März 1985 analysierte Harald Kleinschmid im Deutschlandfunk die Hintergründe des Vertuschens der Tat: „Immerhin begann eine Woche nach den tödlichen Schüssen von Güstrow in Polen der Prozess gegen den Mörder des Priesters Popiluszko. Ein Vorgang, den der Staatssicherheitsdienst der DDR ohnehin mit recht gemischten Gefühlen verfolgt haben dürfte."

Dann wurde es ein paar Jahre lang ruhiger um den Fall. Doch die Gerüchte blühten weiter. In Güstrow war damals zu hören, dass sogar ZK-Sicherheitschef Egon Krenz per Hubschrauber eingeflogen worden sei, um die Angelegenheit stillschweigend zu regeln. Einen Beleg dafür gibt es jedoch nicht.

Unmittelbar nach der friedlichen Revolution 1989 waren die Todesschüsse auf Uwe Siatkowski und Wolf-Dieter Runge in Güstrow wieder in aller Munde. Dafür sorgte erneut Heiko Lietz. Er saß mit am Runden Tisch und setzte sich für eine Wiederaufnahme der Ermittlungen ein. Zeitzeugen berichteten, dass Paul Z., damals 59 Jahre alt und bis dato Chef der MfS-Kreisdienststelle Güstrow, bereits Anfang 1990 nach Berlin zog, um so „möglichen Anfeindungen oder eigenen Verfolgungen“ zu entgehen.

Stasi-Rentner Werner Funk hingegen musste sich vor Gericht wegen zweifachen Totschlags und Körperverletzung verantworten. Er versuchte, die Legende von der „Notwehr“ aufrechtzuerhalten, sagte aber auch aus, dass er „endlich einmal Randalierer fassen“ wollte, „die uns nachts ständig ärgern. [...] Sie haben sich über mich lustig gemacht. Und sie haben mich bedroht.“ Der Staatsanwalt hatte die alten Akten gründlich gelesen und machte nun darauf aufmerksam, dass der Angeklagte nur in einer einzigen Vernehmung im Januar 1985 von schweren Handgreiflichkeiten der anderen gesprochen hatte. Deshalb fragte er Werner Funk ganz direkt: „Hat Ihnen jemand diese Aussage empfohlen?“ Darauf erhielt er keine Antwort. Namen würde er in keinem Fall nennen, erklärte Werner Funk dem Gericht. Er gab jedoch zu, dass er selbst sehr „verwundert“ gewesen sei, als er damals so schnell aus der U-Haft entlassen wurde und erfuhr, das Verfahren sei endgültig eingestellt.

Der Version von einer „Notwehr“ widersprach auch der Vater eines der Opfer. Kurz vor dem Tod habe ihm sein Sohn im Krankenhaus noch mitteilen können, dass es keinerlei Schlägerei gegeben habe. Sein Sohn betonte, er hätte den Mann gar nicht kommen sehen: Der habe plötzlich vor ihm gestanden und „gleich losgeballert“. Die Militärstaatsanwaltschaft habe seinerzeit dem Vater mitgeteilt, sein Sohn sei selber schuld, weil er militärisches Gelände betreten hatte.

Nun berichtete auch die *Schweriner Volkszeitung* nachträglich offen über die Ereignisse von 1985 und startete gleich eine ganze Serie. Ein Journalist nannte den Grund dafür: „Für die Lokalredaktion war es eine Art Wiedergutmachung für das einstige Schweigen."

Am 10. Dezember 1990 verurteilte das Gericht Werner Funk wegen zweifachen Totschlags und Körperverletzung zu zehn Jahren Haft. Eine Revision lehnte der Bundesgerichtshof ab, Funk musste sieben Jahre seiner Strafe verbüßen.

Ab 10. November 1992 wurden auch die beiden damaligen Militärstaatsanwälte, Fregattenkapitän Walter K. und sein Chef Oberst Heinz K., wegen „Rechtsbeugung" zur Verantwortung gezogen. Die Staatsanwaltschaft warf den inzwischen 59 und 62 Jahre alten Männern vor, 1985 das Ermittlungsverfahren gegen Werner Funk eingestellt zu haben, statt ihn wegen Doppelmordes anzuklagen. Dem widersprachen die Angeklagten. Sie beharrten auf der Notwehr-Version von 1985, und Heinz K. unterstrich, dass die Entscheidung über die Einstellung der Ermittlungen seinem „Rechtsverständnis als Strafjurist entsprach". Die Militärstaatsanwälte seien verpflichtet gewesen, Anklage nur dann zu erheben, „wenn eine Verurteilung zwingend geboten und die Beweisführung unwiderlegbar war". Das jedoch sei in diesem Fall nicht gegeben gewesen. Verteidiger Jürgen Strahl, in der DDR als Offizier im MfS tätig, argumentierte in bemerkenswerter Weise: Die Opfer hätten sich den „Befehlen eines deutschen Soldaten" widersetzt, deshalb sei Funk freizusprechen.

Dem folgte die 24. Große Strafkammer des Landgerichts Berlin nicht. Sie verhängte gegen die beiden ehemaligen Militärstaatsanwälte Bewährungsstrafen von neun und zwölf Monaten. In der Begründung hieß es, sie hätten damals durch „bewusst verfälschte Sachverhalte" eine Mordanklage gegen Werner Funk verhindert.

Damit blieb das Gericht am unteren Rande des Strafmaßes.

Man müsse berücksichtigen, begründete die Kammer, dass die beiden DDR-Juristen niemanden zu Unrecht eingesperrt hätten. Auch persönlich brachten ihnen die Entscheidungen keine Vorteile. Ob die Angeklagten unter Druck oder aus vorauseilendem Gehorsam entschieden hätten, sei unklar.

Dennoch hatte das Urteil keinen Bestand, denn es konnte ein Verfahrensfehler nachgewiesen werden. Der Bundesgerichtshof kassierte daraufhin den Spruch, und 1996 musste noch einmal neu verhandelt werden. Ins Gefängnis musste aber keiner der beiden früheren Militärstaatsanwälte im Zusammenhang mit den Todesschüssen an Uwe Siatkowski und Wolf-Dieter Runge und der lebenslangen Verletzung von Frank N.

Kriminelle Kunstfreunde

Kunstraub und Kunstfälschung mit Raffinesse

Die DDR war kein Land des großen Geldes. Trotzdem versuchten manche, mit einem lukrativen Handel ein kleines Vermögen nebenbei zu machen. Dazu boten sich Kunstwerke an, denn sie versprachen eine sichere und zudem gewinnträchtige Geldanlage.

Der erste bekannt gewordene größere Fall betraf wohl nicht zufällig Leute, die an der Quelle saßen. Am 22. November 1963 verurteilte das Berliner Stadtgericht nahezu die gesamte Belegschaft des Staatlichen Kunsthandels Berlin wegen mehrfacher Verstöße gegen die Wirtschaftsstrafverordnung sowie wegen Bestechung und Betrugs. Das gesamte Kollektiv hatte seine privilegierte Stellung genutzt, um Kunstwerke in private Kanäle zu leiten. Der Chef, Curt B., bekam fünfeinhalb Jahre Zuchthaus sowie 40 000 Mark Geldstrafe, seine Frau Ingeborg zwei Jahre und zehn Monate Zuchthaus. Der Mitarbeiter Eckhardt L. wurde zu dreieinhalb Jahren Gefängnis verurteilt, Bewährungsstrafen erhielten Irmgard L. (zwei Jahre), Günther G. (ein Jahr und neun Monate) sowie Gertrud H. (ein Jahr und drei Monate). Der ebenfalls an illegalen Geschäften beteiligte Düsseldorfer Kunsthändler P. musste drei Jahre und sechs Monate ins Zuchthaus und 20 000 Mark Geldstrafe zahlen.

Auf sein eigenes künstlerisches Talent baute hingegen ein Mann, der sich im Juni 1969 vor dem Bezirksgericht Suhl in

Meiningen wegen Kunstfälschung verantworten musste. Das war ein außergewöhnlicher Fall, denn für Kunstfälscher war der überschaubare DDR-Markt wahrlich nicht sonderlich attraktiv. Dennoch fand der 63-jährige Ludwig T. gerade dort sein Betätigungsfeld. Er fälschte Zeichnungen von Ernst Barlach. Das tat er so perfekt, dass sich diese nicht nur privat, sondern auch über Antiquariate in Leipzig und Erfurt verkaufen ließen.

Dass er zum Fälscher wurde, hatte eine spezielle Vorgeschichte. Ludwig T. war als Maler ein Autodidakt. Weil er nach einem Unfall nicht mehr auf dem Bau arbeiten konnte, fand er nach dem Krieg eine künstlerische Arbeit und wurde sogar Mitglied im Verband Bildender Künstler Deutschlands. Dort bekam er bald Probleme, weil sein Stil nicht dem damals geforderten und geförderten sozialistischen Realismus entsprach. Zusätzlich warf ihn eine Straftat aus der Bahn: Er hatte sich an seiner Tochter sexuell vergangen und ging dafür 1960 für vier Jahre ins Zuchthaus. Darauf trennte sich der Künstlerverband von ihm.

Danach versuchte Ludwig T. mit privaten Verkäufen sein Geld zu verdienen. Er zog mit seinen Bildern, Grafiken, Holz- und Treibarbeiten von Haus zu Haus und bot sie an. Dabei traf er auf den Kunstfreund H., der sich besonders für die Zeichnungen Ernst Barlachs begeisterte. Auch Ludwig T. waren die Arbeiten des Meisters bekannt, da er sich jahrelang mit dessen Stil beschäftigt hatte. So kam ihm der Gedanke, dem interessierten Herrn H. einige falsche Barlach-Zeichnungen, angeblich aus seinem privaten Besitz, zum Kauf anzubieten. Der schlug gern ein und zahlte einen hohen Preis. Ludwig T. fertigte daraufhin systematisch Zeichnungen nach Vorlagen aus Katalogen und anhand seiner eigenen Erinnerungen auf zeitgenössischem Papier an. Zum Schluss fälschte er die Unterschrift Barlachs auf seinen Eigenproduktionen. Als Rechtfertigung für sein Tun sagte Ludwig T. später bei Gericht: „Ich hätte ja gerne meine eigenen Werke verkauft, aber da man mir die Fälschungen als echte abnahm und ich in einer finanziellen Notlage war, wurden auch anderen Stellen Handzeichnungen von Barlach angeboten."

So brachte es Ludwig T. schließlich auf 16 Falsifikate, von denen er 15 gut verkaufte. Die Antiquariate in Leipzig und Erfurt verzichteten sogar auf die Begutachtung durch einen Experten. Der Fälscher kassierte insgesamt 20 400 Mark für seine Arbeit. Wolfgang Leißling, der damals für die *Thüringische Landeszeitung* der Liberal-Demokratischen Partei Deutschlands den Prozess beobachtete, berichtete: „Was ein wenig für Ludwig T. spricht, ist die Beurteilung seines Gesundheitszustandes durch den Sachverständigen, der ihm bescheinigte, seiner Triebe nicht immer Herr zu sein. Trotz verminderter Zurechnungsfähigkeit hat er eine raffiniert ausgedachte, höchst verwerfliche Tat begangen." Das Urteil dafür lautete auf zwei Jahre und neun Monate Gefängnis. Damit fühlte sich der Kunstfälscher Ludwig T. ungerecht behandelt. Gerichtsreporter Leißling erinnert sich noch 50 Jahre nach dem Prozess: „Später bekam ich einen Brief aus dem Gefängnis, in dem der Maler mich der Sensationshascherei ‚in unserer heutigen sozialistischen Gesellschaft' bezichtigte."

Mit einer Sensation musste Andreas K. aus Jena von vornherein rechnen, wenn seine Tat ans Licht kommen würde. Er wollte mit einem Bilderdiebstahl im damaligen Leipziger Museum für Bildende Künste das Geschäft seines Lebens machen. Dabei setzte er nicht auf seine Malkunst, sondern auf sein Basteltalent.

Zur Herbstmesse 1987 entdeckte der 26-jährige Elektromechaniker das Gemälde „Friedhof im Schnee" von Caspar David Friedrich im Museum, das seinerzeit im Gebäude des früheren Reichsgerichts ansässig war. Andreas K. hatte einen Antrag auf Ausreise in den Westen gestellt und machte sich Gedanken, wie er das dafür nötige Startkapital erlangen könnte. Vor dem Gemälde Caspar David Friedrichs kam ihm eine Idee. Der Romantiker gehört zu den beliebtesten und teuersten deutschen Malern. Den „Friedhof im Schnee" schuf er 1826. Das Bild war nicht gesichert und überdies mit einer Länge von 31 Zentimetern und einer Breite von 25 Zentimetern besonders handlich.

Also erwarb Andreas K. einen der überall erhältlichen Nachdrucke des Kunstwerks und nähte sich einen Beutel in das Innenfutter seines Mantels. Am 4. Februar 1988 reiste er mit seinem Komplizen Bernd-Detlef H. mit dem Auto nach Leipzig. Gegen elf Uhr gingen die beiden Männer in das an diesem Donnerstagvormittag nur mäßig besuchte Museum. Sein Freund startete das zuvor besprochene Ablenkungsmanöver, Andreas K. drückte das Gemälde aus dem Rahmen, ersetzte es durch seinen Kunstdruck, und die beiden verschwanden, ohne Aufsehen zu erregen.

Es dauerte eine ganze Weile, bis der Diebstahl überhaupt entdeckt wurde. Die Polizei befragte Dutzende von Leuten, aber niemand konnte etwas zu den Tätern sagen. Mit einem zur damaligen Zeit völlig neu entwickelten Laser machten die Ermittler auf der Rückseite des gebastelten Bildes Fingerabdrücke sichtbar, konnten diese aber noch nicht zuordnen.

Das änderte sich, nachdem Bernd-Detlef H. bei einem anderen Diebstahl auf frischer Tat erwischt wurde. Er sagte nun auch zum Bilderdiebstahl im Leipziger Museum aus, woraufhin Andreas K. im Dezember 1988 verhaftet wurde. Er hatte den von Fachleuten auf über eine Million Mark taxierten „Friedhof im Schnee" im Futter eines Sessels in seiner Wohnung versteckt.

Nachdem die Presse und das DDR-Fernsehen am 8. Februar

1988 das Verschwinden des Gemäldes gemeldet hatten, erfuhren am 5. Juli 1989 die Leser aus dem SED-Zentralorgan *Neues Deutschland*, was damals genau geschehen war. Besonders hervorgehoben wurde das für die DDR „untypische" kriminelle Vorleben der Täter: „Der gelernte Elektromechaniker Andreas K. hat in seinem Leben bislang nur ein Jahr mehr schlecht als recht gearbeitet. Unlust und Bequemlichkeit sorgten dafür, dass er nicht einmal die Mindestanforderungen erfüllte. Wegen mehrfachen Diebstahls, allein von November 1980 bis August 1981 stahl er gemeinsam mit anderen Tätern in 27 Fällen wertvolle Kunstgegenstände, war er bereits zu einer Freiheitsstrafe von vier Jahren und elf Monaten verurteilt worden."

Auch sein Mittäter erschien als Außenseiter, an dem die Erziehungsversuche der Gesellschaft versagten: „Er fand in Bernd-Detlef H[...], den er im Strafvollzug kennengelernt hatte, einen Kumpan. H[...] glaubte auf diese Weise schneller aus seinen erheblichen finanziellen Schwierigkeiten zu kommen, die zum Teil Folge früherer Straftaten sind, deren Skala von Diebstahl über Rowdytum bis zu schwerer Körperverletzung reicht. Es gab auch positive Ansätze in seiner Entwicklung: Er absolvierte eine Facharbeiterausbildung, erwarb den Schweißerpass und qualifizierte sich in seinem Betrieb sogar zum Kranführer. Jedoch blieb es zur Enttäuschung seiner Kollegen und vor allem seiner Familie - er hat drei Kinder - offensichtlich bei diesen Ansätzen."

Dass Andreas K. das Gemälde im Westen verkaufen wollte, wirkte sich für ihn nun offenbar strafverschärfend aus, denn das Urteil von zwölf Jahren Haft lag über den Höchststrafen für Raub oder Diebstahl. Für seine Mittäterschaft erhielt Bernd-Detlef H. eine Freiheitsstrafe von vier Jahren. Das Gericht machte deutlich: „Wer sich in der DDR derart skrupellos am

Kulturgut unseres Volkes vergreift, den trifft die ganze Härte des Gesetzes."

Das gestohlene Bild von Caspar David Friedrich brachte noch andere Vergehen ans Licht. Am 20. April 1989 meldete die Fernsehsendung *Aktuelle Kamera* unter dem unspektakulären Titel „Übergabe Kulturgut" das Auffinden von Dokumenten, die seit dem Krieg verschollen gewesen waren. Frank Vorwerg, damals Major der Kriminalpolizei der VP-Bezirksbehörde Potsdam, berichtete über deren Übergabe an das Staatliche Archiv der DDR. Es handelte sich um eine päpstliche Ablassurkunde aus dem 13. Jahrhundert, die als eines der ältesten Schriftdokumente Berlins gilt, um eine Pergamenturkunde von Papst Pius VI. vom April 1798 an Friedrich Wilhelm III. von Preußen, in der die damalige Dreiteilung Polens bestätigt wurde, sowie um fast 30 weitere wertvolle Dokumente.

Der Ablassbrief wurde vom Zoll am Bahnhof Friedrichstraße gefunden, eingenäht in die Unterhose eines Mannes aus Eichwalde. Der und seine Frau wollten zu einem Besuch nach West-Berlin ausreisen. Sie hatte als „Zehrgeld" eine weitere Urkunde im Rocksaum. Frank Vorwerg erinnert sich noch 30 Jahre später an den Fall: „Wir fahndeten damals nach dem Bild ‚Friedhof im Schnee' von Caspar David Friedrich. In dem Zusammenhang gab es eine Menge Hinweise auf Leute, die in der DDR mit Kunst und Antiquitäten handelten. Ihnen musste auch nachgegangen werden, nachdem das Bild wiedergefunden war. Nach einem Tipp auf die Leute aus Eichwalde hatten wir die Sache an die Zollfahndung gegeben. Es war ja klar, dass sich das richtig große Geld mit solchen Sachen nur im Westen machen ließ. Dann saßen wir in Potsdam und warteten."

Ins Visier der Ermittler geriet das Ehepaar aus Eichwalde zum einen durch seine Verbindungen zur Kunst- und Antiquitätenszene der DDR, zum anderen durch seinen aufwendigen Lebensstil. Als Oberrat Gerhard Conrads, der Chef der Untersuchungsabteilung des Zollfahndungsdienstes der Hauptverwaltung Zoll, Ende April 1989 über den Fall berichtete, hob er „die luxuriösen Lebensverhältnisse der Täter" besonders hervor: „Beide selbstständig und freiberuflich arbeitend: Sehr gut eingerichtetes Wohnhaus mit Swimmingpool, mehrere Garagen, Wochenendgrundstück, zwei Pkw und Goldschmuck für über 100 000 Mark." Außerdem gab es eine Zweitwohnung in Leipzig. Vor allem sie hatte die beiden in Sachen Caspar David Friedrich verdächtig gemacht. Eine „gedeckt geführte Alibiüberprüfung" schloss den Verdacht, sie könnten am Gemäldediebstahl beteiligt gewesen sein, nicht völlig aus. Auch wenn es nichts Greifbares gab, um sie zu überführen, wurden sie trotzdem weiter durch die Stasi beobachtet.

Schnell wurde vermutet, dass die Verdächtigen auch mit Antiquitäten handelten. Das wäre zumindest ein Steuervergehen gewesen, und weil sich das „richtige Geld" nur im Westen machen ließ, stand auch der Verdacht eines Zoll- und Devisenvergehens im Raum. Dies alles zu beweisen gestaltete sich jedoch schwierig, denn „konspirative Ermittlungen" des MfS waren nicht gerichtsverwertbar. Man brauchte Handfestes von der Polizei. Der Kripo-Major: „Unsere Ermittlungen ergaben einen dringenden Tatverdacht. Um sicherzugehen, wollten wir die mutmaßlichen Täter jedoch auf frischer Tat ertappen."

Nachdem das gelungen war, wurde weitergesucht, nun ganz offiziell durch die VP. Auf dem Grundstück in Eichwalde fand sich unter dem Hundezwinger ein vergrabener Aktenkoffer voller historischer Dokumente aus der Zeit zwischen dem 13. und dem 20. Jahrhundert. Das attraktivste Siegel auf den entdeckten antiquarischen Schätzen zierte ein Schriftstück aus dem Jahre

1693, mit dem Kaiser Leopold Braurechte bestätigte. Das jüngste Stück war eine streng vertrauliche Akte der Handelskammer in Bremen an das Reichsamt des Innern. Sie enthielt äußerst wertvolle Informationen über die Umgehung der Blockade im Ersten Weltkrieg durch fremde Handelsschiffe, die nötig war, um die Baumwollversorgung aus den USA aufrechterhalten zu können.

So etwas sei als „Gedächtnis der Nation" unbezahlbar, wie der Chef des Potsdamer Staatsarchivs, Professor Friedrich Beck, bei der späteren Übernahme des Schatzes feststellte: „Die meisten Dokumente gehören zu Archivauslagerungen während des Zweiten Weltkriegs in die Kalischächte bei Staßfurt und Schönebeck an der Elbe. Von dort sind offensichtlich einige Archivalien in Privathand gelangt."

Die Polizei ermittelte, dass sich die wertvollen Papiere nur kurze Zeit im Besitz des Ehepaars befunden hatten. Die beiden hatten vor, diese historischen Sachzeugen Stück für Stück in den Westen zu schaffen. „Streben nach Gewinn" nannte Zöllner Conrads als Motiv. Davon ist auch Frank Vorwerg überzeugt: „Da ging es um reine Raffgier."

Die Presse nutze den Fall, um darauf hinzuweisen, dass Funde alten Kulturguts zu melden seien. In der *Berliner Zeitung* vom 21. April 1989 stand: „Vieles ist insbesondere in den Nachkriegswirren verschollen. Ausdrücklich betonten bei der gestrigen Übergabe die Vertreter des Innenministeriums, dass den Aufbewahrern solcher Zeitzeugnisse weder Untersuchungen noch Strafen drohen. Im Gegenteil: wer solche verschollenen Dokumente zurückerstattet, kann sogar mit einer Prämie rechnen."

Wegen der gemeinschaftlich vorbereiteten und vollendeten ungesetzlichen Ausfuhr von Kulturgut wurden beide Täter durch die Strafkammer des Kreisgerichts Potsdam zu einer Freiheitsstrafe verurteilt.

Das verräterische Täterwissen

Mädchenmord im brandenburgischen Schwarzheide

Was bei einem Mord wirklich geschah, das weiß nur der Mörder ganz genau. Oft ist dieses „Täterwissen" für die Ermittler der Schlüssel zur Lösung eines Falls. So schien es auch zu sein, als am 13. Februar 1985 der im VEB Synthesewerk Schwarzheide tätige Ingenieur Bernd F. gestand, die 16-jährige Anett V. getötet zu haben. In den bis zum 28. Februar andauernden Vernehmungen beschrieb er den Kriminalisten, wie das Mädchen sich gegen seine Annäherungsversuche im Auto auf einem Waldweg wehrte, er ihr deshalb mit der Faust ins Gesicht schlug und sie schließlich würgte, bis sie reglos auf dem Beifahrersitz lag. Dort breiteten sich rote Pünktchen im Gesicht des Opfers aus. Blutiger Schaum trat aus Mund und Nase. So beschrieb es der damals Verdächtige.

Gerichtsmediziner kennen derartige Erscheinungen als petechiale Stauungsblutungen. Beschreiben kann sie eigentlich nur, wer Fachmann ist oder es gesehen hat. Der Verdächtige Bernd F. beschrieb weiter, dass er dem Mädchen mit einem Stahldraht mehrfach ins Gesicht stach, um zu sehen, ob noch Leben in ihr war. Schließlich legte er ihr nach eigenen Angaben eine Drahtschlinge um den Hals und drehte sie zu. Außerdem berichtete Bernd F. darüber, wie er Anett V. in die Kiefernschonung trug, mit der Faust auf die halb Entkleidete einschlug und, um ihren Tod mit Sicherheit herbeizuführen, schließlich auch noch einen

Knüppel ergriff, den er ihr auf den Hals drückte. Die Beschreibung des Ablaufs deutete auf eindeutiges Täterwissen hin.

Bis zu diesem Punkt ging die Aufklärung des abscheulichen Verbrechens recht zügig voran. Am 18. Dezember 1984 hatte ein Spaziergänger im Wald die Leiche eines halb nackten Mädchens gefunden. Daneben sah er Autospuren, die von einem Wolga mit runderneuerten Hinterreifen und unterschiedlichen Reifenprofilen stammten. In der DDR war es selten, dass die sowjetische Limousine in privater Hand war. Die Identität des Opfers ließ sich schnell aufklären. Anett V. wollte am Vortag in die Poliklinik und war nicht nach Hause zurückgekehrt. Die Mutter hatte bereits die Polizei informiert. Die erfuhr durch Zeugen, dass Anett den Bus verpasst und versucht hatte, im einsetzenden Schneetreiben per Anhalter nach Hause zu gelangen. Einem vorbeifahrenden Kraftfahrer war auf der Strecke gegen 14.55 Uhr eine in den Wald hinein- oder herausführende Pkw-Spur im frischen Schnee aufgefallen.

Bereits am 22. Dezember befragte die Polizei den Wolga-Besitzer Bernd F. zum ersten Mal über seinen Tagesablauf am Tattag. Am 4. Januar 1985 folgte die zweite Befragung. Fünf Wochen später, am 7. Februar 1985, wurde der verheiratete Ingenieur festgenommen und mit dem Vorwurf konfrontiert, Anett V. sexuell missbraucht und anschließend getötet zu haben. Bei einer Haussuchung fand man Schweißdraht, der dem an der Toten ähnelte. Auch die Reifenspuren passten zu seinem Auto. Nach anfänglichem Leugnen sagte der Verdächtige schließlich aus, die betroffene Waldlichtung gelegentlich mit seinem Wolga aufgesucht zu haben, um dort – „überwiegend während der Arbeitszeit" – sein intimes Verhältnis mit einer Kollegin zu pflegen. Zuletzt seien die beiden dort am 10. Dezember gewesen, und von diesem Tag müssten auch die Reifenspuren stammen.

Das entsprach nicht der frischen Spur der Wolga-Reifen im frisch gefallenen Schnee am Tattag. Die Geliebte des Verdächtigen bestätigte zwar gelegentliche Schäferstündchen im Wald, doch fanden die Kriminalisten weitere Verdachtsmomente. So hatte der damals 32-Jährige beispielsweise mit seinem Auto das Kombinat mehrfach am Vormittag und am Nachmittag des 17. Dezember verlassen, „um für sich und Kollegen außerhalb [...] verschiedene Belange zu erledigen". Mal fuhr er zu einer Apotheke, mal zu einer Autowerkstatt.

Die Kriminalisten erstellten ein Weg-Zeit-Diagramm, durch das der Verdacht gegen Bernd F. bestätigt werden konnte, denn das Opfer wurde schätzungsweise um 15 Uhr getötet. Mögliche Zweifel an der Täterschaft des Verdächtigen entstanden allenfalls durch die Aussage eines Kollegen von Bernd F., der zwar von dessen Abwesenheit wusste, aber nicht seine genaue Rückkehr beobachtete.

Die Indizien und deren Wertung gewannen an Bedeutung, weil der Verdächtige nun seine Geständnisse mehrfach widerrief und wieder bestätigte. Diese Widersprüche dauerten bis zur Hauptverhandlung im Oktober 1985 vor dem Bezirksgericht in Cottbus an.

Gemäß der Strafprozessordnung (StPO) der DDR kam Geständnissen im Ermittlungsverfahren der gleiche Beweiswert wie ihr Widerruf zu. Das Gericht hatte darüber zu befinden, welche Äußerung eher der Wahrheit entsprach. Im Fall Bernd F. betrachteten die Richter den Widerruf als falsch und die mit ihm im Zusammenhang stehenden Einwände durch die Beweisaufnahme als widerlegt. In der Urteilsbegründung wurde dies umfangreich erläutert. Schwerwiegend und letztlich entscheidend war dabei wiederum das vermutete Täterwissen. So hatte F. unter anderem von sich aus exakt über Art, Material und

Verbleib der bis dahin ungenannt gebliebenen Umhängetasche seines Opfers ausgesagt und eine Beschreibung der Jacke und des Schmucks abgegeben, die über das hinausging, was der Öffentlichkeit mitgeteilt worden war.

Der Cottbuser Senat verurteilte den Angeklagten deshalb am 28. Oktober 1985 zu der vom Staatsanwalt geforderten lebenslangen Haftstrafe mit Aberkennung der staatsbürgerlichen Rechte auf Dauer.

Nur fünf Wochen nach diesem Urteil, am 17. Januar 1986, entschied der 5. Strafsenat des OG der DDR über Bernd F.s Berufung. Sein Verteidiger hatte Zweifel am Todeszeitpunkt des Opfers geäußert und argumentierte nun auf Grundlage der gefundenen Faserspuren auf dem Beifahrersitz gegen das Gutachten. Sie mussten seiner Ansicht nach nicht zwangsläufig von Anett V. stammen. Weiterhin verwies die Verteidigung darauf, dass die Reifen eines Wolga auch auf andere Räder aufgezogen werden können. Außerdem gebe es im öffentlichen Handel Schweißdraht zu kaufen, wie er zur Drosselung des Opfers verwendet worden war.

Die Staatsanwaltschaft stimmte der Verteidigung sofort in einigen Punkte zu und zog nun selbst den Schluss, dass eine Verurteilung des Angeklagten nach den vorliegenden Indizien nicht möglich sei. Das Bezirksgericht habe sich nur unzureichend damit auseinandergesetzt, ob der Angeklagte die Tat überhaupt habe begehen können. Alles hing vom genauen Tatzeitpunkt ab. Der Verdächtige behauptete ursprünglich, er habe den Betrieb zwischen 14 und 15 Uhr nicht verlassen. Der Einwand der Verteidigung zum Todeszeitpunkt sei deshalb vollauf berechtigt.

Allerdings, so das OG, habe sich auch nicht die Unschuld Bernd F.s herausgestellt. Sein Tatbekenntnis sei mit Details versehen gewesen, die nur der Täter kennen könne. Des Weiteren lägen den Argumenten der Verteidigung zur Logik oder Widersinnigkeit eines Geständnisses lediglich Vermutungen zugrunde. Bernd F. habe für die Zeit zwischen 14 und 15 Uhr kein einwandfreies Alibi, und obwohl seine Täterschaft „nicht zweifelsfrei bewiesen ist", bestehe weiter Tatverdacht gegen ihn. Dennoch sei im Zweifel zugunsten des Angeklagten zu entscheiden.

Nach nur 70 Minuten und einer Pause wurde das Urteil entsprechend dem Antrag des Vorsitzenden aufgehoben und der Fall zur erneuten Verhandlung und Entscheidung an das Bezirksgericht Cottbus zurückverwiesen. Der Haftbefehl gegen F. blieb bestehen.

Damit kreiste wieder alles um das vermutete Täterwissen des Verdächtigen. Dieser änderte nun seine Taktik und behauptete fortan, er hätte all seine Angaben dazu aus den Fragen und Vorhaltungen der Ermittler rekonstruiert. Er habe anfangs an eine für ihn ausweglose Beweislage geglaubt und durch Ablegen der Geständnisse eine geringere Strafe erwirken wollen.

Acht Monate vergingen, bevor sich die Cottbuser Richter nach erneuten umfangreichen Ermittlungen der Kriminalpolizei zu einer abermaligen Hauptverhandlung gegen Bernd F. entschlossen. Sie sahen dafür sieben Verhandlungstage vor. Stück für Stück wurden noch einmal alle Beweismittel, Gutachten und Ergebnisse zeitlicher Experimente vorgelegt. Dabei stand die Argumentation gegen die Berufungsgründe der Verteidigung im Mittelpunkt. Außerdem prüfte man ein weiteres Mal die subjektiven Voraussetzungen für die strafrechtliche Verantwortlichkeit. Das Gericht kam in dieser Frage zu dem Schluss, dass zur Tatzeit mit Sicherheit „kein pathologischer oder pathologisch gefärbter Affekt" vorgelegen habe.

Wieder standen alle als Täterwissen qualifizierten Aussagen

Bernd F.s im Mittelpunkt der erneuten Beweisaufnahme. Das von ihm geschilderte Wendemanöver seines Autos entsprach der Spurenlage am Tatort. Damit konnte ausgeschlossen werden, dass die Reifenspuren bereits am 10. Dezember beim Treffen mit seiner Geliebten entstanden waren. Das stützte sich auf die Aussagen von Bernd F. und seiner Geliebten. Beide hatten angegeben, dass das Auto rückwärts in den Waldweg gefahren wurde. Damit schloss sich ein Wendemanöver aus. Der als Schlag- und Druckwerkzeug benutzte Knüppel war gefunden worden, und auch die von F. beschriebenen roten Pünktchen im Gesicht sowie die Position der Getöteten entsprachen exakt der Auffindesituation des Opfers. Er kannte die Art und Weise des Anlegens des Drahtes als Drosselwerkzeug und hatte diesen Draht als leicht korrodiert bezeichnet, was ebenfalls den Tatsachen entsprach. Nicht erinnern konnte oder wollte sich Bernd F. hingegen an die Farbe des Pullovers und der Stiefel des Opfers, obwohl die Presseveröffentlichungen gerade diese Angaben machten.

Bewiesen war überdies, dass sich der Angeklagte zwischen 14.30 Uhr und 15.00 Uhr nicht an seinem Arbeitsplatz aufhielt und für diese Zeit kein Alibi nachweisen konnte. Für die in den Geständnissen geschilderten Handlungsabläufe inklusive der Tat und der Fahrt von seinem Arbeitsplatz und zurück standen ihm mehr als 20 Minuten zur Verfügung. Die Zeit-Weg-Experimente wiesen nach, dass er aber nur 15 Minuten und 54 Sekunden gebraucht hätte.

Das Gericht erklärte: „Die Argumente des Angeklagten zum Widerruf wurden überprüft und seine Erklärungen für die Widersprüche in den Geständnissen wurden mit den übrigen Beweismitteln einer Wertung unterzogen. Darüber hinaus lassen die Details, die nur Täterwissen darstellen können und die von Zeugen und den gerichtsmedizinischen Gutachten gestützt werden, keinen Zweifel an der Täterschaft des Angeklagten aufkommen. Es handelt sich hierbei um Fakten, die dem Täter nur im Zusammenhang mit der Tat bekannt geworden sein können, das heißt, um eigene Wahrnehmungen."

Der Senat sah es somit auch in diesem zweiten Prozess als erwiesen an, dass der Angeklagte die 16-jährige Anett V. durch Würgen und Drosseln getötet hatte. Dieser war weiterhin wegen versuchter Vergewaltigung in Tateinheit mit Nötigung zu sexuellen Handlungen zu verurteilen, wobei die Tötung selbst als Verdeckungstat eingestuft wurde. Am 6. Oktober 1986 wurde Bernd F. vom Bezirksgericht Cottbus zum zweiten Mal zu einer lebenslangen Haftstrafe verurteilt.

Im Anschluss an das Urteil strengte er eine erneute Berufungsverhandlung an. Diese begann am 23. Februar 1987 vor dem OG. Im Rahmen des neuen Prozesses zweifelte die Verteidigung erneut den Wahrheitsgehalt der Geständnisse, auf die sich auch der zweite Schuldspruch stützte, an. Sie meinte, deren Widerruf sei die Wahrheit.

Das Gericht entschloss sich zu einer ergänzenden Beweisaufnahme mit weiteren Sachverständigen und hörte noch einmal Zeugen an. Im Ergebnis dieser Beweiserhebungen und „allseitiger kritischer Überprüfung der im angefochtenen Urteil gezogenen Schlussfolgerungen aus dem Resultat der erstinstanzlichen Beweisaufnahme" vermochten sich die Richter der Auffassung des Bezirksgerichts, die Täterschaft des Angeklagten stehe nunmehr mit der für eine Verurteilung erforderlichen Sicherheit fest, nicht anzuschließen.

Ein auf dem Beifahrersitz von F.s Auto gefundenes einzelnes blondes Haar, das sich keinem seiner weiblichen Fahrgäste, die sich zuvor im Auto befunden hatten, zuordnen ließ, überzeugte die Richter nicht. Nach den morphologischen und blutgruppenserologischen Eigenschaften stimmte es zwar mit den vom Kopf der Getöteten gesicherten Haaren überein. Das Gericht musste aber feststellen, dass „weitergehende wissenschaftliche Aussagen anhand eines einzelnen Haares" zu jener Zeit nicht möglich waren. Damals gab es auch noch keine Analysemethoden für die Spermaspuren im Mund der Getöteten, sodass diese nicht eindeutig zugeordnet werden konnten. Zum Zustandekommen dieser Spuren hatte sich Bernd F. nie geäußert.

Am 27. Februar 1987 kam das OG zu dem endgültigen, durch keine weitere Instanz beeinflussbaren Schluss, dass ausreichende Grundlagen für den mit dem erstinstanzlichen Urteil erfolgten Schuldspruch fehlten und der Angeklagte somit freizusprechen sei. Die Beweislage, so hieß es unter anderem in der Begründung, werde wesentlich dadurch bestimmt, dass keine Spuren des Tatgeschehens gesichert wurden, aus denen sich ein direkter Bezug zur Person des Angeklagten herleiten ließe. Das Urteil wurde noch am gleichen Tag rechtskräftig und Bernd F. somit aus der Haft entlassen.

Nach diesem Freispruch hatte der Ingenieur aus Schwarzheide sogar Anspruch auf Entschädigung, da er als dringend Tatverdächtiger in Untersuchungshaft gesessen hatte. Am 1. Juli 1987 tagte der Entschädigungssenat des OG und fasste einen Beschluss, wonach Bernd F. für die erlittenen Haft eine Entschädigung in Höhe von 30 387,34 Mark gewährt wurde. Darin enthalten waren 1600 Mark für „entgangene Einkünfte" aus Neuerertätigkeit. Bernd F. hatte dafür das Doppelte verlangt.

Dieser Freispruch erregte damals in der Bevölkerung erhebliches Aufsehen. Auch nach dem Ende der DDR zeigten sich die einstigen Ermittler der Staatsanwaltschaft, der Kripo als auch die früheren Cottbuser Richter von der Schuld Bernd F.s überzeugt. Gerüchte über ein Eingreifen in den Prozess „von höchster Stelle" kursierten, Beweise dafür gab es jedoch nicht. Eine Erklärung für den letztendlichen Freispruch durch das OG hatte keiner von ihnen.

Wie es in diesem Fall tatsächlich geschehen sein mochte und was auch immer noch geschehen mag – dem damaligen Angeklagten kann nichts mehr passieren. Eine Wiederaufnahme des Verfahrens ist nach dem gültigen Urteil des OG in letzter Instanz ausgeschlossen. Selbst wenn die DNA-Analyse des Haars und des Spermas ihn doch noch als Täter entlarven würden, wäre der einstmals Verdächtige Bernd F. nicht mehr zu belangen. Er bräuchte nicht einmal der Abgabe einer DNA-Probe zuzustimmen.

Die nebulöse Kindesentführung

Babyraub in Dresden

Auf der Suche nach einem Geburtstagsgeschenk für die Oma bummelte das junge Ehepaar Tschök am Nachmittag des 28. Dezember 1984 durch die Dresdner Innenstadt, den fünf Monate alten Sohn Felix im Kinderwagen. Am Nebeneingang des Centrum-Warenhauses standen bereits mehrere solcher Gefährte, einige davon mit Kindern darin. Die Eltern stellten ihren Wagen aus braunem Cord mit Felix dazu.

Als Leonore und Eberhard Tschök nach 30 Minuten zurückkehrten, war ihr Sohn aus dem Wagen verschwunden. Die sofort eingeleitete Großfahndung der Polizei blieb ergebnislos.

Das Verschwinden von Babys in der DDR hing oft mit dem unerfüllten Kinderwunsch junger Frauen zusammen. So entführte die 19-jährige Marita R. aus Potsdam am 21. Juli 1984 vor der Kaufhalle in der Berliner Massower Straße einen neun Monate alten Jungen aus seinem Kinderwagen. Als Motiv gab sie einen „plötzlich erwachten Kinderwunsch" an. Am 9. November 1984 wurde sie wegen Kindesentführung, asozialen Verhaltens und Diebstahls in mehreren Fällen zu zwei Jahren Freiheitsentzug verurteilt.

Am 24. August 1985 entnahm die ebenfalls 19-jährige Andrea Z. einen Säugling aus einem Kinderwagen vor der Kaufhalle in der Willi-Bredel-Straße in Berlin-Prenzlauer Berg. Wenig später legte sie ihn jedoch in der Kinderpoliklinik in der

Wisbyer Straße wieder ab. Die junge Verkäuferin hatte zuvor eine Schwangerschaft vorgetäuscht und den entsprechenden Urlaub in Anspruch genommen. Um das ihren Kolleginnen gegenüber glaubhaft erscheinen zu lassen, präsentierte sie „ihr“ Baby an ihrer Arbeitsstelle. Das Kind konnte nach wenigen Stunden der richtigen Mutter zurückgegeben werden.

Oftmals halfen bei der Aufklärung solcher Taten Hinweise aus der Bevölkerung. Dies war auch der Fall, als die 21-jährige Sandra K. am 23. September 1988 in Berlin-Hohenschönhausen den fünf Monate alten William entführt hatte und 155 diesbezügliche Informationen eingingen. Darunter gab es allerdings auch einen „Trittbrettfahrer“, der für 10 000 Mark in bar das angebliche Versteck des Kindes preisgeben wollte. Er wurde ermittelt und verhaftet. Nach 18 Tage fand die Polizei das Baby, mit dem Sandra K. eine Fehlgeburt vertuschen wollte. Sie bekam im Februar 1989 eine Freiheitsstrafe von einem Jahr und acht Monaten.

Im Fall Felix Tschök ging die Polizei zunächst von einem ähnlichen Motiv aus. Zudem gab es hoffnungsvolle Spuren. Die Erzieherin Uta Strauß, die ihren Enkel spazieren fuhr, sah wenige Minuten vor Felix' Verschwinden zufällig eine Frau, die sich über den braunen Kinderwagen beugte. Der altmodische Mantel und die Strickmütze fielen ihr auf. Die wegen der Entführung gebildete Sonderkommission der Polizei ließ ein Phantombild anfertigen. „Die sieht ja aus wie eine Matka“, meinte ein Kriminalist spontan, und jeder wusste, dass er damit eine Russin meinte. Dresden war damals ein wichtiger Standort der sowjetischen Besatzungsmacht.

Neun Tage nach dem Verschwinden des Säuglings machte ein Hausbewohner in der Friedrich-Engels-Straße 11, nur ein paar Hundert Meter vom Warenhaus entfernt, eine makabre Entdeckung: In einem im Hausflur des Mietshauses abgestellten Kinderwagen lag ein Pappkarton, in dem sich ein kleiner Junge mit festgebundenen Ärmchen befand.

Die ersten Untersuchungen zeigten, dass es sich bei dem etwa einjährigen Findelkind nicht um den vermissten Felix handelte. Der Junge hatte Narben von Infusionsschnitten am Körper, wie sie in der DDR-Medizin nicht üblich waren, sehr wohl aber bei sowjetischen Ärzten. Auch das Wickeltuch des Jungen, dem man den Namen Martin gab, war bei den Sowjets üblich. Der Karton mit der Nummer 8166 ließ sich der VEB Schuhfabrik Roter Stern in Burg zuordnen. Die darin zuvor befindlichen Damenstiefel waren an die sowjetische Militär-HO Wojentorg geliefert worden. Zeugen hatten bemerkt, dass kurz vor Auffinden des Jungen ein sowjetischer Jeep vor dem Haus stand. Außerdem konnten sie einen Mann in der Nähe der Friedrich-Engels-Straße beschreiben, der auf einem Schlitten einen Karton transportiert hatte. Auf einem weiteren Phantombild identifizierte ihn die Polizei letztlich als Risadthin Kajumowitsch Sultanow, Buchhalter bei Wojentorg.

Nun schien die Aufklärung des Falls in greifbarer Nähe. Die Kriminalisten fanden heraus, dass der Schnuller, der im Schuhkarton gefunden worden war, in den Mündern zweier Babys gewesen war: Eines von ihnen hatte die Blutgruppe B – so wie Martin –, das andere – wie Felix – die Blutgruppe A. Außerdem stellte man fest, dass das Findelkind nur auf russische Laute reagierte, nicht aber auf deutsche.

Der Schnuller ließ die Kriminalpolizei nun nicht mehr daran zweifeln, dass es einen Zusammenhang zwischen Kindesentführung und Kindesaussetzung gab. In den Akten hielten die Ermittler fest: Ihre Vermutung „ergibt sich aus den vorliegenden Untersuchungsergebnissen: – Übereinstimmung von

Geruchsspuren der Kindesentführung vom 28.12.1984 und der Kindesaussetzung vom 06.01.1985. – Der örtliche Zusammenhang zwischen den Tatorten, die kurze Zeitspanne zwischen Kindesentführung und Kindesaussetzung sowie der Umstand, dass es sich in beiden Fällen um ein männliches Kind in annähernd gleichem Alter handelt."

Daraus ergab sich der Verdacht, dass jemand ein vermeintlich krankes russisches Baby gegen einen gesunden deutschen Jungen ausgetauscht hatte. Glücklicherweise erwies sich später, dass auch das Findelkind gesund war. Bei Familie S. aus Freiberg fand der kleine Junge aus dem Pappkarton ein Zuhause. Heute arbeitet Martin S. als Schlosser in einer Stahlbaufirma. Von seiner dramatischen Geschichte erfuhr er erst als Erwachsener.

Doch zurück ins Jahr 1984. Damals folgten auch die Experten der Stasi der These von den vertauschten Kindern. Der Chef der Bezirksverwaltung des MfS wandte sich mit der Bitte um Unterstützung an den Kommandeur der sowjetischen Garnison.

Die Kripo observierte derweil Risadthin Kajumowitsch Sultanow und bat die sowjetischen Behörden darum, ihn befragen zu dürfen. Als die Genehmigung dazu erteilt wurde, war es zu spät. Sultanow, dessen Arbeitsvertrag noch über einen längeren Zeitraum lief, war plötzlich und unerwartet in die Sowjetunion zurückgekehrt. Die sowjetischen Militärbehörden zeigten keinerlei Interesse, ihn von dort zurückzubeordern.

Aus den Unterlagen der Dresdner Stasi geht hervor, dass in diesem Fall wohl auch die DDR-Tschekisten erstmalig gegen die bislang unantastbaren „Freunde" mobil machten, Personen beobachteten und heißen Spuren folgten. Gleichzeitig waren, wie in derartigen Fällen üblich, offizielle wie inoffizielle Mitarbeiter emsig damit beschäftigt, die Gerüchte zu bekämpfen, die längst in der Bevölkerung brodelten.

Die Dresdner Kripo hatte inzwischen eine plausible Theorie für die Entführungsaktion und die darauffolgenden Ereignisse. Ihr zufolge hatten die Entführer mitsamt dem Kind die Stadt am 6. Januar 1985 per Eilzug 994 von Dresden-Neustadt nach Brest verlassen. Die sowjetischen Züge durften von den DDR-Behörden nicht kontrolliert werden. Kurz nach Abfahrt des Zugs um 12.31 Uhr setzte Sultanow vermutlich das zurückgelassene Kind in der nahen Friedrich-Engels-Straße aus. Wenig später reiste er dann selbst ab.

Sogar die Sowjets konnten sich der Logik der Beweisführung nicht verschließen. Das belegt die in den Stasi-Akten erhalten gebliebene Reaktion des stellvertretenden Militärstaatsanwaltes (MStA) der „Gruppe der Sowjetischen Streitkräfte in Deutschland" (GSSD). In seiner Stellungnahme zu „dem am 10.01.1985 im Zusammenhang mit der Kindesentführung / Kindesaussetzung in Dresden an den Militärstaatsanwalt der GSSD gerichteten Rechtshilfeersuchen" teilte Oberst Terjochin, der Stellvertreter des MStA der GSSD, am 31 Januar 1985 Folgendes mit: „Es wird davon ausgegangen, dass die Entführer unter Mitnahme des Kindes aus der DDR bereits ausgereist sind und sich in der UdSSR aufhalten. [...] Der Militärstaatsanwalt der Gruppe [gemeint ist die GSSD] geht davon aus, dass zwischen der Kindesentführung und der Kindesaussetzung ein unmittelbarer Zusammenhang besteht und die Täter aus der GSSD stammen."

Nach diesem vielversprechenden Konsens waren die Ergebnisse der weiteren Zusammenarbeit mit den Sowjets umso ernüchternder. Am 23. März 1985 erfolgte die mündliche Information durch die sowjetische Staatsanwaltschaft, „dass die Untersuchungen auf dem Gebiet der DDR abgeschlossen seien, aber kein Ergebnis erzielt werden konnte". Im Juni 1985 teilte der sowjetische MStA Opisniuk schließlich lapidar mit, dass eine Täterschaft sowjetischer Militärangehöriger und ihrer Angehörigen nicht festgestellt werden konnte. Kein neugeborenes Kind von Armeeangehörigen habe in den vorangegangenen Jahren eine Bluttransfusion erhalten.

Damit war der Fall offiziell abgeschlossen. Die vorher durch Fahndungsaufrufe und Phantombilder aufgeschreckte Bevölkerung erfuhr nichts von dem begründeten Verdacht der Kindesentführung in die Sowjetunion. Und die Stasi hatte wieder alle Hände voll zu tun, um „feindlich-negative Äußerungen" zu unterdrücken.

Leonore und Eberhard Tschök mussten sich zwangsläufig mit dem Misserfolg der Suche abfinden. Sie blieben mit ihrem Schmerz allein. Fotos und Erinnerungsstücke an Felix verschwanden in einer kleinen gelben Schachtel und landeten auf einem Schrank. Nur das leere Gitterbettchen blieb im Schlafzimmer stehen.

Im Fall Felix waren nach der Einstellung des Verfahrens auch der Kriminalpolizei die Hände gebunden. Exakt ein Jahr nach der Entführung verfasste die Einsatzgruppe Kindesentführung ihr Schlussprotokoll: „Da gegenwärtig die kriminalistischen Mittel und Möglichkeiten zur Aufklärung der Straftaten erschöpft sind und keine begründeten Aussichten bestehen, die unbekannten Täter zu ermitteln, wird vorgeschlagen, das Ermittlungsverfahren gem. § 143 Ziff. 1 StPO vorläufig einzustellen."

Im Februar 1986 teilte man den Eltern die Einstellung des Verfahrens mit. Die Tschöks, alleingelassen mit der Last ihrer Erinnerungen, setzten alles daran, zurück in die Normalität ihres Lebens zu finden. Leonore Tschök schloss ihr Studium ab, 1987 wurde ihr Sohn Fabian geboren, zwei Jahre später seine Schwester Nadja. Über Felix sprach niemand mehr. Erst unter dem Weihnachtsbaum am Heiligabend 1989 eröffneten die Eltern ihren Kindern: „Ihr habt noch einen Bruder."

Nachdem sich auch in den wenig später zugänglichen Stasi-Akten keine neuen Informationen fanden, entschlossen sich die Eltern im Jahr 2000, erneut nach dem Verbleib ihres ältesten Sohns zu forschen. Sie hatten eine vage Hoffnung: War nicht Mitte der 1980er-Jahre ein gewisser Wladimir Putin Mitarbeiter des sowjetischen Geheimdienstes in Dresden gewesen? Die Männer aus der geheimnisvollen Villa in der Angelikastraße müssten doch mitbekommen haben, was damals geschah. Die Tschöks wandten sich in einem Brief an die damalige Ehefrau von Putins bestem Freund in Deutschland. Doris Schröder-Köpf sah sich jedoch nicht in der Lage, ihnen zu helfen.

Nach dieser Enttäuschung – die Kindesentführung war inzwischen nach deutschem wie auch nach russischem Recht verjährt – gab die Familie Tschök im Oktober 2001 erneut eine Vermisstenanzeige auf. Sie erreichte, dass die Kripo und die Staatsanwaltschaft wenigstens die Akten wieder öffneten. Der Dresdner Kriminalhauptkommissar Thomas Günther meinte: „Es gibt noch genügend Ansätze." Auch in Russland stieß ihr Fall auf Interesse. Zwei Jahre später konnte Familie Tschök ihre Geschichte in der Sendung *Schdi menja* („Warte auf mich") des russischen Fernsehens erzählen, in der Vermisste gesucht wurden. Brauchbare Hinweise auf Felix' Verbleib ergaben sich nicht, obwohl 20 Millionen Menschen die TV-Show sahen.

Nun richtete auch die Dresdner Staatsanwaltschaft ein erneutes Rechtshilfeersuchen an die russischen Behörden. Zwei weitere Jahre vergingen, bis aus Moskau eine 120 Seiten umfassende Dokumentation eintraf. Eine konkrete Antwort auf die Frage „Wo ist Felix?" war darin jedoch nicht enthalten.

Inzwischen hatten hartnäckige Ermittler in der baschkirischen Hauptstadt Ufa den Verdächtigen Sultanow aufgespürt. Am 6. Januar 2004 wurde er dort drei Stunden lang vernommen. Er beteuerte seine Unschuld. Er sei niemals „mit irgendwelchen Kartons durch Dresden gelaufen". Das Gegenteil konnte nicht bewiesen werden.

Als im Oktober 2006 die „Petersburger Gespräche" zwischen dem russischen Präsidenten Wladimir Putin und Bundeskanzlerin Angela Merkel in Dresden stattfanden, demonstrierten die Tschöks am Theaterplatz mit einem Transparent und riefen Putin die Forderung zu, ihnen bei der Suche nach Felix zu helfen. Ein weiterer Brief ging an Gerhard Schröder, nun Bundeskanzler a. D. Am 9. Januar 2007 antwortete die Leiterin seines Büros, Sigrid Krampitz: „Herr Bundeskanzler a. D. Gerhard Schröder hat mich gebeten, Ihnen für Ihr Schreiben vom 13. Dezember 2006 zu danken und Ihnen zu antworten. Er hat Ihren Brief mit Interesse und Anteilnahme gelesen. Leider hat er keinerlei Möglichkeit, Ihnen bei der Aufklärung des Schicksals Ihres Sohnes Felix behilflich zu sein. Herr Schröder bedauert dies, bittet Sie aber herzlich um Verständnis."

Trotzdem schien langsam Bewegung in die Angelegenheit zu kommen. Ein Jahr darauf berichtete zum ersten Mal eine große russische Tageszeitung auf einer Doppelseite über den Fall: „Der russische Präsident sucht nach einem deutschen Säugling, der vor fast einem Vierteljahrhundert in der DDR gestohlen wurde", titelte der *Moskowski Komsomolez* im Oktober 2007. Am 23. Jahrestag der Entführung berichteten zwei russische Fernsehsender darüber.

Auch die russische Staatsanwaltschaft bekundete ihr Interesse an einer Lösung des Falls. Das Ehepaar Tschök wurde in Moskau empfangen. Man sicherte ihnen zu, alle jungen Männer des fraglichen Zeitraums zu überprüfen, deren Vaterschaft von der GSSD registriert worden war. Wenig später beantworteten die russischen Juristen das zweite sächsische Rechtshilfeersuchen mit der Bekanntgabe der Namen von vier Verdächtigen, die inzwischen in verschiedenen ehemaligen sowjetischen Teilrepubliken lebten. Alle vier hatten 1984 als Offiziere der Sowjetarmee in Dresden gedient und dort auch Nachwuchs bekommen. Außerdem übermittelte die russische Staatsanwaltschaft die Krankengeschichten von fünf Jungen, die im Zeitraum von 1983 bis 1984 in einem Dresdner Militärkrankenhaus der sowjetischen Streitkräfte wegen schwerwiegender Erkrankungen intensivmedizinisch betreut wurden.

Aufschluss über den Babyraub in Dresden brachte das alles am Ende nicht. Im Juni 2015 stellte die Dresdner Staatsanwaltschaft die aktive Suche nach Felix ein. Familie Tschök hofft bis heute, doch noch Spuren ihres 1984 verschwundenen Sohns zu finden. Auf ihrer Internetseite steht: „Für den entscheidenden Hinweis, der zur Aufklärung des Verbrechens zum Nachteil unseres Sohnes Felix führt, setzen wir eine einmalige Belohnung in Höhe von 10 000 Euro aus."

Die Lust am Töten

Mordserie zwischen Oranienburg und Neubrandenburg

Dass Neubrandenburgs Kulturpark einst auf dem Trümmerschutt der Stadt nach dem Zweiten Weltkrieg entstanden war, wussten im Sommer 1983 nur noch die Alten. Längst war das grüne Band zwischen dem Stadtzentrum bis an den Tollensesee ein beliebter Freizeitort geworden. Ende Juli bestimmte er das Stadtgespräch: Im angrenzenden Wassergewinnungsgebiet war am 26. Juli 1983 die Leiche des 9-jährigen Dirk L. gefunden worden, erwürgt. Nur sechs Tage später saß ein weiterer Toter auf einer Bank im Park, ebenfalls erwürgt und zusätzlich erstochen.

Hans-Joachim Kasper war damals Chef der MUK: „Zu dieser Zeit liefen ja schon die Ermittlungen zu dem für uns ersten Mordfall im Wassergewinnungsgebiet auf Hochtouren, und jetzt war auf einmal ein zweiter Tatort, ein zweites Opfer dort, sodass aufgrund der Rekonstruktion und aufgrund des bereits vorliegenden Vermisstenvorgangs nachher geschlussfolgert werden konnte, dass hier eigentlich der erste Tatort der Mordserie bei uns gewesen ist." Als Tattag wurde der 16. Juli 1983 ermittelt. Das am Ziegengehege des Kulturparks gefundene zweite Opfer Jörg D. war also bereits länger tot als der Junge.

Die Polizei fand in Karl Heinz D. sehr schnell einen Verdächtigen im Mordfall Jörg D., denn Zeugen hatten einen Streit zwischen den beiden Männern beobachtet. Hans-Joachim Kasper: „Bei dem Tatverdächtigen wurden auch objektive Spuren gefunden. Wir hatten große Blutanhaftungen an seiner Bekleidung, die wir in seiner Wohnung beschlagnahmt haben. Es wurde ein Schuhabdruck am Tatort gesichert, und letztendlich war der Täter auch geständig gewesen." Die Ermittler nahmen an, er habe den Mann auf der Parkbank ermordet, weil der zuvor den Jungen getötet hatte. Die *Freie Erde* meldete am 9. August 1983 den vermeintlichen Fahndungserfolg.

Nachdem am 3. September 1983 erneut etwas passiert war, gab es allerdings keine Zeitungsnotiz. Ralf H., ein 17 Jahre alter Maurerlehrling im VEB (K) Bau Strasburg, hatte an jenem Abend einige Bier und Korn konsumiert und war kurz vor Mitternacht nach Hause gegangen. Dort legte er sich bei offenem Fenster in seinem Parterrezimmer ins Bett. Ralf H. erwachte abrupt, als ein plötzlich im Zimmer aufgetauchter Fremder seine rechte Hand an das Bett gefesselt hatte und gerade versuchte, dies auch mit seiner linken Hand zu tun. Er schrie laut um Hilfe und wehrte sich heftig, während der Fremde auf ihn einstach. Schließlich gelang es ihm, dem Mann das Messer aus der Hand zu schlagen. Der Angreifer floh durch das offene Fenster. Ralf H. musste für acht Tage ins Krankenhaus Pasewalk.

Die Polizei ermittelte kurz darauf zwei Jugendliche, Mike L. und Frank N., die den Täter bei seiner Flucht aus dem Einfamilienhaus in Strasburg gesehen hatten. Frank N. hatte ihn sogar aufzuhalten versucht, was jedoch nicht gelang. So blieb nur die Täterbeschreibung: 20 bis 23 Jahre alt, 1,70 bis 1,73 Meter groß, kurzes dunkles Haar.

Zu alldem, was die Polizei zu dem bereits Verdächtigen Karl Heinz D. wusste, stand diese vage Beschreibung nicht im Widerspruch. Ein psychologisches Gutachten charakterisierte ihn außerdem als „grenzdebil, äußerst labil und kaum mit Willenseigenschaften begabt". Trotzdem wurde ihm durch dieses

Gutachten die volle Schuldfähigkeit attestiert. Am 7. März 1984 verurteilte das Bezirksgericht Neubrandenburg Karl Heinz D. zu einer lebenslangen Freiheitsstrafe.

Niemand ahnte zu dieser Zeit, dass ein Falscher bestraft wurde und der tatsächliche Mörder bereits nach neuen Opfern Ausschau hielt. Er habe sich nach dem Urteil völlig sicher gefühlt, wird er nach seiner Entdeckung sagen.

Auch zwei weitere Morde brachte zunächst niemand mit dem unerkannten Täter in Zusammenhang. In einem Wald in Briesewald bei Oranienburg wurden am 23. September 1983 zwei grausam getötete Brüder gefunden, René und Stephan K. Die Jungen, neun und elf Jahre alt, waren an Bäume gefesselt, über eine längere Zeit gequält und schließlich erwürgt worden. Für Kriminalist Detlef Schulze war es ein außergewöhnlicher Fall: „Ich kann nur sagen, dass dieses Verbrechen, die Tötung der beiden Kinder auf ziemlich bestialische Art erfolgt ist und aufgrund der Gesamtsituation davon auszugehen war, dass es sich mit großer Wahrscheinlichkeit bei dem Täter um einen pädophilen Sadisten handelt, also eine Person, die das aus sexuellen Motiven macht."

Nun suchte die Kripo mit Hochdruck nach dem Mörder, denn bei einem solchen Verdacht musste sie damit rechnen, dass er wieder zuschlagen würde. Über die Presse wurde die Bevölkerung informiert und sogleich um Mithilfe gebeten. Vor allem hoffte man auf Zeugen: „Wer ist der Fahrer des roten Pkw, der sein Fahrzeug [...] in der Zeit zwischen 17.45 und 18.35 Uhr an der [...] Ortsverbindungsstraße in Höhe des Papenluchs geparkt hatte?" Und: „Wer sind die Frau und der Mann, beide bekleidet mit blauen Trainingsanzügen, die am 23. September 1983 gegen 18 Uhr an der Badestelle des Briesesees Schwäne fütterten und sich danach in Richtung des Papenluchs bewegten?" Über ein

Jahr ermittelten bis zu 80 Leute und fanden auch Verdächtige. Doch niemand kam für die Taten infrage. An eine Verbindung zu den Morden in Neubrandenburg dachte noch niemand.

Daran änderte sich auch nichts, als am 7. Februar 1984 im Kellergang eines Hauses in der Alfred-Haude-Straße im Neubrandenburger Wohnviertel Datzeberg die Leiche des siebenjährigen Mirko K. gefunden wurde. Der Junge war mit seinem Vater in der Kaufhalle gewesen und rannte dann allein zurück nach Hause, weil er fernsehen wollte. Kriminalist Hans-Joachim Kasper: „Vermutlich ist der Täter ihm in den Hauseingang gefolgt." Damit hätte es sich um ein Zufallsopfer gehandelt. Der kleine Junge wurde durch einen schnellen Stich ins Herz getötet. Parallelen zum Mord von 1983 fielen nicht auf, denn der vermeintliche Täter von damals, Karl Heinz D., saß ja bereits im Gefängnis.

Von seiner abnormen Veranlagung getrieben, suchte der wahre Mörder unterdessen neue Opfer. Am 8. Juli 1984 beobachtete er in Hohen Neuendorf zwei Jungen. Sie wollten baden gehen. Er sprach sie an und versuchte, sie tiefer in den Wald zu locken. Doch die Jungen waren misstrauisch. Als er gewalttätig wurde, liefen sie weg und alarmierten ihre Eltern. Diese überwältigten den Mann und übergaben ihn der Polizei.

Schnell war er als Mario St., Unteroffizier bei der NVA, identifiziert. In seinem Beutel befanden sich Fesselstricke und ein Tauchermesser. Kriminalist Detlef Schulz: „Wir hatten Glück an dem Tag, ein Kollege war im Dienst, der damals in die Ermittlungen involviert war, und dem war natürlich klar, dass die mitgeführten Gegenstände, die der Täter bei sich hatte, ziemlich identisch waren mit denen, die damals bei den beiden Brüdern im Wald verwendet worden sind."

Das reichte für einen dringenden Tatverdacht, und Detlef

Schulze führte in Oranienburg die Erstvernehmung durch. „Nach viereinhalb Stunden kam das Geständnis zu dem Doppelmord an den beiden Kindern.“ Nun ahnten die Ermittler, dass hinter den zugegebenen Taten noch weit mehr stecken könnte. Sie blufften und forderten Mario St. auf, alles aufzuschreiben, was er getan habe. Er gestand fünf Morde, sieben Mordversuche und Vorbereitungen für 26 weitere Fälle. Das Geständnis bezog sich auch auf die beiden Morde im Kulturpark und dem nahen Wassergewinnungsgebiet.

Am 17. Juli 1984 meldete die DDR-Presse: „Durch aktive Mithilfe der Bevölkerung konnte am 8. Juli 1984 Mario St. durch die Deutsche VP festgenommen werden. Er steht im dringenden Verdacht, im September 1983 im Kreis Oranienburg Tötungsverbrechen an zwei Kindern begangen zu haben.“

Die Polizisten mochten es zunächst kaum glauben, denn immerhin saß ja für den Mord im Neubrandenburger Kulturpark bereits ein verurteilter Täter im Gefängnis. Doch das Geständnis von Mario St. offenbarte ein detailliertes Täterwissen, sodass alle Zweifel schnell verflogen. Am 10. Juli 1984 übernahmen die Mordermittler der Hauptabteilung IX des MfS den Fall. Der Täter verschwand in der Stasi-Untersuchungshaftanstalt Berlin-Hohenschönhausen. Durch Befehl des Kommandeurs der 3. Luftverteidigungsdivision wurde Mario St. am 17. Dezember 1984 zum Soldaten degradiert und aus der NVA entlassen.

Der damalige VP-Ermittler Josef Kusturin ärgerte sich noch Jahre später, dass er und seine Kollegen vom weiteren Fortgang des Verfahrens nichts mehr erfuhren. Ihnen blieb nur noch, in aller Stille den falschen Täter wieder in Freiheit zu setzen und ohne großes Aufsehen seine Rehabilitierung zu veranlassen. Kusturin: „Das hat uns natürlich ungeheuer belastet, einen

Falschen eingesperrt zu haben. Immerhin waren wir damals felsenfest von seiner Schuld überzeugt. Geredet wurde darüber allerdings nicht."

Die Ermittler vom MfS, die den Fall nun in der Hand hatten, fanden in der tadellos aufgeräumten Berliner Einraumwohnung in Prenzlauer Berg eine vom Unteroffizier Mario St. akribisch geführte Akte über seine Verbrechen. Unter dem Titel „Geheime Privatsache" hatte er in einem Ringbuch die Qualen seiner ermordeten Opfer mit Fotos dokumentiert, Angaben zu den Personen und deren Beobachtung festgehalten und weitere Mordpläne geschmiedet. Seine abartigen Aufzeichnungen dienten ihm immer wieder zur sexuellen Erregung und zur Einstimmung auf neue Morde.

Kriminalist Stefan Harbort, ein ausgewiesener Experte für Serienmorde, ordnete die Taten später so ein: „Mario St. gehört in die Kategorie jener Täter, die genau wissen, was sie wollen, und einem Generalplan folgen, der das Gelingen einer Tat garantieren und zugleich das eigene Risiko minimieren soll." Das hatte der Mörder in seinen Aussagen bestätigt: „Die Orte sollten nach Möglichkeit unauffällig zu erreichen sein. Ich musste die Opfer also verfolgen können, ohne dass es auffiel. Schnellstmögliches Herausführen der Opfer aus offenem Sichtbereich zu einem gegen Einblick geschützten Tatort. Auch sollte ausgeschlossen sein, dass jemand zufällig am Tatort entlangkommt. Daneben sollte eine unbeobachtete Kontaktaufnahme möglich sein. Mitunter ließ ich es auch einfach darauf ankommen, dass sich ein guter Tatort aus einer Situation heraus ergibt. Bei der Verfolgung potenzieller Opfer weiß man selten, wo sie endet."

Auch über sein dabei angestrebtes Ziel gab er Auskunft: „Die höchsten Qualen, die in den Tod übergehen, will ich mit den Händen spüren, seinen Übergang in den Tod. Die sexuelle Erregung war eher ein Nebeneffekt. Es ging um das Töten an sich. Es war nicht das blanke Auslöschen, was mich befriedigt hat, es war die Art und Weise der Tat. Die Macht, die man dabei hatte. Vielleicht ist nicht bewusst der Sadismus das Ziel gewesen. Es ging mir ja darum, wenn ich sie sowieso töte, kann ich sie ja vorher auch quälen."

Aus diesem Anliegen erklärte sich letztendlich die Abfolge der Taten. Der erste Mord an dem jungen Mann in Neubrandenburg verlief nicht nach den Vorstellungen des Triebtäters. Er stieß auf Gegenwehr und konnte seinen Plan nicht ungestört verwirklichen. Experte Stefan Harbort interpretierte das so: „Mario St. war nach der Tat ‚enttäuscht'. Er hatte sein Ziel nicht erreicht – das Beobachten des ‚Übergangs in den Tod'. Der damals 21-Jährige bewertete seine Vorgehensweise kritisch und legte sich schließlich eine neue Strategie zurecht. Das Opfer sollte nicht wieder ein Erwachsener sein, der sich wehren würde, der nicht ohne weiteres zu kontrollieren wäre."

In den Verhören erwies sich Mario St. als jemand, der aus seinen Morden „lernte". Jede Tat wurde akribischer als die vorangegangene vorbereitet. Da er während seines Dienstes im NVA-Ledigenheim in Cölpin wohnte, aber in seiner Freizeit immer wieder seine Berliner Wohnung aufsuchte, wählte er die Tatorte – Neubrandenburg, Strasburg für einen versuchten Mord und die Oranienburger Gegend – längs dieser Wegstrecke. Unkalkulierbar blieb für ihn, auf wen er als Opfer treffen würde: „Ich hatte ein Messer bei mir, Zeltleine zum Fesseln, Fotoapparat. Ich zog Landschaft wie Wald oder Buschwerk vor, die ich teilweise kannte oder auch da war, ohne dass ich die innere Struktur kannte. Bei stadtbezogenen Taten ließ ich es auf den Zufall ankommen. Allerdings hatte ich einen Türschlüssel dabei, dessen Bart in fast alle Türen passte. Und ich hatte Handschuhe und eine Taschenlampe dabei."

Mario St. war auf einen Weg geraten, der von sich aus kein Ende gefunden hätte. Kriminologen wissen, dass es bei derartig veranlagten Serientätern meist drei bis vier Jahre dauert, bis die Ermittler überhaupt auf ihre Spur kommen, und dass sie kaum jemals freiwillig das Morden aufgeben. Auf der Grundlage seiner Erfahrungen aus vielen ähnlich gelagerten Fällen erkannte Stefan Harbort auch bei Marion St. dieses Profil mit seinen typischen Verhaltensweisen: „Sein zweiter Mord entsprach dann auch schon ‚fast' seinen Vorstellungen. Diesmal hatte er sein Opfer nicht überfallartig attackiert und sofort zugestochen, sondern zunächst ‚sanfte Gewalt' angewandt, um den Kleinen an den späteren Tatort zu führen. Die Gegenwehr des Jungen beim Würgen aber hatte ihn irritiert, gestört. Wieder war der ‚Übergang in den Tod' nicht genau zu beobachten gewesen. Bei der üblichen Reflexion der Tat kam ihm nun die Idee, das nächste Opfer besser zu fesseln. Die zweite Tat offenbarte noch einen weiteren Lerneffekt. Er hatte den Tod des Jungen – ähnlich wie bei dem Mord an dem 19-Jährigen – für ‚nicht sicher' gehalten. Die Lösung: ein Herzstich. Auch die dritte Tat, der Doppelmord an zwei Brüdern, lässt wiederum eine veränderte Vorgehensweise erkennen: Diesmal fesselte er die Opfer an Händen und Füßen. Sie sollten sich in keiner Weise wehren können, uneingeschränkt verfügbar sein. Deshalb mussten die Kinder besonders lange leiden, bis die Tortur ein Ende hatte. 75 Minuten vergingen: ausfragen, fotografieren, streicheln, schlagen, würgen, stechen. ‚Endlich' hatte er den Würgevorgang, den er mehrmals bewusst unterbrach, um wenig später weiterzumachen, ‚auskosten' können. Sein ‚schönster' Mord. Diese Tat offenbart zudem eine fortwährende Zunahme von Gewalt. Mario St.

stach immer wieder mit dem Messer auf seine Opfer ein, setzte zusätzlich einen Kehlschnitt. Das hatte es vorher nicht gegeben. Sein fünftes Opfer suchte er nicht mehr in öffentlichen Parks oder Waldgebieten, dies war ihm ‚zu gefährlich' geworden. Vielmehr lockte er einen 7-Jährigen in den Keller eines Mehrfamilienhauses, missbrauchte und tötete ihn dort."

Am Ende war es nur einem Zufall zu verdanken, dass weitere, durch Mario St. bereits aktiv geplante Morde verhindert werden konnten. Seine nächsten Opfer wären wieder Kinder gewesen. Völlig zutreffend stellte das Militärobergericht (MOG) Berlin in seiner Hauptverhandlung im Oktober und November 1985 fest: „Er entschloss sich deshalb, künftig auch Knaben für seine sexuellen Handlungen zu missbrauchen, da sie körperlich unterlegen sind." Das Gericht hörte und vernahm 30 Zeugen und 22 Sachverständige. Bereits im August 1985 versuchte der Militärstaatsanwalt, Oberst Heinz Kadgien, über den Generalstaatsanwalt der DDR, Josef Streit, bei Erich Honecker das Einverständnis für ein Todesurteil zu erwirken. Das lehnte der DDR-Staats- und Parteichef ab. Bereits vor Beginn des Prozesses notierte Erich Honecker auf der Vorlage Streits: „Nach meiner Beurteilung ist der Mann nicht oder nicht voll zurechnungsfähig." An den Rand neben dem Strafvorschlag schrieb er ein unterstrichenes „Nein".

Dementsprechend verurteilte das MOG Mario St. am 19. November 1985 zu einer lebenslänglichen Freiheitsstrafe unter Aberkennung seiner staatsbürgerlichen Rechte. Mario St. verbüßt seither seine Strafe. Die letzte bekannt gewordene, routinemäßige und gesetzlich vorgeschriebene Haftüberprüfung fand im Spätsommer 2013 statt. Sie stellte keine vorzeitige Entlassung in Aussicht.

Zweierlei Maß

Taten im Alkoholrausch

Der Teufel hat den Schnaps gemacht hieß 1973 nicht nur ein Hit von Udo Jürgens, sondern 1981 auch ein warnender Krimi im DDR-Fernsehen. Bei der Kriminalität in der DDR spielte der Alkohol oft eine große Rolle. Das Strafgesetzbuch schränkte im Paragraph 15 die strafrechtliche Verantwortlichkeit im Falle einer „Bewusstseinsstörung" ein, legte im Absatz 3 aber fest: „Wer sich schuldhaft in einen die Zurechnungsfähigkeit ausschließenden Rauschzustand versetzt und in diesem Zustand eine mit Strafe bedrohte Handlung begeht, wird nach dem verletzten Gesetz bestraft."

Trotzdem gab es bei Delikten unter Alkoholeinfluss zwei unterschiedliche Vorgehensweisen. Verbanden sich die Taten mit Kadern aus der DDR-Funktionselite, wurden sie vor der Öffentlichkeit mit größter Sorgfalt vertuscht. Begingen hingegen „einfache Bürger" Straftaten im Rausch, stand in den Berichten darüber ihre Außenseiterrolle und die „Notwendigkeit" der Erziehung im Mittelpunkt.

Die Vertuschung klappte umso besser, je hochrangiger Täter und Opfer waren. So schoss zum Beispiel am 4. Mai 1980 die Frau des damaligen DDR-Finanzministers Siegfried Böhm auf ihren Mann, damals 52 Jahre alt, mit dessen Dienstpistole. Es war der durch reichlich Alkohol geprägte Höhepunkt eines Eifersuchtsdramas, das seit Monaten anschwoll. Unmittelbar nach der Tat tötete sich die Frau selbst. Das Opfer überlebte zunächst schwer verletzt, starb dann aber nach einer Notoperation im Regierungskrankenhaus Berlin-Buch. Die DDR-Bevölkerung wurde via *Neues Deutschland* über einen „tragischen Unglücksfall" informiert. Der Tod der Frau des Ministers fand keine Erwähnung, die Beisetzung erfolgte zu unterschiedlichen Terminen.

Spielten sich die im Rausch begangenen Taten im ohnehin geschlossenen System von Armee, Polizei oder Staatssicherheit ab, garantierten die bestehenden Geheimhaltungsvorschriften, dass niemand außerhalb davon erfuhr. Das zeigte sich zum Beispiel im November 1986, als Oberstleutnant Günter D., Kommandeur des I. Grenzbataillons des Grenzregiments (GR) 4 in Heiligenstadt, von seinem Stabschef und designierten Nachfolger, Major Rolf Z., nach einem Zechgelage im Dienst erschossen wurde.

Am 20. November 1986 meldete Generalleutnant Klaus-Dieter Baumgarten als Chef der Grenztruppen der DDR seinem vorgesetzten Minister, Armeegeneral Heinz Keßler: „Nach einer am 10.11.1986 von 13.00 – 15.30 Uhr im Stab des Truppenteils vom Kommandeur des GR-4 durchgeführten Beratung [...] wurde Oberstleutnant D. im Naherholungszentrum Pferdebachtal, anlässlich seiner bevorstehenden Versetzung in die Reserve, durch die Teilnehmer der Beratung verabschiedet. Gegen 19.30 Uhr traten Oberstleutnant D. und Major Z. die Rückfahrt zum Stab des Grenzbataillons an. Nach bisher vorliegenden Angaben kam es während der Fahrt auf Höhe des nördlichen Ortsausganges von Heiligenstadt zu einem Schusswaffengebrauch mit der Pistole Makarow durch Major Z. Der vor ihm sitzende Oberstleutnant D. wurde im Rücken getroffen. Major Z. befahl dem Soldaten V., zum RegimentsMed.-Punkt zu fahren. Dem Diensthabenden Arzt, Leutnant der Reserve I. übergab der Major Z. seine Waffe und erklärte, er habe soeben seinen Kommandeur erschossen. Durch den Arzt wurde der Tod des Oberstleutnants D. festgestellt." Bereits in dieser ersten Meldung wurden wesentliche Tatbestandsmerkmale präjudiziert: „Z. hat in einem wahrscheinlich psychologischen Ausnahmezustand den Oberstleutnant D. vorsätzlich erschossen."

Der 52-jährige D., mit 17 Jahren in die Grenztruppen eingetreten und seit sechs Jahren Bataillonskommandeur, hinterließ eine Frau und fünf erwachsene Kinder. Der Täter war ebenfalls verheiratet und hatte zwei Kinder. In seiner Meldung teilte Generalleutnant Baumgarten mit, dass die Untersuchung „des Vorkommnisses" in Verantwortlichkeit der zuständigen NVA-Kommandeure „sowie in Zusammenarbeit mit der Spezialkommission der Bezirksverwaltung MfS Erfurt und der Militärstaatsanwaltschaft" stattfinden würde. Die Familienangehörigen des Opfers wurden „in Abstimmung mit den Untersuchungsorganen" nicht über den genauen Tatablauf informiert.

Aus welchen Gründen die Feier so fatale Folgen hatte, blieb durch die Untersuchungsgruppe unter Leitung des stellvertretenden Grenztruppenchefs und Chef der Technik und Bewaffnung, Generalmajor Günter Gabriel, unerwähnt: „Die bisherigen Untersuchungen haben außer einer erheblichen Alkoholbeeinflussung keine ursächlichen oder begünstigenden Zusammenhänge im dienstlichen oder privaten Bereich zur Tat erkennen lassen." Exakt erfasste der Rapport, wie viel Alkohol dabei auf dem „kalten Buffet" stand: „8 Flaschen Kognak, 2 Flaschen Doppelkorn und 75 Flaschen Bier" für insgesamt 335 Mark und 10 Pfennige. Da statt der eingeplanten 70 Gäste nur 19 Personen an der Verabschiedung des bisherigen Kommandeurs teilnahmen, wurden lediglich „50 Flaschen Bier und 5 Flaschen Kognak sowie ein Viertel einer Flasche Doppelkorn verbraucht".

Zum Tathergang meldete Generalmajor Gabriel: „Während der Fahrt, am Ortsausgang Heiligenstadt in Richtung Leinefelde brach ein Schuss, der OSL D. durch die Vordersitzlehne rechts in den Rücken drang, die rechte Lunge und die rechte Herzkammer durchschlug. Das Projektil blieb in der vorderen Brustwand links stecken. Diese Verletzung war tödlich. [...] In mehreren Befragungen durch den Kommandeur des GR und Offiziere der Spezialkommission sagte Z. aus, dass er sich an den Vorfall nicht erinnern könne. Seine letzte Erinnerung betraf die Verabschiedung im Naherholungszentrum. Seine nächste Wahrnehmung war die Übergabe seiner Pistole an den Diensthabenden Arzt. Dazwischen liegen bruchstückhafte Fragmente der Erinnerung. Der Täter stand unter erheblichem Alkoholeinfluss (2,3 Promille). Diese Tatsache sowie das Fehlen jeglichen Motivs und der nach der Übergabe der Leiche des OSL D. eintretende Schlaf bei Z. können als Anhaltspunkte für einen ‚pathologischen Rausch' oder auch schweren Alkoholrausch angesehen werden. Gegen Z. wurde vom MStA ein Ermittlungsverfahren wegen vorsätzlicher Tötung eingeleitet. Der Täter ist inhaftiert."

Über den Ausgang der Untersuchungen und einen Prozess gegen Z. geben die vorhandenen Akten keine Auskunft.

Bei nicht so schwerwiegenden Taten durch Angehörige der DDR-Funktionseliten wie zum Beispiel durch im Rausch verursachte Verkehrsunfälle folgte oft ein Vertuschungsversuch, in manchen Fällen wurde das Vergehen stillschweigend korrigiert. Ein Beispiel dazu nannte Eberhard Fensch, im ZK der SED für die Zensur im Fernsehen zuständig: „‚Günti' [recte Günthi] Krause, ein ziemlich unpolitischer Spaßmacher, hatte in Eisenach erfahren, dass ein leitender Funktionär des Kreises in angetrunkenem Zustand einen Volkspolizisten angefahren hatte. Obgleich er seinen Führerschein verlor, saß er aber sehr bald wieder am

Steuer. Krause baute diese Geschichte in sein Programm ein. […] Tosender Beifall im Saal, aber große Verärgerung bei den leitenden Genossen des Kreises. Man wertet dies als Verunglimpfung der Staatsmacht. Ein Ratsfunktionär spricht gegen ‚Günti' Krause ein Auftrittsverbot aus. In diesem Fall genügt ein Anruf von mir beim 1. Sekretär der SED-Kreisleitung, damit er diese willkürliche und ungesetzliche Maßnahme rückgängig macht." Dieses Eingreifen war natürlich ebenfalls ungesetzlich: Ein Parteifunktionär verfügte über keine gesetzlich gerechtfertigte Kompetenz, staatliche Entscheidungen mithilfe eines weiteren Funktionärs zu beeinflussen.

So wie derartige Delikte „führender Genossen" aller Ebenen vor der Öffentlichkeit verschwiegen wurden, förderte man die öffentliche Diskussion immer dann, wenn „sozialistische Erziehung" angebracht schien. Das war oft bei den vielen Verkehrsdelikten unter Alkohol der Fall.

Als im Sommer 1988 Eberhard Görners *Polizeiruf 110* mit dem Titel *Amoklauf* über die DDR-Bildschirme flimmerte, stellte die Presse anschließend die Frage: „Betrunken am Steuer – eine Frage des Charakters?" Der Film zeigte einen bislang unbescholtenen Familienvater, der betrunken mit seinem Auto als Waffe zum Verbrecher wurde. Eine anschließende Diskussionsrunde ließ keine Zweifel an der Verwerflichkeit derartigen Tuns. Zahlen von 1987 untermauerten die Dringlichkeit des Anliegens: 30 000 Führerscheine wurden entzogen, 4000 Unfälle mit fast ebenso vielen Schwerverletzten und 259 Toten fanden statt – alles bedingt durch Alkohol.

Eine erste umfängliche Diskussion über Alkohol am Steuer gab es bereits 1957, als der damals sehr bekannte DEFA-Schauspieler Günther Haack im Alkoholrausch einen tödlichen Verkehrsunfall verursachte. In den 1950er-Jahren war Haack eine

Art James Dean der DDR. Misstrauisch wurde sein Leben mit flottem Wartburg, Rock'n'Roll und schönen Frauen beobachtet.

Nach einer durchzechten Nacht überfuhr der Schauspieler mit 2,4 Promille Alkohol im Blut auf der Rummelsburger Landstraße in Berlin den 64-jährigen Energiearbeiter Paul Schmigalski, der dabei tödlich verletzt wurde. Danach beging er Fahrerflucht. Verkehrsrichter Schneider verurteilte ihn dafür Mitte Februar 1958 „wegen Trunkenheit am Lenkrad, Herbeiführung eines strafbaren Rauschzustandes und Verkehrsunfallflucht in Tateinheit mit unterlassener Hilfeleistung" zu zweieinhalb Jahren Gefängnis.

Der medizinische Sachverständige billigte dem Angeklagten wegen des Alkohols eine eingeschränkte Zurechnungsfähigkeit zu, was bei derartigen Fällen eher selten geschah. Im Urteil hieß es dazu: „Obwohl die Voraussetzungen des Paragraphen 51, Absatz 1, für Günther Haack nicht mit Sicherheit nachgewiesen werden konnten, ist aber auch ein sicherer Beweis dafür, dass diese Voraussetzungen nicht vorgelegen haben, nicht zu führen. Wenn jedoch Zweifel an einer den Angeklagten belastenden Tatsache bestehen, so muss stets die für den Angeklagten günstigere Situation angenommen werden."

DDR-Staranwalt Friedrich Karl Kaul verteidigte den Schauspieler. Er mokierte sich über zahlreiche „Protestschreiben, weil ich einen ‚derartigen Menschen' anwaltlich unterstützte", und persönliche Angriffe gegen ihn. *Neues Deutschland* kommentierte 1958 das über Günther Haack verhängte Urteil: „Er wusste, dass er angesichts der Empörung, die sein Verhalten in der Öffentlichkeit hervorgerufen hatte, nicht so bald mit einer vorfristigen Entlassung auf Bewährung würde rechnen können."

Günther Haack verpflichtete sich nach dem Urteil zur Bergwerksarbeit unter Tage, wofür ihm letztlich dann acht Monate seiner Strafe erlassen wurden. Er setzte danach seine DEFA-Karriere erfolgreich fort, erlitt jedoch am 8. Juni 1965 als Insasse eines Pkw einen Verkehrsunfall, an dessen Folgen er wenig später verstarb.

Die öffentliche Diskussion konzentrierte sich bereits damals weniger auf die Tat des Delinquenten, als dass dessen Lebensstil kritisiert wurde, durch den „ein Arbeiter [...] die snobistische Freizeitgestaltung des Herrn Filmstars mit dem Leben bezahlen" musste. Der Gerichtsreporter der *Neuen Zeit* griff die Stimmungslage auf: „Alles was über Lebenswandel und Verhalten erörtert wurde, war beschämend. [...] Sein nicht motorisierter Lebenswandel war nicht besser. Allein was er in der einen Nacht vor dem Unfall mit Kollegen und Kolleginnen anstellte, gereichte einem amerikanischen Skandalmagazin zur Ehre. Kurzum, es gab nicht einen Umstand, der Milde hätte erwecken können. Hier stand keine Jugendtorheit, kein Leichtsinn, kein Kavaliersdelikt, sondern eins der übelsten Verbrechen zur Debatte."

Diese Haltung zu Verkehrsdelikten unter Alkohol setzte sich bis zum Ende der DDR fort, wie die folgenden drei Fälle beispielhaft zeigen.

Im Mai 1965 wurde der 20-jährige Arbeiter Gerhard K. zu drei Jahren und drei Monaten Gefängnis verurteilt. Er raste nach einer Zechtour im Oderberger Lokal „Schwarzer Adler", 1,4 Promille Alhohol im Blut, mit dem Motorrad auf der Landstraße in eine Gruppe von acht Fußgängern. Ein Opfer starb an den Unfallfolgen.

Mit nur acht Monaten Freiheitsentzug ahndete das Berliner Stadtbezirksgericht von Berlin-Weißensee im Juni 1975 einen Verkehrsunfall. Ein Trabant-Fahrer hatte Anfang Januar des Jahres 1975 mit 3,4 Promille einen Minol-Tanklastzug gerammt. Am 30. Juli 1975 kassierte das OG das Urteil und forderte die zulässige Höchststrafe von einem Jahr Haft und den unbefristeten Einzug der Fahrerlaubnis. Oberrichter Dr. Schlegel begründete das Urteil damit, dass Strafen nicht nur schlechthin abschrecken sollen, sie müssten auch an den Verstand der Menschen appellieren. Es gelte, die „Möglichkeiten der gesellschaftlichen Umerziehung gut zu nutzen".

Das Leipziger Kreisgericht Nord hingegen verurteilte Anfang 1982 Manfred K. wegen Herbeiführung eines schweren Verkehrsunfalls im schweren Fall in Tateinheit mit Verkehrsgefährdung durch Trunkenheit zu einer Freiheitsstrafe von vier Jahren und sechs Monaten. Er hatte unter dem Einfluss von mindestens 2,4 Promille Alkohol mit seinem Wartburg ein Mädchen in einer Fußgängergruppe so schwer verletzt, dass es verstarb. Nach dem Unfall beging er Fahrerflucht. Gerichtsreporter Hans-Jürgen Zeidle von der *Neuen Zeit* kommentierte: „Mit der Anklage des Staatsanwaltes gegen K. stellte sich erneut die Frage, warum Einzelne nicht begreifen wollen, was für die Allgemeinheit selbstverständlich ist. Jedem ist bekannt, was ‚Teufel Alkohol' hinter dem Steuer bedeutet: Gefahr für das eigene und anderer Leben!"

Trotz dieser harten Strafen erhöhte sich bis 1989 die Menge des konsumierten Alkohols in der DDR im statistischen Durchschnitt auf 143 Liter Bier, 12,1 Liter Wein oder Sekt und 16,1 Liter Spirituosen pro Person und Jahr. Das Trinken galt als Ausweis des gewachsenen Lebensstandards und Autofahren im Rausch bei vielen als Kavaliersdelikt. Im Jahr 1989 gab es 48101 Verkehrsunfälle mit 1524 Toten und 41197 Verletzten, davon 4100 unter Einfluss von Alkohol. Die Gerichte verurteilten 2222 Täter wegen „Verkehrsgefährdung durch Trunkenheit", für knapp sechs Prozent von ihnen endete das im Gefängnis.

Die DNA als entscheidendes Beweismittel

Späte Fahndungserfolge

Die Legenden um die Talsperre Pöhl im Vogtland erzählen, dass man manchmal noch den Turm der im Stausee untergegangenen Kirche des sich früher dort befindlichen Dörfchens sehen kann und bisweilen sogar die Fischernetze daran hängen bleiben. Stimmen kann das nicht, denn die Ruinen wurden gesprengt. Aber so ist es eben mit Gerüchten, die von Mund zu Mund getragen werden.

Auch über Heike Wunderlich aus Altensalz bei Plauen gab es im Frühjahr 2012 immer noch Gerüchte. 25 Jahre zuvor war sie im Voigtsgrüner Wald an der Talsperre vergewaltigt und erdrosselt worden. Der Mörder hingegen lebte unerkannt irgendwo in Deutschland weiter. Daran hatten auch die von der Staatsanwaltschaft Zwickau für die Aufklärung der Tat vom 10. April 1987 in Aussicht gestellten 5000 Euro Belohnung nichts geändert.

An jenem Tag wurde die 18-jährige Stickerin aus dem VEB Plauener Gardine fast nackt, am ganzen Körper von Blutergüssen übersät, auf einem Holzplatz nahe der B 173 gefunden. Einen Tag zuvor hatte sie noch die Volkshochschule besucht. Auf der Rückfahrt verschwand sie mit ihrem Moped. Ihre Leiche wurde zufällig durch einen NVA-Soldaten bei einer Pause entdeckt. Die Kleidung war um den Tatort herum verteilt, aber Personalausweis, Armbanduhr und die Geldbörse mit ihrem zufällig an diesem Tag ausgezahlten Monatslohn von 700 Mark fehlten.

Ein heftiges Gewitter und stundenlanger Regen hatten sämtliche Spuren verwischt. 1989 wurden die Akten geschlossen.

Um die Jahrtausendwende nahm die Staatsanwaltschaft die Ermittlungen wieder auf. Denn auf dem Büstenhalter Heike Wunderlichs, mit dem sie erdrosselt worden war, befanden sich DNA-Spuren. Nun konnten sie endlich analysiert werden. Sie wurden mit Speichelproben von rund 3000 Männern abgeglichen.

Dass solche Massentests auch unerwartete und unbeabsichtigte Folgen haben können, zeigte 2011 die bis dato größte DNA-Spurensuche im Land Brandenburg. Es ging um ein Sexualverbrechen mit tödlichem Ausgang. Kurz nach dem Ende der DDR verließ die damals 15-jährige Andrea Steffen ihr Kinderheim in Neubrandenburg mit dem Ziel, nach Berlin zu trampen. Am 19. Mai 1991 wurde ihre nackte Leiche mit Würgemalen am Hals bei Warnitz in der Uckermark gefunden. Jahre später konnte eine DNA-Spur an ihr entschlüsselt werden. Im Jahr 2011 wurden daraufhin 2233 Männer zwischen 38 und 85 Jahren aus der Uckermark zu einem Gentest aufgerufen.

In der Nacht zum 3. Dezember 2011 warf sich der damals 64-jährige Schafscherer Günter G., zuletzt als Taxifahrer tätig, bei Zepernick vor einen Schnellzug. In seinem an der Bahntrasse zurückgelassenen Auto fand sich ein Abschiedsbrief, in dem er sich recht nebulös des Verbrechens an der Tramperin bezichtigte und schrieb: „Ich unterziehe mich der größten Strafe."

An dem Gentest hatte er nicht teilgenommen, weil er bereits 1989 aus der Uckermark weggezogen war. Zwei Tage vor seinem Suizid hatte der RBB einen sehr emotional gehaltenen Bericht über den alten Mordfall ausgestrahlt. Später konnte festgestellt werden, dass die an der Leiche von Andrea Steffen gesicherte

Spur nicht mit der DNA von Günter G. übereinstimmte. Trotzdem ging die Polizei nach Analyse aller Hinweise davon aus, dass er der Mörder des Mädchens war und sich wegen des hohen Fahndungsdrucks 21 Jahre nach der Tat umbrachte.

Auch im Fall Heike Wunderlich entsprach keine der 3000 Speichelproben der DNA am Opfer. Inzwischen bearbeitete Kriminalhauptkommissar Enrico Petzold den Mordfall. Sieben Jahre später hatte der Kriminalist erneut die Hoffnung, ans Ziel zu kommen: Die Polizei nahm 2007 den Serienmörder Volker Eckert fest. Der am 1. Juli 1959 in Oelsnitz im Vogtland geborene Mann beging 1974, also noch im Kindesalter, seinen ersten Mord an einer damals 14-jährigen Mitschülerin aus Plauen. Er konnte die Tat jedoch als Suizid tarnen, sodass sie unentdeckt blieb. 1987 wurde er wegen versuchten Mordes an zwei Frauen zu zwölf Jahren Haft verurteilt, aber 1994 bereits wieder entlassen. Während seiner Touren als Fernfahrer durch ganz Europa tötete Volker Eckert im Anschluss an seine Haft weitere Frauen und verging sich an ihren Leichen, sechs Fälle gab er zu. Polizeisprecher Herbert Gröschel berichtete im Dezember 2007 im bayrischen Hof über die Arbeit der dort eingesetzten „Sonderkommission Fernverkehr“. Die Ermittler hielten den Serienmörder bei 37 versuchten Tötungs- und Körperverletzungsdelikten allein in der früheren DDR für dringend tatverdächtig. Wegen der unvollständigen Aktenlage war jedoch keine zweifelsfreie Aufklärung möglich. Volker Eckert erhängte sich am 2. Juli 2007 in der Haft in Bayreuth. Anhand von DNA-Spuren konnten ihm nach seinem Tod drei weitere Tötungsverbrechen nachgewiesen werden, davon eines in der DDR. Eine Spur zu Heike Wunderlich gab es jedoch nicht.

Die Ermittlungen gingen weiter. Enrico Petzold schickte immer wieder neues Genmaterial an das Landeskriminalamt in

Dresden und ließ auch nach 30 Jahren nicht locker. Das führte schließlich zu einem sensationellen Erfolg. Im Jahr 2015 entwickelten Wissenschaftler eine neue Analysemethode für genetische Spuren. Diese ermöglichte es, die auf dem asservierten BH von Heike Wunderlich befindlichen Gensegmente einzeln zu untersuchen. Die „Spur 29.1.19" führte zu dem inzwischen 61 Jahre alten Invalidenrentner Helmut S. aus Gera. Der gelernte Fleischer und Kraftfahrer war bereits einschlägig vorbestraft. Als er Anfang April 2016 festgenommen wurde, bestritt er jedoch, mit Heike Wunderlich je etwas zu tun gehabt zu haben.

In dem Prozess gegen Helmut S., der am 12. Dezember 2016 vor dem Landgericht Zwickau begann, werteten die Richter die DNA-Spur als entscheidenden Beweis dafür, dass der Angeklagte die Tat begangen hatte. Wegen der brutalen Art der Vergewaltigung stellten sie eine besondere Schwere der Schuld fest. Cord Hendrik Schröder und Andreas Bönisch, die Verteidiger von Helmut S., verwiesen vor Gericht nicht nur auf den angegriffenen Gesundheitszustand und die geringe intellektuelle Kapazität ihres Mandanten, sondern stellten auch die gesamte Beweislage in Frage. Bönisch argumentierte: „Es ist zwar Spekulation, dass der Angeklagte und Heike Wunderlich sich kannten und die DNA-Spur auf legale Weise an ihren BH geriet. Es ist aber genauso Spekulation, dass die Frau eine Panne hatte und der Angeklagte ihr auflauerte. [...] Natürlich belastet die Spur den Angeklagten. Ein Tatnachweis aber ist sie nicht."

Dem folgte das Gericht nicht. Es verurteilte Helmut S. zu einer lebenslangen Freiheitsstrafe. Am 4. Juli 2018 verwarf der Bundesgerichtshof die Revision des Angeklagten.

Immer wieder gelingt es, nach vielen Jahren einstmals unlösbar erscheinende Fälle doch noch aufzuklären. Diese Erfahrung machte auch Brigitte Steiner. Ihre damals 13-jährige Tochter Maja wurde 1988 vergewaltigt und ermordet. Nach 15 Jahren fasste die Polizei den Mörder, der sich ab dem 5. August 2004 vor dem Landgericht Frankfurt (Oder) verantworten musste.

Vor Gericht berichtete Brigitte Steiner über jede Minute jenes verhängnisvollen 1. Juli 1988. Stolz war Maja mit ihrem Zeugnis gegen 13 Uhr nach Hause in Berlin-Marzahn gekommen. Die Sonne schien, und sie wollte noch am Nachmittag desselben Tags an den Autobahnsee bei Velten – und zwar allein, denn dort wohnten die Tante und der Onkel, der am See als Bademeister arbeitete. „Ich habe ihr die Tasche gepackt“, weiß Brigitte Steiner bis heute. Angst um ihre Tochter habe sie keine Minute gehabt. Das Mädchen war ja schon öfters nach der Schule an den See nach Velten gefahren.

Am Autobahnsee kam Maja an jenem Freitag niemals an. Doch davon ahnte die Mutter nichts. Auch Tante und Onkel machten sich keine Sorgen, „weil die Verabredung ja nicht so fest gewesen ist“, wie sie dem Gericht erklärten. Erst am folgenden Montag rief Majas Tante bei Brigitte Steiner an und erkundigte sich nach dem Mädchen.

Die Mutter gab sofort eine Vermisstenanzeige auf. Als sie der Polizei erklärte, Maja habe den roten Rock getragen, den sie ihr eigens zur Zeugnisausgabe genäht hatte, wurden die Gesichter der Kriminalisten ernst. Spaziergänger hatten einen Tag zuvor die Leiche eines Mädchens in einem roten Rock unter einer Decke in einem Waldstück, 20 Kilometer von Borgsdorf entfernt, gefunden. Die Tote war gefesselt, trug Spuren einer Vergewaltigung und war erdrosselt worden.

Zwei Jahre lang ermittelte eine Sonderkommission in diesem Fall. Ein Zeuge hatte Maja am 1. Juli 1988 in Borgsdorf am Lieferwagen eines jungen Mannes gesehen. Der konnte jedoch damals nicht ausfindig gemacht werden. Außerdem vermuteten die Ermittler Spermaspuren am Rock des Mädchens, die zu jener Zeit aber noch nicht auf DNA untersucht werden konnten. So wanderte das Kleidungsstück in die Asservatenkammer.

Im Jahr 2003 begann die Brandenburger Polizei damit, bislang ungeklärte Fälle wieder aufzurollen. Nun verwies bereits der erste Abgleich der DNA-Spuren an Majas Rock mit der Datenbank des Bundeskriminalamtes auf einen Verdächtigen. Rolf S., Vater von drei Kindern, verbüßte bereits bis Ende 2003 eine vierjährige Haftstrafe wegen Vergewaltigung. Im Zusammenhang mit der Fahndung nach einem Doppelmörder hatte er im Gefängnis eine Speichelprobc abgeben müssen und war als vorbestrafter Vergewaltiger in der Datenbank gelandet, bevor er dank einer „positiven Sozialprognose“ vorzeitig freikam. Die Polizei verhaftete den Mann aus Mecklenburg-Vorpommern, der inzwischen im sächsischen Döbeln lebte, drei Tage nach der positiven Analyse. Er stand nun im Verdacht, 1988 das 13-jährige Mädchen ermordet zu haben. Staatsanwältin Anette Bargenda teilte mit: „Der Mann hat in seiner ersten Vernehmung gestanden, Maja entführt und vergewaltigt zu haben.“ Den Mord habe der inzwischen 48-Jährige nicht zugegeben, er könne sich nicht daran erinnern.

Die angeblichen Erinnerungslücken füllten nun die Ermittler. Sie stellten fest, dass Rolf S. 1988 als Fahrer bei der FDJ-Zeitung *Junge Welt* arbeitete. In deren Auftrag war er damals mit seinem Barkas unterwegs. Nach etlichen Verhören gab er zu, Maja Steiner mit dem Auto mitgenommen, später auf die Ladefläche gezerrt, gefesselt und brutal vergewaltigt zu haben. Dennoch blieb er bei seiner Behauptung, er habe das Mädchen „noch lebend am Straßenrand abgelegt“. Das glaubten ihm die Richter nicht. Die Wahrscheinlichkeit, dass eine andere Person genau an der Stelle, wo S. das Mädchen „ablegte", gelauert hätte, um es zu ermorden, sei sehr gering, argumentierten die Richter. Zu viele Indizien sprächen für seine Schuld – wie zum Beispiel der „Zimmermannsschlag", ein spezieller Knoten, mit dem Maja erdrosselt wurde und den S. nach eigenen Angaben seit seiner Bauarbeiterlehre beherrschte.

Am 13. Oktober 2004 wurde Rolf S. wegen Mordes zu 15 Jahren Haft verurteilt. Für Brigitte Steiner war die Gerichtsverhandlung in Frankfurt (Oder) eine Qual zwischen Tränen und Wut. Der kleine, bullige Angeklagte entschuldigte sich im Gerichtssaal mehrfach und erklärte, er fühle sich für Majas Tod verantwortlich, auch wenn er sich nicht an den Mord entsinne. Immer wieder sah er Brigitte Steiner an. „Er wollte Vergebung", sagte ihr Anwalt Waldemar Kupke. „Aber dazu ist meine Mandantin nicht in der Lage." Er kündigte Revision an, doch daran, dass das Leben der Familie zerstört wurde, könnte auch eine andere Strafe nichts ändern.

Wenn Kinder oder Jugendliche Opfer von Tötungsverbrechen werden, sind die Täter oft Erwachsene – in 76 Prozent der Fälle Männer –, die mit den Taten ihre gestörten sozialen Beziehungen kompensieren möchten. Dies belegt auch ein Fall, der Ende 1985, Anfang 1986 in Berlin-Marzahn seinen Ausgang nahm.

Tagsüber herrschte in der riesigen Stadtrandsiedlung nicht viel Betrieb. Frauen und Männer gingen irgendwo in der großen Stadt ihrer Arbeit nach, ein paar Rentner erledigten ihre Einkäufe, und die Kinder saßen in der Schule. Wenn sie am frühen Nachmittag nach Hause kamen, verbrachten sie meist ein paar Stunden mit ihren Geschwistern oder Spielkameraden, bis auch die Eltern Feierabend hatten. Das führte schon bei den Kindern zu einer großen Selbstständigkeit im Alltagsleben. Telefon gab es nur in wenigen Wohnungen, und wenn es klingelte, dann wussten sie, dass es sich meist um einen wichtigen Anruf für einen Nachbarn oder für die eigenen Eltern handelte.

Das machte sich ein junger Mann zunutze, der sich als „Dr. Hofmann" von der *Neuen Fernseh-Urania* vorstellte. Viele der angerufenen Kinder zwischen 9 und 13 Jahren kannten die Fernsehsendung über technisches Alltagswissen und vertrauten deshalb dem Anrufer. Er erklärte ihnen, alles sei mit den Eltern abgesprochen und sie müssten nun ein paar „Experimente" für das Fernsehen machen. Dafür winkten Preise. Würden sie allerdings nicht teilnehmen, müssten die Eltern mit Geldstrafen rechnen.

Die ruhige und bestimmte Art des Anrufers schuf Vertrauen. Meist forderte er die Kinder dann auf, sexuelle Manipulationen an sich selbst oder den anwesenden Geschwistern vorzunehmen. Spürte der Fremde, dass die Kinder seinen Anweisungen folgten, erweiterte er diese auf bisweilen lebensgefährliche Aktionen. In mehreren Fällen waren es nur glückliche Zufälle, die einen tragischen Ausgang solch eines Telefonats verhinderten.

So wies „Dr. Hofmann" den neunjährigen Udo zum Beispiel an, einen festen Strick an der Türklinke zu befestigen und über die Tür zu werfen. Dann sollte seine sechsjährige Schwester Anne auf einen Stuhl steigen, ihren Kopf in die Schlinge legen, und Udo sollte den Stuhl umkippen. Glücklicherweise riss dabei der Strick. Strangulationsmale bewiesen später, wie nahe das Mädchen bereits dem Tode war. Dennoch ging damals das Martyrium weiter. Der Anrufer befahl Udo, er solle die Badewanne mit Wasser füllen und Anne so lange untertauchen, bis er ihm sage, jetzt sei es genug. Da sich das Mädchen wehrte, kam ihr Bruder der Anordnung nur zögernd nach. Zuletzt sollte er seine Schwester an das offene Fenster stellen und hinunterstoßen. Auch das hat Udo zum Glück nicht getan.

In einem anderen Fall versuchte die Stimme am Telefon, den 13-jährigen Mark zu überreden, als Test für das „Kinderfest der Fernseh-Urania" einen unter Strom stehenden Fön oder Rasierapparat in eine gefüllte Wasserschüssel zu legen und dann in das Wasser zu fassen. In diesem Fall verhinderte eine herausgesprungene Sicherung das Schlimmste.

Die ersten Anzeigen lieferten der Polizei nicht genug Indizien, weil man über den Täter nicht mehr wusste, als dass er eine „männliche, jugendliche Stimme" hatte. Den entscheidenden Durchbruch erzielte schließlich die Berliner Bezirksverwaltung des MfS mit ihrem OV „Urania". Ein Beteiligter berichtete darüber: „Durch Vergleichsarbeit gelang es, als Ausgangspunkt der Anrufe eine begrenzte Anzahl von öffentlichen Telefonzellen in Marzahn zu bestimmen. Unter Ausnutzung unserer Möglichkeiten zum Abhören von Telefonanschlüssen ergab sich schließlich ein Verdächtiger, der dann durch Observation auf frischer Tat gestellt wurde."

Thomas Sp. war ein 20-jähriger Baumaschinist und Mitglied der Freiwilligen Feuerwehr mit einer eigenen Wohnung. Er hatte zunächst in über hundert Fällen Frauen am Telefon sexuell belästigt, bevor er zu seiner perfiden Manipulation von Kindern überging. Im Frühjahr 1988 gestand Thomas Sp. leichtere Fälle vor Gericht, widerrief aber das in den Verhören bereits gemachte Geständnis, Mordversuche begangen zu haben. Gutachter stellten keine Anzeichen einer psychischen Krankheit fest. Zwar weise manches darauf hin, dass er seine eigene sexuelle Entwicklung nicht bewältigte, dennoch war er für seine Taten voll verantwortlich. Im Mai 1988 verurteilte ihn das Gericht zu einer Haftstrafe von 13 Jahren.

Die Staatsanwaltschaft ging daraufhin in Revision. Nach einer ergänzenden Beweisaufnahme stellte das OG der DDR fest, dass Thomas Sp. zwölfmal Kinder genötigt und missbraucht sowie in fünf weiteren Fällen Mordversuche unternommen hatte. Im Juli 1988 wurde aufgrund dessen seine Freiheitsstrafe auf 15 Jahre erhöht. Nach dem Ende der DDR bewertete man den Fall nach dem zur Tatzeit geltenden Jugendstrafrecht neu.

Unter dem Titel *Mit dem Anruf kommt der Tod* verfilmte das DDR-Fernsehen den Fall in der Reihe *Polizeiruf 110*. Die Erstsendung lief nach der deutschen Wiedervereinigung, am 1. September 1991. Als erste *Polizeiruf*-Folge im gesamtdeutschen ARD-Programm wurde die Sendung von 14 Prozent der Zuschauer gesehen. Die Rolle der Stasi bei der Aufklärung des Falls fiel in dem Krimi unter den Tisch. Stattdessen beklagten die Polizisten ihm Film ihre Probleme mit dem Persönlichkeitsschutz, wodurch ihnen eine angemessene Observierung erschwert würde. Die Verfilmung wies auch weitere „Aktualisierungen" auf, etwa die Drohung des Täters, die Eltern würden ihre Arbeit verlieren, wenn die Kinder am Telefon nicht seinen Anweisungen folgten. Dies hätte in der DDR so nicht funktioniert. Da die Dialoge der Polizisten von Regisseur und Buchautor Thomas Jacob durch einige flotte Sprüche zu deren neuem Selbstverständnis aufgelockert wurden, wurde der Krimi zu einem Stimmungsbild für die ersten Monate nach der deutschen Wiedervereinigung.

Der mörderische Engel im Krankenhaus

Tote Babys in Leipzig

Am 16. Februar 1985 meldete die *Berliner Zeitung*: „Das Stadtgericht Berlin verurteilte gestern die 22-jährige Sabine K. aus Prenzlauer Berg wegen vorsätzlichen Mordes an ihrem Kind zu einer lebenslänglichen Freiheitsstrafe. [...] Die Angeklagte hatte am 20. Juni des vergangenen Jahres ihr vier Monate altes Baby in ihrer Wohnung in der Greifenhagener Straße mit einem Kissen erstickt und die Leiche zwei Tage darauf hinter einem Stromverteilerkasten in der Berliner Straße versteckt."

Peter Kunzig, damals als Ermittler bei der Kripo, erinnert sich an den Fall, den die Täterin zunächst als Kindesentführung dargestellt hatte: „Eine Mutter kam um die Mittagszeit aufgelöst zu uns. Ihr vier Monate altes Kind sei aus dem Kinderwagen im Hof entführt worden." Sofort machten die Kriminalisten ein Weg-Zeit-Diagramm. „Dabei stießen wir auf Unstimmigkeiten." Die junge Frau wurde in die Mangel genommen. Sie gestand schließlich, ihr Baby getötet zu haben. Der Fall wurde innerhalb von 24 Stunden aufgeklärt.

Wenn in der DDR Kinder Opfer eines Verbrechens wurden, sah man das stets als grundsätzliche Frage der Sicherheit im Lande. Sehr genau überlegte man dann, ob und wie die Bevölkerung darüber informiert werden sollte. Es durfte keine Unruhe provoziert werden. Dieser Umgang mit derartigen Problemen illustrierte der TV-Krimi *Minuten zu spät*, der am 17. September

1972 in der Reihe *Polizeiruf 110* gesendet wurde. Gedreht wurde der Krimi von Manfred Mosblech unter dem Arbeitstitel „Ein kleiner weißer Sarg". Das Ende des Films musste umgeschrieben werden: Der VP gelingt es schließlich doch noch, das Kind zu retten.

Endete ein wirklicher Fall mit dem Tod des Kindes, wurde über ihn möglichst wenig informiert. Die Ermittlungen aber wurden unter Hochdruck betrieben.

So war es auch, als sich in der Städtischen Frauenklinik Leipzig im Januar 1986 erstmals Unregelmäßigkeiten bei der Versorgung der Säuglinge zeigten. Ein neugeborenes Mädchen, das an Herzrhythmusstörungen litt, konnte erst im letzten Moment durch eine Intensivbehandlung gerettet werden. Als wenige Tage später ein Säugling an den gleichen Symptomen starb und plötzlich weitere Neugeborene erkrankten, waren die Ärzte aufs Höchste alarmiert. Dr. Helga Lemme, damals Oberärztin in der Frauenklinik, spürte die angespannte Lage: „Das hat uns natürlich sehr beunruhigt, aber es gab keine Anhaltspunkte spezifischer Krankheiten, die wir hatten ausschalten können."

Im Februar spitzte sich die Lage zu. Die Neugeborenen verhielten sich seltsam. Immer wieder traten Herzrhythmusstörungen auf, ohne dass dafür eine Ursache zu diagnostizieren gewesen wäre. Am 17. März 1986 starb ein zwei Tage alter Junge, am 2. April ein kleines Mädchen. Für die Ärztin Dr. Lemme deutete sich eine erste Spur an: „Es waren mehrere Kinder hintereinander, und es trat immer wieder – weil dort in der Kinderklinik auch EKG-Untersuchungen gemacht wurden – der Verdacht auf eine Digitalis-Überdosierung auf."

Digitoxin ist ein uraltes Mittel zur Herzstärkung. Schon 1775 wurde die Wirkung des Medikaments, das aus den Blüten des Roten und Wolligen Fingerhuts gewonnen wird, beschrieben.

In zu hoher Dosierung kann es zu Herzrhythmusstörungen bis hin zu Kammerflimmern führen. Da sich Digitoxin auch noch einige Tage nach dem Tod im Blut feststellen lässt, wurden nun die verstorbenen Säuglinge toxikologisch untersucht. Bei allen ließ sich das Herzmittel in einer tödlichen Dosis nachweisen. Dr. Helga Lemme: „In dem Moment war uns klar, dass hier Vergiftungen an den Kindern vorgenommen worden sind."

Noch gab es jedoch nicht die geringste Ahnung, wie so etwas geschehen konnte. Gleichzeitig setzten sich die merkwürdigen Vorfälle in der Kinderabteilung fort. Über Ostern wurde Dr. Lemme plötzlich in die Klinik gerufen, weil sich alle Kinder unruhig in ihren Bettchen wälzten, die Fläschchen verweigerten und sich erbrachen. Eine der erfahrenen Säuglingsschwestern probierte die Milch und stellte zu ihrem Entsetzen fest, dass sie völlig versalzen war. Dr. Helga Lemme: „Wir standen vor einem Rätsel. Die Milch, das war ja Frauenmilch, die wir von der Frauenmilchsammelstelle der Universitätsklinik bekommen haben. Wo dieses Zeug in die Milch gekommen war, war uns zunächst völlig unklar."

Im straff organisierten Gesundheitswesen der DDR gab es einen festgelegten Ablauf bei solchen Vorkommnissen. Dementsprechend informierte der Leipziger Kreisarzt am 10. April 1986 neben anderen Behörden auch die Kreisdienststelle des MfS über Unregelmäßigkeiten bei der Muttermilchversorgung der Neugeborenen und die dabei aufgetretenen medizinischen Probleme. Dem Leitenden Arzt der Städtischen Frauenklinik, Dr. Wolfgang Springer, wurde empfohlen, eine offizielle Anzeige beim MfS aufzugeben, ohne die VP zu informieren. Das war der Weg, der schnelleres und intensiveres Handeln versprach als eine Anzeige bei der Polizei. Bei der Häufung von Todesfällen im staatlichen Gesundheitswesen der DDR war die Sicherheit des Staates bedroht. Das MfS verfügte mit seiner Hauptabteilung IX über eine eigene Untersuchungsabteilung. Diese wurde tätig, wenn es sich um einen Verdacht auf Schwerkriminalität handelte, auch wenn der keinerlei politischen Hintergrund zu haben schien.

Als am 10. April 1986 erneut ein neugeborener Junge noch auf dem Weg zur Intensivbehandlung verstarb, erschienen die Ermittler der Spezialkommission des MfS in der Klinik. Sie stellten sich gegenüber den Mitarbeitern als Kriminalpolizei vor und wiesen sich mit VP-Ausweisen aus. Dann prüften sie als Erstes die Dienstpläne und erkannten, dass die Ärztin Dr. Helga Lemme und die Krankenschwester Simona K. immer dann in der Klinik anwesend waren, wenn es zu den mysteriösen Todesfällen kam. Beide hatten auch Zugang zu den Medikamentenschränken. Am 18. April befragte die Spezialkommission erstmals die Verdächtigen.

Schnell stellte sich heraus, dass die Ärztin keinerlei Verantwortung für die tragischen Ereignisse trug. Auch die 20-jährige Simona K. erfreute sich eines guten Leumunds, galt als einsatzbereit und zuverlässig. Trotzdem verdichteten sich die Verdachtsmomente gegen sie, denn sie war die Einzige, die zur fraglichen Zeit Umgang mit den betroffenen Babys hatte. Am 19. April 1986 wurde die Säuglingsschwester schließlich wegen dringenden Tatverdachts auf mehrfachen Mord in Untersuchungshaft genommen.

Zunächst bestritt sie jegliche Verantwortung, doch nach zwei Tagen legte Simona K. ein erstes Teilgeständnis ab. Das Protokoll hielt fest: „Ich wollte das Kind nicht umbringen. Ich habe Digitoxin gespritzt und das war ganz früh, gegen 4 Uhr. Da habe ich die Spritze aufgezogen und das Digitoxin-Glukose-Gemisch in des Tropfsystem des Neugeborenen gespritzt. Ich gebe zu, dass ich dem Kind Digitoxin gespritzt habe, obwohl ich dazu ärztlicherseits nicht aufgefordert war."

Damit hatte die Spezialkommission des MfS ihren Auftrag erfüllt. In ihrem Bericht hieß es: „Durch den konzentrierten Einsatz aller verfügbaren Kräfte der SK [Spezialkommission] und weiterer Mitarbeiter der Abteilung IX konnte bereits am 18. April 1986 gegen eine Krankenschwester ein Ermittlungsverfahren eingeleitet werden. [...] Diese Information ist als streng geheim zu betrachten."

Simona K. saß etwa ein Jahr in Untersuchungshaft und gab nach und nach alle vier Morde und einen weiteren Mordversuch zu. Das war aus der Sicht der Staatsanwaltschaft ein „gesellschaftsgefährdender Akt, der sich gegen die Interessen der sozialistischen Gesellschaft" richtete. Der Fall hätte das Potenzial gehabt, eine unkontrollierbare Unruhe unter der Bevölkerung zu schaffen und das Vertrauen in das Gesundheitswesen zu erschüttern. Deshalb sollte der Fall geheim bleiben.

Es galt zu erforschen, weshalb die Täterin die Babys tötete. Die Akten weisen aus, dass sie ohne innerliche Regung über ihre Morde berichtete und kein schlüssiges Motiv erkennen ließ. Damit stellte sich die Frage nach einer psychischen Vorerkrankung, denn kein Mensch tötet ohne Grund. So bitter es auch für die Betroffenen ist: Es gibt Täter, die für ihre Taten nicht verantwortlich gemacht werden können und selbst ärztlicher Hilfe bedürfen. Diese muss auch dann gewährt werden, wenn aus Gründen der allgemeinen Sicherheit ein Freiheitsentzug notwendig ist.

Bereits während der Untersuchungshaft fand durch die forensische Psychiatrie der Humboldt-Universität Berlin eine Begutachtung des Geisteszustands von Simona K. statt. Das Ergebnis: „Zusammenfassend ließ sich eine erhebliche primärneurotische psychische Fehlentwicklung mit ausgeprägter Kontakt- und Bindungsschwäche, Neigung zu anhaltenden Verschiebungen in der Wahrnehmung, permanente Suizidwünsche und eine sexuelle Fehlentwicklung konstatieren." Simona K. lebte in ihrer eigenen Welt, in der sich die Haltung zu Leben und Tod nach kaum nachvollziehbaren Kriterien richtete. „Deshalb schlägt der Gutachter für Simona K. verminderte strafrechtliche Verantwortlichkeit [...] vor."

Das Gericht hatte darüber zu entscheiden, ob es diesem Vorschlag folgt. Im Rahmen einer vor dem Prozess am 12. August 1987 erfolgten Absprache zwischen Vertretern des MfS, des Gerichts und der Staatsanwaltschaft wurde vereinbart, keine verminderte Schuldfähigkeit der Angeklagten zu berücksichtigen. Überdies sollte die Hauptverhandlung unter Ausschluss der Öffentlichkeit stattfinden. Entgegen geltendem DDR-Recht bestimmte man zudem, dass die geschädigten Eltern weder vom Prozesstermin unterrichtet noch als Zeugen gehört werden würden. Auch nach Abschluss der Verhandlung sollten sie, ebenso wie die Ärzte und Schwestern in der Klinik, keinerlei Informationen bekommen. Die Stasi verpflichtete die Eltern der ermordeten Kinder zum Schweigen und überwachte sie längere Zeit, um die Geheimhaltung zu gewährleisten.

Simona K. wurde 1987 zu einer lebenslangen Haftstrafe verurteilt. Mit der deutschen Wiedervereinigung änderten sich die juristischen Rahmenbedingungen des Falls. Aus diesem Grund begutachtete Dr. Matthias Lammel die Kindsmörderin nach 15 Jahren Haft erneut. Er stellte fest: „Frau K. hatte eine schwere psychische Fehlentwicklung, die mit einer gravierenden Kontaktbeziehungsstörung einherging, aus der heraus sie auch überwertige Ideen entwickelt hat, fixe Ideen entwickelt hat, aus denen heraus sie die Welt wahrgenommen hat, was zugleich auch einen Verlust an Realitätsbezug beinhaltete. Das heißt, sie hat neugeborene Mädchen wahrgenommen als Wesen, die ein schlimmes Schicksal erleiden könnten, und sie hat neugeborene Jungen wahrgenommen als potentielle Täter, die Taten zum Nachteil von Mädchen begehen könnten. Das war ein Motivstrang, der dann zu den Tötungsdelikten geführt hat, um die Kinder vor diesem angenommenen Schicksal zu bewahren."

Diese abstruse Vorstellungswelt, in der die junge Frau lebte, offenbarte sich in ihren Tagebüchern. Sie schrieb diese schon als junges Mädchen und erwähnte darin, dass sie jahrelang von ihrem Vater missbraucht worden war. Auch ihr erstes sexuelles Erlebnis nach einer Feier mit 18 Jahren verlief für sie demütigend. Es entwickelte sich ein diffuser Hass auf alle Männer. Simona K. verlor immer mehr den Realitätssinn und, ohne dass es Fremde bemerkten, auch den Boden unter den Füßen.

Als 1986 in der Leipziger Frauenklinik schließlich bekannt wurde, dass ein männlicher Chef die Station übernehmen sollte, versalzte die Krankenschwester die Muttermilch. Sie hoffte, so würde der neue Arzt diskreditiert und müsse deshalb seinen Posten verlassen. Als wenig später jemand eine dumme sexistische Bemerkung über eines der neugeborenen Mädchen machte, rastete Simona K. innerlich aus – sie tötete das Kind, um es vor den Widrigkeiten des Lebens „zu bewahren". Wochen später musste dann ein Junge sterben, da er ja womöglich einmal ein Sexualtäter werden könnte. Simona K. war in ihrer Wahnwelt gefangen und hätte wahrscheinlich weiter gemordet, wenn sie nicht so schnell überführt worden wäre.

Darauf deutete auch die Tatsache hin, dass die Frau es nach 15 Jahre Haft ablehnte, das Gefängnis zu verlassen. Sie erklärte dem Psychiater, sie selbst halte sich immer noch für gefährlich und man müsse die Menschen vor ihr schützen. Das war auch das Motiv für mehrere Suizidversuche während der Haft.

Im Jahr 2009 wurde Simona K. dennoch aus dem Strafvollzug entlassen. Ein Jahr später fand man sie tot in ihrer Wohnung. Ob sie eines natürlichen Todes gestorben war oder durch Freitod aus dem Leben schied, konnte nicht mehr zweifelsfrei geklärt werden.

So tragisch und einmalig dieser Fall war, irreparable Schäden erlitten bereits zehn Jahre zuvor mehrere Tausend schwangere Frauen durch eine Pflichtimpfung, die Gefahren bei einer Blutgruppenunverträglichkeit zwischen Mutter und Kind vorbeugen sollte. Dahinter stand eine gute Absicht. Durch die Verantwortungslosigkeit eines Arztes und seines Mitarbeiters aber wurde sie zum Desaster.

Am 9. Januar 1979 zog das Staatliche Kontrollinstitut für Seren und Impfstoffe der DDR eine Charge Immunglobuline zur Anti-D-Prophylaxe aus dem Verkehr. In aller Stille wurden der Leiter des Bezirksinstitutes für Blutspende- und Transfusionswesen in Halle, Dr. Wolfgang Sch., und einer seiner Mitarbeiter wegen Verstoßes gegen das Arzneimittelgesetz verurteilt. Beide Ärzte verloren überdies ihre Approbation. Wolfgang Sch. verfiel dem Alkohol und starb wenig später.

Unter der Verantwortung der beiden Männer wurden zwischen August 1978 und März 1979 etwa 6800 damals schwangere Frauen im Rahmen einer gesetzlich vorgeschriebenen Impfung mit Serum behandelt, das mit dem Hepatitis-C-Virus infiziert war. Im Frühjahr 1978 hatte das Institut 3000 Milliliter Plasma von drei Blutspendern verarbeitet, die an Hepatitis erkrankt waren. Obwohl die zuständigen Chefs diesen Sachverhalt kannten, ließen sie die Verwendung des verseuchten Serums zu – die Planzahlen drückten, und sie fürchteten, „politischen Ärger" zu bekommen. Durch die Weiterverwendung der Waschflüssigkeit für das Blutplasma verunreinigten die Viren weitere Chargen des Impfstoffs. Diese wurden erst am 14. März 1979 aus dem Verkehr gezogen. All das unterlag damals in der DDR striktester Geheimhaltung.

Die Hepatitis-C-Infektion führte bei zahlreichen Betroffenen zu einer chronischen Leberentzündung und gravierenden Spätfolgen. Erst seit dem 9. Juni 2000 existiert eine Rentenregelung für die rund 2500 anerkannten und noch überlebenden Opfer des größten Impfskandals der DDR, der bis zum Ende des Staates totgeschwiegen wurde. Seit 2015 gibt es mit dem neuen Wirkstoff Sofosbuvir (Handelsname Sovaldi) ein wirksames Mittel gegen chronische Hepatitis C, mit dem die Krankheit zu mehr als 90 Prozent geheilt werden kann. Nach der Markteinführung durch den Pharmakonzern Gilead kostete einen Pille 700 Euro, für eine Behandlung sind 84 Medikamentengaben nötig.

Schwarze Trabis

Dreister Autoklau in Zwickau

Am 19. Februar 1988 meldete das SED-Zentralorgan *Neues Deutschland*: „Den Werktätigen von 99 Betrieben und Einrichtungen wird im Februar die gemeinsame Wanderfahne des Ministerrates und des Bundesvorstandes des FDGB [...] verliehen. Sie erhalten diese Auszeichnung für vorbildliche Leistungen im Wettbewerb [...]." Mit dabei war der VEB Sachsenring in Zwickau.

Davon, dass der Betrieb zwei Monate später trotz Wanderfahne das unerklärliche Abwandern von 24 nagelneuen Autos verbuchen musste, war in der Zeitung nichts zu lesen.

In der Geschichte der DDR war das wohl einer der peinlichsten Diebstähle von „Volkseigentum". Bewerkstelligt hatte ihn Kfz-Schlosser Thomas B., damals 41 Jahre alt. Er arbeitete bereits seit zwölf Jahren in der Trabi-Produktion und war für die Qualitätskontrolle auf dem „Mittelhof" des Werkes II zuständig. Dort landeten die fertigen Autos, bevor sie zum Bahnhof am Werk I gelangten. Erst unmittelbar vor der Verladung auf die Züge der Deutschen Reichsbahn wurden sie registriert.

Diesen Umstand nutzte Thomas B. 1980 aus, als er einen ersten „schwarzen" Trabi für sich privat abzweigte. Der dreiste Diebstahl klappte ohne Schwierigkeiten, denn im VEB Sachsenring standen gerade andere Probleme auf der Tagesordnung. Über eines davon berichtete am 6. Juni jenes Jahres *Neues*

Deutschland. Das Blatt sinnierte „über die nicht einfache Aufgabe, bis zum X. Parteitag insgesamt im Bezirk 60 Millionen Stunden einzusparen". Die Trabi-Erbauer wurden dabei lobend erwähnt: „Beispielgebend arbeitet auf diesem Gebiet der VEB Automobilwerke Sachsenring Zwickau. Hier machen es moderne Technologien möglich, 500 Arbeitsplätze einzusparen [...]." Vielleicht haben die Autowerker nebenbei auch an der falschen Stelle gespart, denn in den folgenden Jahren nahm der Diebstahl nagelneuer Trabis durch Thomas B. nun richtig Fahrt auf.

Ein nahezu wasserdichter Coup wurde die ganze Sache, weil die Autos in drei verschiedenen Werken produziert und zwischendurch immer wieder von einem zum anderen transportiert werden mussten. Das Werk I baute die Karosserie. Im Werk III folgte dann die Beplankung mit der legendären „Pappe" und im Werk II die Endabnahme. Dort schlug der Kfz-Schlosser zu. Sönke Friedrich, Historiker und Spezialist für die Zwickauer Automobilgeschichte, weiß, wie es funktionierte: „Zunächst einmal ist es so, dass der Täter so vorging, dass er sich immer dann ein Fahrzeug ausgesucht hat, wenn dieser Hof, auf dem die Fahrzeuge standen, besonders voll war." In der Pause der Abendschicht von 21.30 bis 21.45 Uhr quetschte sich Thomas B. zwischen den geparkten fertigen Autos hindurch und schraubte seine privaten Nummernschilder an das Objekt seiner Begierde. Sönke Friedrichs: „Das weitere Vorgehen war dann, dass der Täter darauf wartete, dass ein Karosserietransportfahrzeug das Werk verließ und er sich dann unmittelbar an dieses Fahrzeug dranhängte, sich sozusagen sehr dicht auffahrend hinter dem Fahrzeug bewegte." So ließ sich problemlos der Werkschutz, meist von älteren Kollegen versehen, die die warme Pförtnerbude nicht gern verließen, passieren. Thomas B. bestätigte später bei seiner Vernehmung im Juni 1988, „dass man beim Verlassen des Betriebes mit einem Pkw durch die zivile Betriebswache nur in vollkommen ungenügendem Maße kontrolliert wird. In der Praxis sah das so aus, dass der Fahrer des Pkw, welcher das Tor passieren will, dem Pförtner irgendeinen Zettel zeigt." Das Winken mit dem Papier aus der Ferne reichte also aus.

Hatte der Kfz-Schlosser auf diesem Weg problemlos das Werksgelände verlassen, fuhr er mit seinem neuen Trabi in eine Seitenstraße und stellte ihn dort ab. Dann kehrte er in aller Ruhe zurück an seinen Arbeitsplatz. Nach Feierabend drehte Thomas B. mit seinem privaten Auto eine Runde um das Werk und durch die angrenzenden Straßen, um nicht wegen eines dummen Zufalls letztlich doch noch von der Polizei erwischt zu werden. Dann holte er mit einem Komplizen den geklauten Trabant ab.

Im Laufe von acht Jahren gelang es dem Autodieb auf diese Art und Weise, 24 nagelneue Autos zu stehlen. Niemand kam Thomas B. auf die Spur, denn jeder hielt eine solche Dreistigkeit für undenkbar. Dass Autoersatzteile immer zu den Mangelwaren zählten und jene „an der Quelle" ganz besonderen Versuchungen ausgesetzt waren, wussten hingegen alle. Immer wieder wurde um Verständnis für die miese „Versorgung" geworben und Besserung in Aussicht gestellt: „Bei dem umfangreichen und komplizierten Kfz-Ersatzteilproblem können wir nicht erwarten, dass alle Bedarfswünsche kurzfristig erfüllt werden, aber wir können überzeugt sein, dass die Industrie alles daransetzt, diese wichtige Versorgungsfrage zu lösen", tröstete Wirtschaftskolumnist Karl-Heinz Gerstner in der *Berliner Zeitung*. In der Trabi-Schmiede Zwickau achtete man streng darauf, dass kein noch so kleines Teil fehlte. An ganze Autos dachte jedoch niemand.

Trotz des Mangels an Autos und Ersatzteilen war Autoklau in der DDR ohnehin ein seltenes Delikt. Eine Bande von fünf Tätern, die vom Februar 1979 bis März 1980 mehrere Pkw der Typen Lada, Wartburg und Trabant im Wert von etwa 120 000 Mark in Berlin sowie in den Bezirken Dresden, Rostock, Frankfurt (Oder) und Potsdam entwendet hatten, zerschlug die Polizei nach wenigen Wochen Ermittlungsarbeit. Auch ein 32-jähriger Berliner, der im Frühjahr 1983 Trabis stahl, um sie in Ersatzteile zu zerlegen, wurde erwischt.

Verhindert wurde die Kriminalität rund ums Auto besonders durch das im Vergleich zu heute viel engere Zusammenleben der DDR-Bürger. Wer „sein" Auto bekam, freute sich gemeinsam mit den Nachbarn und Kollegen darüber. So blieb die große Neuanschaffung nicht verborgen. Hinzu kam ein effektiver Überwachungsdruck durch die Polizei auf den Straßen und in den Wohngebieten.

Wer von heute auf morgen einen neuen Wagen vor der Tür stehen hatte, musste auch erklären können, wie lange er darauf gewartet hatte. Deshalb nutzte Thomas B. einen unauffälligen Weg zum Verkauf seiner Sore. Er pflegte Beziehungen zu eingeweihten Werkstätten weit weg von Zwickau. Dort wurden die Nummernschilder der neuen Trabis gegen solche von verschrotteten Autos ausgetauscht. Das war eine sehr sichere Möglichkeit, die Fahrzeuge zu legalisieren. Der „Neuaufbau" alter Autos war eine gängige Methode in der DDR, um endlich an einen der ersehnten fahrbaren Untersätze zu kommen. Auf den Straßen bewegten sich tatsächlich manche Fahrzeuge, an denen nur noch das Nummernschild ein „Originalteil" war. Deshalb machten neu wirkende Autos, die nach den Papieren ein biblisches Alter aufwiesen, weder kontrollierende Polizisten noch Käufer stutzig. Stimmte bei Letzteren zudem der Preis – an einen Interessenten verkaufte Thomas B. zum Beispiel seinen gestohlenen neuen Trabant für 8000 Mark –, war das ein wasserdichter Deal. Für den angeblich alten Trabi kassierte der Verkäufer zwar so viel, wie auch der offizielle „Grundpreis" eines Neuwagens betrug, aber beim Handel mit den gebrauchten Autos bestimmten in der DDR ohnehin Angebot und Nachfrage die Preise. Ihre Berechnung funktionierte nach einer Faustregel: Tatsächlicher Wert plus einen Tausender für jedes Jahr der Benutzung abzüglich der Kosten für sichtbar notwendige Reparaturen. Für einen sieben Jahre alten Trabi kamen so schon mal um die 14 000 Mark zusammen – Thomas B. bot also durchaus ein Schnäppchen.

Der Trabi-Dieb kassierte so im Laufe der Jahre rund eine Viertelmillion Mark. Damit wollte er vor allem sein Leben genießen. Das aber weckte die Aufmerksamkeit der Kollegen. In der DDR wusste jeder, wie viel der neben ihm verdiente. Als Thomas B. zu viel von seinen Urlaubsreisen an das Schwarze Meer und anderen erfüllten kleinen DDR-Träumen erzählte, schnappte am 11. April 1989 die Falle zu.

Er leugnete nicht lange und erklärte den Ermittlern auch freimütig sein Motiv: „Ich kam mit dem ehrlich erworbenen Geld nicht hin, weil meine Ansprüche größer waren als mein Verdienst. Ich wollte die soziale Lage meiner Familie aufbessern. Anfangs wollte ich lediglich meinen Verdienst aufbessern. Als ich jedoch merkte, wie schnell und einfach man zu viel Geld kommen kann, stahl ich weiter. Durch die Diebstähle konnte ich mir fast alles leisten. Pkw, Reisen, Einkäufe im Exquisit und Delikat."

Ein besonderes Unrechtsbewusstsein legte er nicht an den Tag. Aus den Vernehmungsprotokollen wurde immer wieder deutlich, dass Thomas B. durchaus der Meinung war, ihm stünde für seine Arbeit mehr Geld zu, als er ausgezahlt bekam. Vor dem Bezirksgericht Karl-Marx-Stadt machte er vor allem die Schlamperei in seinem Betrieb für die Taten verantwortlich. Die Akten des am 29. August 1988 begonnenen dreitägigen Prozesses hielten seine Aussage dazu fest: „Meiner persönlichen Einschätzung nach war es wirklich fast ohne Risiko möglich, ein Neufahrzeug aus dem Werk II des VEB Sachsenring Zwickau herauszufahren, es zu stehlen. Wenn ich das Risiko bei einem Autodiebstahl im VEB Sachsenring und bei einem Selbstbedienungsdiebstahl in irgendeiner Kaufhalle vergleiche, so muss ich sagen, dass die Gefahr des Erwischtwerdens bei einem Kaufhallendiebstahl bedeutend größer ist. Ich kann ehrlich sagen, dass ich nie den Mut gefunden hätte, irgendeinen Kaufhallendiebstahl auszuführen. Davor hätte ich zu viel Angst, eben wegen der Möglichkeit des Entdecktwerdens, gehabt. Bei den ausgeführten Diebstählen von Pkw hatte ich diese Angst nicht."

Diese Aussage nahmen die Richter sehr ernst, denn so wie Thomas B. der Gedanke gekommen war, einfach die Autos aus seinem Betrieb hinauszufahren, könnten auch andere auf diese Idee kommen. Das Urteil sollte deshalb erzieherisch wirken. Ruth Knoll, die damalige Verteidigerin des Trabi-Diebs, erklärt die damals gültige Rechtslage: „Verbrechen zum Nachteil sozialistischen Eigentums, so war der Straftatbestand."

Auf dieser Grundlage sprachen die Richter des Bezirksgerichtes Karl-Marx-Stadt vor einer „differenzierten Öffentlichkeit" die Höchststrafe von zehn Jahren Freiheitsentzug gegen Thomas B. aus. Rechtsanwältin Ruth Knoll war davon überzeugt, dass die Reglementierung des Publikums und die Höhe der Strafe ihren Sinn hatten: „Ich nehme an, das waren solche Kollektive, die sich das ansehen sollten, wie schlimm dann so was ist, also zur Abschreckung."

Urteile mit einem derartigen „Erziehungsziel" gab es bereits

Anfang der 1980er-Jahre, wenn die spekulativen Einkünfte große Summen erreichten. Deshalb verurteilte das Stadtbezirksgericht Berlin-Lichtenberg den 28-jährigen Gerd G. am 18. Januar 1980 zu zehn Jahren Haft und Vermögenseinzug. Über den Prozess wurde mehrfach ausführlich berichtet. Nach der Urteilsverkündung hieß es: „G., der seit Sommer 1976 keinerlei Arbeit nachging, gefährdete durch asoziales Verhalten, durch kriminelle Machenschaften die öffentliche Ordnung und Sicherheit in erheblichem Maße. Unter Missachtung der staatlichen Preispolitik betrieb er spekulativen Handel mit Pkw, Wochenendgrundstücken, hochwertigen Konsumgütern, Heimwerkerbedarf, Kfz-Ersatzteilen. Waren im Wert von 1,8 Millionen Mark brachte G. auf unlauteren Wegen an den Mann. Dabei wirtschaftete er über 366 000 Mark in seine Tasche." Vorwürfe mussten sich aber auch die Käufer seiner Waren gefallen lassen: „Ungeachtet der vollen Verantwortung des Verurteilten für Schwere und Umfang seiner Straftaten muss auch ein Wort zu denen gesagt werden, die diese parasitäre Existenz [...] durch die Bereitschaft unterstützten, überhöhte Preise zu zahlen. Sie ermöglichten es dem Spekulanten letztlich, sich, ohne einen Handschlag zu tun, auf Kosten der Gesellschaft zu bereichern."

Auch Thomas B. musste nicht nur ins Gefängnis, sondern zusätzlich Schadensersatz in Höhe von 258 668,35 Mark leisten. Die noch vorhandenen gestohlenen Trabis wurden beschlagnahmt. Da man auch in der DDR an Diebesgut kein Eigentum erwerben konnte, mussten die gutgläubigen Käufer die Autos dem VEB Sachsenring zurückgeben. Eine Entschädigung gab es dafür nicht.

Den sang- und klanglosen Verlust seines gutgläubig gekauften Autos wollte Norbert Klimpel aus Doberschau nicht akzeptieren. Nachdem die Kriminalpolizei der VP-Bezirksbehörde

Karl-Marx-Stadt am 23. Juni 1988 auf Anordnung des Staatsanwaltes ein „Beschlagnahmeprotokoll" anfertigte, suchte er Hilfe beim obersten Repräsentanten seines Staates: „Ich habe dann an Honecker geschrieben, habe eine Eingabe gemacht." Die Antwort kam am 28. Juli 1988 aus der Abteilung „Maschinenbau und Metallurgie" des ZK der SED. Sie eröffnete dem damals 30-jährigen Familienvater mit zwei Kindern eine neue Chance: „Auf die vom Eigentümer des Fahrzeugs, dem VEB Automobilwerke Zwickau, in Übereinstimmung mit den gesellschaftlichen Organisationen des Betriebes getroffene Entscheidung zur weiteren Verwendung des Pkw haben wir keinen Einfluss. Wir empfehlen Ihnen deshalb, den vom Betriebsdirektor des VEB Automobilwerke Zwickau gemachten Vorschlag aufzugreifen und einen Antrag auf vorzeitige Bereitstellung eines bestellten Pkw beim zuständigen VEB IFA-Vertrieb zu stellen." Das tat Norbert Klimpel dann auch und bekam tatsächlich einen neuen Trabi – allerdings musste er ihn ein zweites Mal bezahlen.

Das nächste Ehrenbanner, dieses Mal „für herausragende Leistungen im sozialistischen Wettbewerb zu Ehren des 40. Jahrestages der DDR", gab es für die Trabi-Schmiede in Zwickau im September 1989 trotz der Querelen um die 24 „schwarzen" Trabis.

Als die Produktion eingestellt wurde, hatten 3 096 099 Trabant das Werk verlassen. Das reichte all die DDR-Jahre zwar nie, um den Bedarf zu decken. Aber immerhin wurde die „Rennpappe" nach dem Fall der Mauer am 9. November 1989 zum unvergessenen Symbol des untergegangenen Staates.

Für Thomas B. hatte das Ende der DDR besonders angenehme Auswirkungen: Nach der Wiedervereinigung wurde sein Urteil revidiert und die Haftstrafe auf fünf Jahre herabgesetzt.

Das tödliche Tabu

Mord an einem homosexuellen Lehrer in Berlin

Am 17. September 1987 informierten Parteileitung, Sekretariat und Betriebsgewerkschaftsleitung des Zentralvorstandes der Gewerkschaft Unterricht und Erziehung im SED-Zentralorgan *Neues Deutschland* über den unerwarteten Tod ihres Mitglieds Herbert G., Sekretär der Internationalen Vereinigung der Lehrergewerkschaften und „Träger des Vaterländischen Verdienstordens und weiterer hoher Auszeichnungen", am 11. August 1987. In der Traueranzeige für den nur 54 Jahre alt gewordenen Mann hieß es: „Wir verlieren mit ihm einen Genossen, der sich große Verdienste bei der Entwicklung der internationalen Zusammenarbeit auf dem Gebiet des Bildungswesens erworben hat. Wir werden sein Andenken stets in Ehren halten."

Seine Tätigkeit im von Margot Honecker geleiteten Ministerium für Volksbildung fand keine Erwähnung. Dort arbeitete der Oberstudienrat als Hauptabteilungsleiter für die „Internationalen Verbindungen" des Hauses. Verschwiegen wurde ebenfalls, dass Herbert G. keines natürlichen Todes gestorben war.

Begonnen hatte es mit einem Zufallsfund. Beim Morgenspaziergang entdeckte ein Hundehalter in Lehnitz in der Nähe der S-Bahn-Trasse einen dunkelblauen Lada, der keinem seiner Nachbarn gehörte. Eine Tür des Autos stand einen Spalt offen, und im Handschuhfach lagen die Fahrzeugpapiere: Es war ein Dienstwagen des Ministeriums für Volksbildung der DDR. Der

Mann alarmierte die Polizei. Als gestohlen war der Lada nicht gemeldet. Alle Versuche, den Fahrer telefonisch zu erreichen, scheiterten. Deshalb veranlasste die Oranienburger Dienststelle der VP die zuständige VP-Inspektion in Berlin-Lichtenberg, dessen Wohnung in der Harnackstraße aufzusuchen. Auch dort öffnete niemand. Weil Nachbarn von lauter Musik am Tag zuvor berichteten und das Auto verschwunden, der Wohnungsinhaber jedoch nicht gesehen worden war, öffneten die Polizisten die Wohnung.

Kriminalist Thomas Sindermann erinnert sich an kalten Rauch sowie Alkoholdunst, der ihnen entgegenschlug, und an seinen ersten Eindruck: „Alles sah nach einer Party aus." Merkwürdigerweise war die Tür des Schlafzimmers der Vierraumwohnung verschlossen. Als die Polizisten sie öffneten, entdeckten sie die auf dem Rücken liegende Leiche eines Mannes, der nur mit einer Badehose bekleidet war. Ringsherum befanden sich leere Bier- und Schnapsflaschen und etliche volle Aschenbecher. Auffällig war, dass der Mann rot lackierte Fußnägel hatte. Die Polizisten stellten erste Überlegungen an. Homosexualität war unter Männern in der DDR schon seit 1968 nicht mehr strafbar, doch noch immer war sie gesellschaftlich geächtet. Schwule und Lesben wurden von vielen Leuten gern verspottet, ihre Treffpunkte behielten das Image dunkler Hinterzimmer, und öffentlich sprach man meist nur hinter vorgehaltener Hand über sie. Hier handelte es sich offenbar um eine Gewalttat in diesem Milieu.

Schon bei der ersten Begehung der Wohnung fiel den Kriminalisten diverses erotisches Spielzeug auf, Pornohefte lagen herum, und es war offenkundig, dass viele Accessoires aus dem Westen kamen.

Es stellte sich heraus, dass der Fundort eine Dienstwohnung

des Ministeriums für Volksbildung war. Herbert G. nutzte sie als Zweitwohnsitz. Als Sekretär der Internationalen Vereinigung der Lehrergewerkschaften verfügte er über einen Diplomatenpass und reiste dienstlich oft in westliche Länder. So ergab sich immer wieder die Möglichkeit, in der DDR nicht erhältliche Waren wie moderne Unterhaltungselektronik und spezielle Sexartikel zu erwerben und zudem mit Westgeld im Intershop einzukaufen. Das bewiesen Fingerabdrücke auf einer Flasche des nur dort erhältlichen Weinbrands „Privat". Für die Kripo war schnell klar, dass diesen Fall die Spezialkommission der Staatssicherheit bearbeiten würde, denn das Opfer arbeitete im DDR-Staatsapparat.

Derweil ging die Bergung des Dienst-Ladas gründlich schief. Die VP hatte das Volksbildungsministerium, dem das Auto gehörte, benachrichtigt. Ein Fahrer erschien bei der Polizei in Oranienburg und ließ sich die Papiere aushändigen. Da er jedoch keinen Zweitschlüssel für den Lada hatte, fuhr er erst einmal zurück nach Berlin. Als er dann endlich das Auto holen wollte, war das verschwunden. Ein paar Jugendliche hatten das Ausstellfenster vorn aufgebrochen, den Wagen kurzgeschlossen und eine kleine Spritztour gemacht. Vier Kilometer vom ersten Fundort, in einem Waldstück bei Borgsdorf, wurde der Wagen letztlich sichergestellt. Die illegalen Fahrzeugnutzer hatten diverse Spuren hinterlassen, sodass sich der Lada nun kaum noch für die Suche nach dem Mörder eignete. Ein Fährtenhund führte die Polizisten zwar noch bis zum S-Bahnhof Borgsdorf, aber dabei handelte es sich vermutlich um die Spur der jugendlichen Autoknacker. Die Kriminalisten von damals meinen bis heute, dass sie ohne diese Panne mit dem Hund den Weg des Mörders hätten verfolgen können, denn dass er mit Herbert G.s Auto den Tatort verlassen hatte, schien sehr wahrscheinlich.

Nun blieben den Ermittlern nur noch dessen Hinterlassenschaften in der Lichtenberger Wohnung. Diese war vom Täter zwar offensichtlich gereinigt worden, trotzdem ließen sich Speichel-, Sperma- und Fingerspuren feststellen, insgesamt rund 260 Hinweise. Die Ermittlungen ergaben, dass ein mit Herbert G. verwandtes Ehepaar vom 1. bis zum 6. August in der Wohnung übernachtet hatte und dass er selbst Nichtraucher war. So ließen sich die Spuren der „Tatortberechtigten“ aussondern. Zum Rest fand sich jedoch kein Vergleichsmaterial.

Den Kriminalisten erschien es ungewöhnlich, dass das Opfer nicht nur Würgemale am Hals aufwies, sondern auch noch eine Männersocke tief in seinen Rachen gestopft war. Die Obduktion ergab, dass der Schildknorpel und das Zungenbein gebrochen waren.

Bei den sehr diskret durchgeführten Ermittlungen im Arbeitsumfeld des Opfers stellte sich heraus, dass Herbert G. ein geachteter Mitarbeiter im Ministerium für Volksbildung war, der nicht nur seine Verdienste hatte, sondern auch das besondere Vertrauen der Ministerin Margot Honecker genoss. Auffällig schienen lediglich sein übermäßiger Alkoholgenuss bei festlichen Anlässen und die Tatsache, dass die Genossen über sein Privatleben kaum etwas wussten.

Über dieses lieferte dann ein Gespräch mit seiner Frau, die zum Zeitpunkt der Tat mit ihrem Sohn im Urlaub war, einige Aufschlüsse. Nach ihrer Rückkehr berichtete sie, dass die Ehe eigentlich nur noch auf dem Papier bestand. Ihr Mann sei sehr verschlossen gewesen und ging manchmal am späten Abend allein aus. Oft kam er dann erst am frühen Morgen wieder und machte einen merkwürdig „zerzausten“ Eindruck auf sie. Dies erklärte sich die Frau mit den masochistischen sexuellen Neigungen ihres Mannes. Sie hatte sie selbst erfahren und lehnte derartige Praktiken ab. Deshalb dachte sie, ihr Mann suche bei anderen Frauen seinen Spaß. Ob er homosexuell war, vermochte die Frau nicht zu sagen, aber dass er „zwei Gesichter" habe, war ihr nicht verborgen geblieben.

Die Ermittlungen im Umfeld Herbert G.s lieferten für die von ihm geheim gehaltene Homosexualität eindeutige Beweise. Berndt Marmulla, damals als Mordermittler beteiligt, erinnert sich noch das Telefonbüchlein des Opfers. Darin fanden sich zahlreiche Kontaktadressen von Homosexuellen, die auch der Polizei bekannt waren. Die Ermittler wussten, dass sich diese Szene vorzugsweise im Volkspark Friedrichshain traf und dort auch die öffentliche Toilette für schnellen Sex nutzte. Zwei dieser sogenannten „Klappengänger" bestätigten Treffen mit dem Opfer, das sie dann mit in seine Wohnung in der Harnackstraße genommen habe. Obwohl das alles in der DDR schon längst nicht mehr strafbar war, hatte die Stasi ein Auge auf die Homosexuellen. In einer 1993 erarbeiteten Studie des Schwulenverbands in Deutschland e.V. belegte der Magdeburger Theologe Eduard Stapel diese Beobachtung der Szene. Die Stasi listete rund 4000 Menschen auf, die sie der „Risikogruppe Homosexuelle" zuordnete. In einem speziellen Stadtplan über den Bezirk Prenzlauer Berg waren sogar Szenekneipen, öffentliche Toiletten und „Manipulationsorte" verzeichnet. In der Erläuterung dazu hieß es beispielsweise: „In elf Straßen im Altbaugebiet zwischen Schönhauser Allee und Greifswalder Straße wohnen in 225 Wohnungen 281 Homosexuelle."

Bekannt war der Ermordete in verschiedenen Lichtenberger Kneipen wie „Tender", „Petit fleur", „Café Adrett" oder „Braumeister". Dort galt er als großzügiger Stammgast. Die Wirte bestätigten, dass Herbert G. immer allein kam und oft auch wieder allein ging. Im „Tender" war es am 8. August 1987 jedoch anders: Er verließ gemeinsam mit einem jungen Mann das Lokal. Die Beschreibung blieb vage: Schlank, kurze schwarze Haare – das war schon alles.

„Außerdem stellten wir fest, dass ein Kofferradio, ein Fotoapparat und ein Kassettenrekorder verschwunden waren", weiß Thomas Sindermann, „alles Geräte, die das Opfer bei seinen Dienstreisen in den Westen gekauft hatte."

Damit hatten er und sein Kollege Berndt Marmulla zwei wichtige Ermittlungsrichtungen. Zum einen konnte eine Auseinandersetzung unter Homosexuellen hinter dem Fall stecken, denn die Polizei wusste aus vielen Erfahrungen, dass es bisweilen zu Eifersuchtsdramen kam, die hin und wieder auch blutig endeten. Zum anderen wäre aber auch ein simpler Raubmord möglich gewesen, da sich die technischen Geräte aus dem Westen in der DDR großen Interesses erfreuten und hohe Preise erzielten.

In den folgenden Wochen und Monaten wurden alle Spuren akribisch ausgewertet. Durch den Lebenswandel Herbert G.s war sein Bekanntenkreis ausgesprochen umfangreich und unübersichtlich. Kriminalist Berndt Marmulla erinnert sich daran, dass insgesamt rund 4000 Leute befragt wurden. Die Kriminalpolizei nahm mehr als 1600 Fingerabdrücke ab. Keiner entsprach der „Spur Nummer 6", die auf der „Privat"-Flasche zu finden gewesen war. Nach der Kamera, dem Kofferradio und dem Rekorder fahndete man mit einer groß angelegten Handzettel-Aktion. Am 12. Februar 1988 hieß es überdies in der Presse: „Zur Aufklärung eines Tötungsverbrechens in Berlin bittet die Volkspolizei um Mithilfe der Bevölkerung. In Zusammenhang mit der Tat wird ein Stereo-Kassetten-Recorder ‚Sharp GF 9090' gesucht (siehe Foto). Bürger, die ein solches Gerät nach dem 10. August vergangenen Jahres erworben haben oder solche

Personen kennen, werden gebeten, die Volkspolizei zu informieren." Sämtliche An- und Verkaufsläden für Gebrauchtwaren in der gesamten DDR bekamen Bescheid, und die einschlägigen Annoncen in den Zeitungen wurden durchforstet. Ein Ergebnis erbrachten die Aufrufe nicht.

Die exponierte Stellung des Opfers erschwerte die Arbeit. Dass ein hoher Funktionär im Ministerium für Volksbildung einen recht fragwürdigen Lebenswandel pflegte, durfte auf keinen Fall an die Öffentlichkeit dringen. So war man zumindest bei der Polizei auch erleichtert, als der Fall als „nasser Fisch" endlich in der Aktenablage verschwand.

Monate später löste sich die DDR auf, und alles geriet langsam in Vergessenheit – bis im Sommer 1995 „Kommissar Zufall" auf den Plan trat. Eigentlich ging es um einen ganz simplen Darlehensbetrug. Die Polizei hatte den 29-jährigen Fernando H., der als kaufmännischer Angestellter arbeitete, festgenommen und in seiner Wohnung nach Beweisen für die finanziellen Manipulationen gesucht. Dabei fielen den Polizisten ein paar inzwischen betagte technische Geräte auf: Es waren der 1987 aus der Wohnung Herbert G.s entwendete Kassettenrekorder und die anderen Teile.

Die im Zuge der Ermittlungen gegen Fernando H. genommenen Fingerabdrücke wurden routinemäßig zum Abgleich mit bereits vorhandenen Spuren ans Bundeskriminalamt geschickt. Dort arbeitete seit dem 1. Dezember 1993 das Automatisierte Fingerabdruck-Identifizierungs-System. Es basiert auf der Codierung der anatomischen Merkmale, die im Fingerabdruck abgebildet sind, den sogenannten Minutien. In wenigen Sekunden vergleicht der Computer dann den neuen Abdruck mit den bereits abgespeicherten Spuren.

Im Mordfall Herbert G. gab es einen Treffer. Bei den ersten

Verhören stritt Fernando H. zunächst ab, jemals etwas mit dem Mann zu tun gehabt zu haben. Er diente damals als Unteroffizier im 1. Artillerieregiment der NVA und war in der Kaserne Lehnitz stationiert, in deren Nähe man 1987 das Auto des Opfers gefunden hatte.

Unter dem Druck der Indizien gab der Verdächtige schließlich zu, in der Lichtenberger Kneipe „Tender" die Bekanntschaft Herbert G.s gemacht zu haben. Der Fremde habe sich als Lehrer vorgestellt und ihn in seine Wohnung eingeladen, um dort in aller Ruhe weiterzutrinken. Was dann geschah, beschrieb Fernando H. wie folgt. Er sei ziemlich angetrunken, aber ohne Argwohn dem älteren Mann in dessen Wohnung gefolgt. Der überraschte ihn plötzlich mit seiner sexuellen Annäherung. Das wollte der junge Mann nicht. Er wies seinen Gastgeber mit Worten zurück, dann versuchte er, sich aus dessen Umklammerung zu befreien. Dabei stürzte er und schlug mit dem Kopf auf der Kante des Couchtisches auf. Als er wieder zu sich kam, lag er nackt im Bett. Er hatte den Eindruck, der Hausherr habe ihn während seiner Bewusstlosigkeit sexuell missbraucht. Als Herbert G. ins Schlafzimmer zurückkehrte, wehrte Fernando H. ihn mit einem Schädelstoß ab. Dann würgte er den aus der Nase blutenden Mann, nahm eine der herumliegenden Socken und stopfte sie ihm in den Hals. An mehr erinnere er sich nicht.

Nach eigener Aussage kam Fernando H. erst nach der Tat zu Bewusstsein, dass er keine Spuren in der Wohnung des Fremden hinterlassen durfte. Er reinigte die Gläser, aus denen die beiden getrunken hatten, und fasste die Türklinken nur noch mit einem Taschentuch an. Dann fiel ihm eine Reisetasche in die Hände, in die er den Fotoapparat, das Radio und den Rekorder packte. Er meinte, das wäre der angemessene Preis für die erlittene Schmach. Schließlich fiel Fernando H. ein, dass ihm der unbekannte Mann erzählt hatte, er fahre einen dunkelblauen Lada 1500. Aus der Kleidung G.s entnahm er die Papiere, der entsprechende Schlüssel fand sich auf der Flurgarderobe. Mit dem Auto fuhr der junge Mann dann in Richtung seiner Kaserne in Lehnitz und stellte es in deren Nähe ab. Die dort stattgefundenen Nachfragen der Kripo liefen 1987 ins Leere, da er, als er Ausgang hatte, illegal nach Berlin gefahren war und keiner seiner NVA-Freunde ihn verriet.

Nach diesem Geständnis war nach sieben Jahren der Mord an Herbert G., dessen sexuelle Präferenzen seinerzeit noch tabuisiert waren, geklärt.

Die ungeliebte Ostmark

Banküberfälle und andere Arten illegaler Geldbeschaffung

Die Suche nach Banküberfällen in der DDR ruft selbst bei altgedienten und hartgesottenen Kriminalisten eher Heiterkeit hervor: „Banküberfälle? – Gab's nicht!" Schnell folgt dann der alte Witz vom Fluchtauto, auf das man ja bekanntlich 15 Jahre warten musste.

Doch auch im Osten Deutschlands waren manche kleine Ganoven aufs schnelle Geld aus. Die Sache mit dem Fluchtauto regelte einer von ihnen Ende der 1970er-Jahre, als er in Kühren, damals im Kreis Wurzen, ein ganzes Postauto mitsamt Geldsendungen klaute. Der Fahrer hatte den Zündschlüssel stecken und die Autotür offen gelassen, als er in die Landpoststelle ging. Später wurde das Postauto ein paar Dörfer weiter ausgeraubt wiedergefunden. Der oder die Täter blieben verschwunden.

DDR-Geld war unter Ganoven jedoch nicht sehr gefragt. Ende der 70er-Jahre gab es deshalb ein paar Einbrüche in Intershops, wo mit D-Mark bezahlt werden musste, und einen bewaffneten Raubüberfall auf die Sparkasse in Rüdersdorf bei Berlin, um an die dort gesammelten Einnahmen in Westmark zu kommen.

Dass sich um die „Alu-Chips" niemand große Sorgen machte, zeigte sich Anfang der 80er-Jahre in Leipzig. Beim Auspacken der Geldbeutel aus einem Transporter fand sich in einem von ihnen nur Zeitungspapier. Zwei Dezernate der Bezirksbehörde der VP und die Abteilung IX der MfS-Bezirksverwaltung Leipzig ermittelten – am Ende konnten sie aber nicht einmal die genaue Schadenssumme feststellen.

Erfolgreicher agierte die Polizei, wenn Leute, die Umgang mit Geld hatten, ihre Insiderkenntnisse nutzten und nicht die Bank, sondern ihren Betrieb bestahlen. Als „Familienunternehmen" drehten Rita, Frank und Ursula P. im November 1979 so ihr Ding. *Neues Deutschland* berichtete darüber: „Bereits Anfang vergangenen Jahres hatte Rita P. einen Plan ausgeheckt, in ihrem Betrieb beträchtliche Lohngelder zu entwenden. Kaltblütig nutzte sie dazu ihre Vertrauensstellung als Zahlstellenbeauftragte im Betriebsteil Grünauer Straße des VEB Berlin-Chemie aus. Gemeinsam mit ihrem Schwager Frank und ihrer Schwiegermutter Ursula hatte sie dann unter Vortäuschung eines Raubes im November 1979 nahezu 128 000 Mark gestohlen. Rita P. log ihren Kollegen und auch den Untersuchungsorganen mehrere Tage lang vor, dass sie ‚von zwei Maskierten' ausgeraubt worden sei. [...] Persönliche Habgier und Bereicherung auf Kosten der Gesellschaft waren die Motive, die letztlich zu der Tat führten."

Das brachte der 20-jährigen Rita P. am 7. Februar 1980 eine Haftstrafe von zehn Jahren ein. Schwiegermutter Ursula P. (50) musste für achteinhalb Jahre und der 30-jährige Schwager Frank für siebeneinhalb Jahre hinter Gitter. Der zur Straftat benutzte Trabant wurde eingezogen. Der zuständige Chef, der für den schlampigen Umgang mit Geld im VEB Berlin-Chemie verantwortlich war, bekam ein Disziplinarverfahren.

Über wirkliche Banküberfälle im eigenen Land gab es in den DDR-Zeitungen zwischen dem 7. Oktober 1949 und dem 3. Oktober 1990 keine Meldungen. Fanden sie anderswo statt, ganz egal wo auf der Welt, wurde gerne darüber informiert.

Als sich die DDR im Frühjahr 1990 aufzulösen begann und

sich die VP kaum noch traute, in der Öffentlichkeit aufzutreten, versuchten die Bankräuber erst noch, ganz nach alter DDR-Art an Geld zu kommen. Sie kamen zum Beispiel – wie im März 1990 bei der Sparkasse in Bernsdorf im Kreis Hohenstein-Ernstthal – mit einem Moped S 50 vorgefahren, trugen selbst gemachte Masken und fuchtelten mit einer Schreckschusspistole herum. Als die Chefin der Zweigstelle Alarm auslöste, verschwanden sie wieder. Mehr Erfolg hatte ein Räuber wenige Monate später, am 5. Juni 1990, im Postamt Nr. 3 in Eisenach. Nach dem Ziehen einer Pistole erbeutete er zwischen 8000 und 10 000 Mark.

Alles änderte sich, als am 1. Juli 1990 die D-Mark in die DDR kam. Am 9. Juli 1990 meldeten die Zeitungen: „Zu einer peinlichen Pleite für den Täter ist der erste Banküberfall in der DDR nach der Währungsunion geworden. Am Freitagvormittag hatte ein etwa 30 bis 35 Jahre alter Mann die Sparkasse Herzfelde im Kreis Strausberg bei Berlin überfallen und nach Angaben einer Angestellten ‚mit einem pistolenähnlichen Gegenstand' die Herausgabe von Geld gefordert. Die Kassiererin packte dem Mann jedoch nicht die begehrten D-Mark-Scheine ein, sondern alte DDR-Mark in Höhe von etwa 2000 Mark. Mit der Beute ergriff der Täter zu Fuß die Flucht. Anderthalb Stunden später stellten die Geldinstitute die Annahme von DDR-Geld ein."

Manche versuchten nun auch, gewaltlos an das große Geld zu kommen. Im Dezember 1990 informierte der Präsident des Bundeskriminalamtes, Hans-Ludwig Zachert, dass seit der Währungsunion in der ehemaligen DDR Betrüger allein bei der Eröffnung von Bankkonten einen Schaden von sechs Millionen D-Mark verursacht hatten. Bei dem Kontoschwindel gaukelten scheinbar vertrauenswürdige Kunden den Angestellten in ostdeutschen Banken mittels ungedeckter Schecks eine hohe

Geldeinzahlung vor und ließen sich bald darauf hohe Summen auszahlen. In einem Fall waren es sogar 810 000 DM. Derartige Tricks, so Zachert, liefen bereits in den alten Bundesländern in den 50er-Jahren, nun „feierten sie in den neuen Ländern Triumphe".

Auch bei den Überfällen wuchs die durchschnittliche Beute recht schnell. Bereits am 12. Juli 1990 war zu lesen: „Bei einem Banküberfall haben zwei maskierte Männer am Dienstag in der Sparkasse Eldena (Kreis Ludwigslust) in Mecklenburg 65 000 D-Mark erbeutet." In der Sparkasse Roßlau waren es am 9. August 1990 rund 70 000 DM. Die Zweigstelle Letzlingen der Sparkasse in Gardelegen musste einen Tag später 17 315 DM als Verlust verbuchen. Nach der Währungsunion registrierte die Polizei im Durchschnitt vier Banküberfälle oder entsprechende Versuche pro Tag.

Knapp zwei Monate später gab es den ersten Toten bei einem derartigen Überfall. Am 7. September berichtete die Presse: „Der jüngste Banküberfall in der DDR forderte gestern das erste Todesopfer bei Geldräubereien seit Einführung der Westmark: Bei einem Überfall auf eine Zweigstelle der Deutschen Bank in Chemnitz eröffneten zwei Bankräuber das Feuer, als sie von Streifenpolizisten gestellt wurden. Ein Polizist machte ebenfalls von der Waffe Gebrauch und fügte einem der Verbrecher Verletzungen zu, an denen er im Krankenhaus starb. Der andere konnte unversehrt festgenommen werden. Die beiden Polizisten blieben ebenfalls unverletzt."

Inzwischen klappte auch die Zusammenarbeit zwischen Ost und West. Am 29. August 1990 meldete *Neue Zeit*: „Ein mit einer Maschinenpistole bewaffnetes Bankräuberpärchen aus München hat vergeblich sein Glück in der DDR versucht. Der 26-jährige Mann und seine drei Jahre ältere Begleiterin erbeuteten dieser Tage bei einem Überfall auf eine Bank in der DDR-Grenzstadt Gefell (Bezirk Gera) rund 200 000 Mark. Sie wurden jedoch bereits fünfzehn Minuten nach ihrem Coup auf der Autobahn Berlin–München von bayerischen Polizeibeamten festgenommen. Was die beiden nicht wussten: Seit Ostern dieses Jahres haben die bayerischen Beamten eine Funkverbindung zu den Kollegen von der DDR-Volkspolizei."

Die inzwischen aus dem Westen in die DDR versetzten Polizeiführer wie der Chef des Dresdner Landeskriminalamtes Peter Raisch wunderten sich später über die „erschreckende Gewaltbereitschaft" der Täter. Der Terroristenfahnder aus Stuttgart staunte, „wie schnell im Osten zugelangt und geschossen wird".

Manche Vorkommnisse erinnerten dabei an Krimi-Klischees, zum Beispiel eines am 18. September 1990. An einer Straßensperre auf der F 180 nördlich von Gera versuchte ein weißer Trabi mit Leipziger Nummernschild durchzubrechen. Die drei Bankräuber hatten gerade 30 000 DM in der Sparkassenfiliale in der Gemeinde Pölzig erbeutet. Die Polizei schoss. Heinz Reichpietsch von der Geraer Polizei: „Dabei wurden zwei der Räuber verletzt und daraufhin von ihrem Komplizen aus dem Auto geworfen." Den dritten Mann erwischte die VP am Nachmittag in Altenburg. Filialleiterin Rosemarie Penndorf, damals 49 Jahre alt, erinnerte sich am nächsten Tag: „Die Männer zertrümmerten die Schalterscheibe und trieben uns an, indem sie mit ihren Pistolen rumfuchtelten. Nach wenigen Minuten verschwanden sie mit der Beute."

Die in der DDR am weitesten verbreiteten Geldinstitute, die Sparkassen, waren nicht besonders gut gesichert. Wie in jedem anderen Laden trennten nur einfache Tresen die Angestellten von den Kunden. Unter dem Tresen wurde das Geld manchmal in Schubladen oder in ungesicherten Kassen verwahrt, oft gab es davor nicht einmal Glasscheiben, und an Panzerglas dachte erst recht kein Mensch. Mit Maschinenpistolen schwer bewaffnete Volkspolizisten tauchten erstmals bei dem Antransport des Westgelds vor der Währungsunion ab dem 1. Juli 1990 auf.

Schnell lernten die DDR-Bürger, wie man sich am besten verhielt, wenn in einer Bank plötzlich maskierte „Kunden" auftauchten. Die *Berliner Zeitung* berichtete am 3. Oktober 1990, dem Tag der Deutschen Einheit: „Ein bewaffneter Raubüberfall wurde am Montagmittag in der Zweigstelle Neudietendorf der Stadt- und Kreisparkasse Erfurt verübt. Nach ersten Ermittlungen erbeuteten die Täter 10 000 DM, wobei eine größere Summe nicht auszuschließen ist. Wie uns Polizeihauptkommissar Jakubowski vom VPKA Erfurt mitteilte, habe am Montagmittag eine maskierte Person den Schalterraum betreten und einen Schuss abgegeben. Daraufhin warfen sich die anwesenden Kunden zu Boden."

Manche Geldinstitute wurden gleich mehrfach überfallen. Beim „Spitzenreiter", der Sparkasse im brandenburgischen Glienicke, erlebte Filialleiterin Lieselotte Flauß, seit 1956 bei der Sparkasse und ab 1968 in Glienicke, gleich acht von elf Raubzügen mit. Ihr fiel auf, dass manche „Kunden" offenbar mehrfach kamen: „Beim achten Überfall, dem mit der Schrotflinte, sagte der Mann ganz enttäuscht: ‚Beim letzten Mal war aber mehr Geld da!'" Drei Jahre nach der Einheit hatte sie sogar ein wenig Verständnis für die Räuber: „Es ist die Not, die sie in die Banken treibt. Man merkt ja auch, wie nervös die sind, wenn sie hier vor uns stehen. Da weiß man doch, dass die das nicht jeden Tag machen. Die wollen uns doch gar nichts tun."

„Fast schon alltäglich scheinen derzeit im Land Brandenburg Raubüberfälle zu werden", hieß es schon im Herbst 1990 im Potsdamer Polizeibericht. Überall mache man die Erfahrung, dass besonders abgelegene Sparkassen, Banken und Postämter von den Dieben gerne angesteuert werden. Ein Grund dafür war, dass in jenen Monaten die ersten Firmengründer im Osten ihre Kredite beantragten. Geliefert wurde das Geld über die vorhandenen Bank- und Sparkassenfilialen, die bislang nur die Spargirokonten von Privatkunden verwaltet hatten. Hinzu kam, dass die Polizei, auf die jetzt ganz neue Aufgaben zukamen, bei ihrer Jagd auf Gangster zunächst „kaum Erfolg" hatte, wie Potsdams Polizeisprecher Geert Piorkowski meinte. Ein typisches Beispiel dafür gab es in Strausberg bei Berlin: Die Polizisten konnten zwar noch die Verfolgung eines Posträubers aufnehmen, mussten mit ihrem lahmen Lada aber passen, als das mit einer Westlimousine ausgerüstete Diebesduo auf der Autobahn Gas gab.

Polizeisprecher Piorkowski sah die Täter zudem in einem „besonderen psychologischen Vorteil". Die Räuber kalkulierten damit, dass „sie unsere Bankangestellten in eine für die alten DDR-Verhältnisse völlig unbekannte Situation bringen". Noch bevor mit Gittern, Sicherheitstüren und dicken Glasscheiben aufgerüstet wurde, gab es Schulungen für die ostdeutschen Bankangestellten. Sie sollten vor allem den „besonnenen Umgang" mit den Räubern lernen, denn Leben waren nun einmal wertvoller als Geld. Das schien manchen nicht bewusst zu sein, denn hin und wieder wurde stolz von „beherzten Kunden" oder Bankmitarbeitern berichtet, die sich auf ein Handgemenge mit den Räubern einließen. Vorerst musste man mit tröstenden Worten vorliebnehmen: „In kürzester Frist" solle der Sicherheitsstandard der Bundesrepublik erreicht werden, betonte Kurt Löffler, Sprecher des Sparkassenverbandes.

Dies war allerdings auch dringend nötig. Der Magdeburger Hauptkommissar Frank Riem beklagte das Fehlen simpelster

Sicherheitsvorkehrungen, zum Beispiel die schlechte Kommunikation zwischen Geldinstituten und Polizei. So fehle sogar häufig der „berühmte unauffällige Druckknopf" hinter dem Bankschalter, mit dem im Fall der Fälle unbemerkt die Polizei alarmiert werden konnte. In Jerichow konnten so unbekannte Räuber ein Pappschild mit dem Satz „Wegen Kassenüberprüfung bis 9 Uhr geschlossen" an die Tür kleben und dann ungestört die Tresore durchstöbern.

Immer wieder waren es Gangster aus dem Westen, die nun im Osten einfielen. Frank Riem: „Manche glauben, hier jetzt das schnelle Geld machen zu können." Die Täter traten nach Angaben verschiedener Polizeizentralen „grundsätzlich bewaffnet auf". Oft, so vermutete man in Potsdam, wurde allerdings nur mit Schreckschussrevolvern oder „pistolenähnlichen Gegenständen" gearbeitet. Oft scheiterten Überfälle daran, dass die benutzten Waffen allzu leicht als Imitate zu erkennen waren.

Trotzdem mussten die Zeitungen zwei Wochen nach dem Ende der DDR vermelden: „Über 700 000 Mark – die bisher größte Geldmenge bei einem Banküberfall im Osten Deutschlands – haben am Donnerstagabend zwei maskierte Männer bei einem Sparkassenüberfall in Leipzig erbeutet. Nach Angaben der Polizei hielten die mit Pistole und Winchester-Gewehr bewaffneten Täter kurz vor Kassenschluss die Kunden und Angestellten einer Sparkassen-Zweigstelle im Leipziger Norden rund vier Minuten lang in Schach und zwangen die Kassiererin, den Tresorinhalt herauszugeben. Anschließend flüchteten sie per Auto. Ihr als gestohlen gemeldetes Fluchtfahrzeug wurde wenig später gefunden. Nach den Tätern wurde eine bundesweite Fahndung eingeleitet."

Stellte die erbeutete Summe einen ersten Rekord dar, so wurde der schon bald gebrochen: Im Juni 1992 wurden bei einem

Überfall auf einen Geldtransporter in Bernau dreieinhalb Millionen D-Mark erbeutetet. Frank L., 40 Jahre alt, ehemals einer der Leibwächter Erich Honeckers und nun Wachmann bei der Transportfirma, wurde dabei erschossen. Ein Tatbeteiligter konnte 20 Jahre später durch eine DNA-Spur überführt werden. Am 15. März 2012 legte der bereits wegen eines anderen Überfalls einsitzende 61-Jährige ein Geständnis ab. Das Landgericht Frankfurt (Oder) erhöhte in einem neuen Prozess seine Haftstrafe von 13 auf 15 Jahre. Über die Beute machte er keine Angaben, sie ist bis heute verschwunden. So war die DDR bereits 1992 zumindest in Sachen Bankraub im Alltag der Bundesrepublik angekommen.

Die „Freunde“ auf Abwegen

Vergehen von Vertretern der sowjetischen Besatzungstruppen

Wenn gelernte DDR-Bürger ohne große Emotionen negativer oder positiver Art von „den Freunden“ sprachen, waren damit die knapp eine halbe Million sowjetischen Staatsbürger gemeint, die als Besatzer im Land lebten. Verließen sie legal oder illegal einen der rund 1500 Standorte der GSSD, wurde für einige von ihnen die DDR zum Tatort. Die Delikte reichten vom Marmeladenklau im Konsum bis zu Vergewaltigung und Mord.

Den Umgang mit solchen Taten sollte eigentlich ein am 12. März 1957 geschlossenes Abkommen regeln. Dieses bestimmte: „Bei strafbaren Handlungen, die von Personen, die den sowjetischen Streitkräften angehören, oder von deren Familienangehörigen auf dem Territorium der Deutschen Demokratischen Republik begangen werden, wird grundsätzlich das deutsche Recht von den Organen der Deutschen Demokratischen Republik angewandt.“

Der erste Fall, bei dem diese Regelung tatsächlich einmal eingehalten wurde, erregte am 16. Juni 1978 mitten in Ost-Berlin Aufsehen, an der Ecke Friedrichstraße/Unter den Linden. Gegen Mittag peitschten dort plötzlich Schüsse durch die Straßen. Passanten gingen in Deckung, einer Frau durchschlug eine Kugel die Handtasche. Die Schießerei galt dem Deserteur Abubakirow. Mit seiner Kalaschnikow wollte er sich nach

West-Berlin durchschlagen. Dazu hatte der Soldat zunächst bei Gransee eine Gruppe Waldarbeiter überfallen und deren Barkas erbeutet. Mit dem Kleintransporter fuhr er dann nach Berlin, die eigenen Leute und die VP dicht auf den Fersen. Erst als der Soldat seine Flucht mitten in der Stadt zu Fuß fortsetzte, versuchten die Verfolger, ihn zu überwältigen.

Der verzweifelte Deserteur rechnete mit dem Schlimmsten, setzte sich die Maschinenpistole an die Brust und schoss. Schwer verletzt brachte man ihn ins VP-Krankenhaus Berlin-Mitte. Vor seinem Krankenzimmer hielt ein DDR-Polizist Tag und Nacht Wache. Die DDR-Militärstaatsanwaltschaft hatte – erstmals nach 21 Jahren seit Unterzeichnung des Abkommens – ein Ermittlungsverfahren gegen einen sowjetischen Soldaten eingeleitet. Sie fürchtete nun, die GSSD würde ihn entführen und als Deserteur erschießen.

Das Eingreifen der DDR dürfte dem Soldaten das Leben gerettet haben. Wegen seiner Fahnenflucht wurde er nach seiner Genesung von einem sowjetischen Militärtribunal „nur" zu zehn Jahren Freiheitsentzug verurteilt.

Die Zahl der Deserteure aus der GSSD ist in den DDR-Akten nicht belegt. Experten schätzen sie auf 300 bis 500 Personen pro Jahr. Die überwiegende Mehrheit von ihnen wählte den Weg nach Osten – sie wollten einfach nur nach Hause. Die Männer flohen meist schwer bewaffnet und gingen gegen DDR-Bürger rücksichtslos vor, denn sie riskierten außerordentlich hohe Strafen. So wurde zum Beispiel der am 15. Juni 1984 desertierte Soldat Fandusa Gabdulfajawitsch Achkijamow, der bei Strausberg einen jungen Mopedfahrer hinterrücks erschossen hatte, um sich ein Fluchtfahrzeug zu beschaffen, zunächst vom sowjetischen Militärgericht zu 49 Jahren Freiheitsentzug verurteilt. Später sprach die höhere Instanz ein neues Urteil: Todesstrafe durch Erschießen. Sein Mittäter Michael Nurislamowitsch Scharfijew bekam zehn Jahre „Arbeitsbesserungskolonie unter erschwertem Regime ohne Verbannung“.

Tötungsverbrechen durch sowjetische Deserteure blieben keine Einzelfälle. Am 18. September 1986 erschlug der fahnenflüchtige Soldat Moros in Neustrelitz eine Frau, die ihn beim Stehlen von Kleidung erwischte, mit einem Hammer. Am 23. Oktober 1986 erschoss der Flüchtling Sarbassow in Naumburg zwei DDR-Bürger, um sich deren Auto anzueignen. Am 21. April 1987 tötete ein Posten seinen Kameraden, weil er fliehen wollte. Allerdings kamen auch sowjetische Soldaten auf der Flucht ums Leben: Am 30. Dezember 1987 erschoss ein Volkspolizist in Notwehr den mit einer Maschinenpistole bewaffneten Deserteur Wituschanin aus der Garnison Stendal.

Allein im Jahr 1987 wurde nach 452 Deserteuren gefahndet. Das nahm oft dramatische Formen an, beispielsweise Ende August 1987 am Schkeuditzer Autobahnkreuz. Die Akten der zuständigen Militärstaatsanwaltschaft hielten fest: „Ein Angehöriger der Fahndungskräfte der VP verwechselte ohne Verschulden einen zu den Fahndungskräften der GSSD gehörenden Leutnant mit dem Fahndungsobjekt, weil dieser entgegen bestehender Absprachen keine Kopfbedeckung trug, und schoss auf ihn. Der Angehörige der GSSD wurde verletzt. In der Folge eröffneten die teilweise mit Schützenpanzerwagen ausgerüsteten sowjetischen Fahndungskräfte das Feuer in Richtung der Einsatzgruppe der VP. Die Transitautobahn musste zeitweilig gesperrt werden.“

Ende der 1980er-Jahre nahm die Zahl der Übergriffe mit tödlichem Ausgang eine bedrohliche Dimension an. Ein vertraulicher Bericht der Militärstaatsanwaltschaft vom 2. Februar 1989 nannte allein für das Jahr 1988 folgende Fälle:

- In Ludwigslust schoss am 1. Januar 1988 der Fähnrich Gerassimow dem DDR-Bürger B. mit einer Pistole in den Bauch. B. hatte die Herausgabe von Geld verweigert. Gerassimow wurde von einem sowjetischen Militärtribunal für die Tat zu sieben Jahren Haft verurteilt.
- Die Soldaten Samson und Sharikow aus Krampnitz bei Potsdam wollten Geld erbeuten. Sie klingelten am 22. September 1988 an der Tür des Rentners Bruno T., damals 75 Jahre alt. Als der Mann öffnete, stachen sie ihn nieder. Dann erschlugen sie den Mann mit einer Eisenstange und drangen in sein Haus ein. Dort ermordeten Samson und Sharikow auch Bruno T.s Frau Margarete (73).
- Am 25. Oktober 1988 floh der Soldat Selenzow von seiner in Wurzen stationierten Einheit. Er wollte sich Zivilkleidung verschaffen und brauchte Lebensmittel. Deshalb brach er in das Haus des DDR-Bürgers H. ein. Dieser überraschte den Soldaten. Um einer Festnahme zu entgehen, erwürgte Selenzow den Hausbesitzer.
- Der fahnenflüchtige Soldat Koschunow trieb sich bereits mehrere Tage in der Gegend um Jüterbog herum. Am 2. November 1988 drang er in ein Wohnhaus in Malterhausen ein. Er suchte nach irgendetwas Essbarem. Dabei überraschte ihn die Wohnungseigentümerin Frau S. Mit dem Bajonett erstach er die 74-jährige Rentnerin.
- Einen homosexuellen Hintergrund hatte ein Mord am 2. Dezember 1988 in Plauen. Untersergeant Rushkalin erschlug den DDR-Bürger M. in seiner Wohnung und beraubte ihn. Mittäter Obersergeant Rusow versteckte das Diebesgut.

Diese durch DDR-Juristen vorgenommene Auflistung umfasste einen relativ engen Zeitraum. Über Verurteilungen durch die Sowjets wurden sie nicht immer informiert. „Die Freunde“

blieben bis zum Ende der DDR stets auch Besatzer und verhielten sich dementsprechend. In einer geheimen Analyse für das SED-Politbüro stellte das Ministerium für Verteidigung der DDR 1988 zu den ermittelten Straftätern fest, dass trotz vorhandener Verträge für die Wahrung der DDR-Rechte „eine globale Vereinbarung mit präzisierenden Festlegungen über erforderliche Definitionen, Kompetenzen, Rechte und Pflichten der beteiligten Organe, Art und Weise, Ebenen und Form der Zusammenarbeit sowie die Informationsbeziehungen" fehle. Daraus folgte, dass in „der Praxis [...] nicht konsequent nach den bestehenden vertraglichen Regelungen gehandelt" wurde, „sodass die ordnungsgemäße Untersuchung und Aufklärung von straftatverdächtigen Handlungen teilweise erschwert, in Einzelfällen unmöglich ist".

Ein besonderes Problem, mit dem viele DDR-Bürger schmerzliche Erfahrungen machen mussten, waren Verkehrsunfälle. Allein die Zahlen aus den Jahren 1980 und 1981 illustrieren deren Brisanz. In diesen beiden Jahren ereigneten sich 2987 Verkehrsunfälle mit sowjetischer Beteiligung. Bei 2551 Unfällen lag die Schuld bei den Angehörigen der GSSD, dabei wurden 94 DDR-Bürger und 53 sowjetische Bürger getötet. Hinzu kamen 207 Schwer- sowie 731 Mittel- und Leichtverletzte auf deutscher Seite. Der Sachschaden (ohne Folgeschäden wie Renten oder Ausgleichszahlungen) betrug insgesamt 7 504 450 Mark. An den Unfällen waren 55 Panzer, 89 Schützenpanzer, 1996 Lkw, 286 Pkw, 28 Kräder und 97 Busse beteiligt.

Die Militärstaatsanwaltschaft der DDR stellte in ihren internen Analysen fest, dass die sowjetischen Behörden oftmals trotz eindeutiger Beweislage die Schuld leugneten, sodass die Ermittlungen behindert wurden. In Einzelfällen stellte sie auch Versuche fest, Zeugen durch Bestechung oder Drohungen zu beeinflussen.

Nur wenn solche Vorkommnisse zu „erheblichen negativen Diskussionen unter der Bevölkerung führen", die von der Stasi akribisch erfasst wurden, reagierten die Sowjets mit harten Strafen. So wurde zum Beispiel ein Fähnrich, der am 17. September 1987 auf der F 96 Richtung Berlin betrunken und ohne Fahrerlaubnis mit seinem Lkw die vier Insassen eines Trabants tötete, zu einer Freiheitsstrafe von neun Jahren verurteilt.

Das prominenteste Opfer eines Verkehrsunfalls mit sowjetischer Beteiligung war Armeegeneral Heinz Keßler, damals 51 Jahre alt und Chef der politischen Hauptverwaltung der NVA. Am 4. Januar 1971 fuhr sein Dienstwagen etwa 40 Kilometer vor Königs Wusterhausen auf der Autobahn auf einen links abgestellten und unbeleuchteten Lkw auf. Nach neunmonatigem Krankenhausaufenthalt blieb Heinz Keßler zeitlebens gehbehindert.

Dass es aber auch weitaus gefährlichere Delikte gab, zeigte die Statistik. Für das Jahr 1987 verzeichnete diese beispielsweise 40 Raubüberfälle und 49 Vergewaltigungen. Besonders sexuell motivierte Straftaten waren es, die die Bevölkerung beunruhigten. Viele sowjetische Kommandanten versuchten, sie zu vertuschen. Erst aus dem Jahr 1985 ist ein Fall überliefert, bei dem sich ein Militär-Oberstaatsanwalt der DDR gegenüber einem sowjetischen Oberst durchzusetzen vermochte. Der hatte das Vergewaltigungsopfer, eine 15-jährige Schülerin aus Cottbus, kurzerhand in eine Kaserne bringen lassen, dort einem Verhör unterzogen und der Mutter anschließend eine „Abfindung" von 1000 Mark überreicht. Der Militär-Generalstaatsanwalt der DDR sorgte dafür, dass der Fall auf höchster Ebene publik und der Oberst von „seiner Dienststellung entbunden und in eine niedrigere Dienststellung in einem Militärbezirk im Inneren des Landes abversetzt" wurde. Des Weiteren belegt die Akte: „Der

Beschluss des Militärrates der GSSD wurde allen Kommandeuren der militärischen Einheiten zur Kenntnis gebracht. Außerdem wurden auch andere Maßnahmen eingeleitet, um ähnliche Erscheinungen zu verhindern."

Der Erfolg blieb begrenzt. Die Zahl der Vergewaltigungen ging nicht zurück, und die autokratische Herrschaft der Kommandeure hielt an. Nachdem in Rathenow 1986 innerhalb von zwei Monaten sechs Frauen durch sowjetische Soldaten vergewaltigt worden waren, versuchten die Militärstaatsanwälte der DDR, einen der geständigen Täter, den Obersergeant Jakuschew, zu vernehmen. Doch der befand sich inzwischen angeblich zu einer „nervenärztlichen Untersuchung" in Teupitz südlich von Berlin. Bei der für einen späteren Termin vereinbarten Gegenüberstellung im VPKA erschien nur der stellvertretende Kommandeur der Einheit mit fünf weiteren Armeeangehörigen und teilte lapidar mit, Jakuschew sei wegen Trunksucht aus dem Wehrdienst entlassen worden und vier Tage zuvor in die Sowjetunion zurückgekehrt.

Die Haltung der ostdeutschen Behörden veränderte sich, als ab 1985 in Moskau „Glasnost" und „Perestroika" propagiert wurden - zum Unwillen der DDR. Am deutlichsten zeigte sich das bei einem Eisenbahnunglück am 19. Januar 1988. Der mit etwa 400 Reisenden besetzte D 716 Leipzig–Berlin–Stralsund fuhr mit 110 Kilometern pro Stunde bei Forst Zinna auf einen sowjetischen Panzer auf, der mitten auf den Gleisen stand. Der 18-jährige Panzerfahrschüler Ochapow aus Kasachstan hatte die russischen Befehle seines 20-jährigen Ausbilders nicht verstanden. Ergebnis der Sprachprobleme: 6 Tote, 8 Schwer- und 25 Leichtverletzte sowie ein Sachschaden von mindestens 14,7 Millionen Mark.

Anders als in vergleichbaren früheren Fällen berichteten

das SED-Zentralorgan *Neues Deutschland* und die lokale Parteipresse über das schwere Unglück. Man wollte demonstrieren, dass Michail Gorbatschows Politik nur ins Chaos führen konnte. Das sowjetische Hauptquartier in Wünsdorf reagierte mit einem Befehl zur „Besserung der Ausbildungsorganisation und Steuerung der Fahrzeuge und Kampftechnik".

Vor den alltäglichen Gefahren durch die sowjetischen Besatzer waren nicht einmal jene gefeit, die über Jahrzehnte mit ihnen in guter Nachbarschaft lebten. Das musste Schlossermeister Horst Baer, damals 41 Jahre alt, aus Fürstenberg am 11. Juni 1987 erfahren. Kurz nach 18 Uhr hörte er zwei Feuerstöße aus einer Kalaschnikow. Wenig später wurde er informiert, dass seine Söhne Uwe (19) und Christian (16) ihnen zum Opfer gefallen waren. Wie schon oft zuvor hatten die beiden jungen Männer Schrott an der nahen sowjetischen Kaserne gesammelt. Sie kannten sogar den Posten, den 19-jährigen Soldaten Anatoli Knish aus Moldawien.

Der Schütze wanderte für 20 Tage in Arrest, dann verschwand er in den Weiten der Sowjetunion. Derweil kochten in dem 5000-Seelen-Städtchen Fürstenberg die Emotionen hoch. Eine ganze Brigade trat geschlossen aus der Gesellschaft für deutsch-sowjetische Freundschaft aus, in der Disco gab es eine Schweigeminute, und eine HO-Verkäuferin weigerte sich, einen sowjetischen Fähnrich in ihrem Laden zu bedienen. Für das MfS war dies alles Anlass dafür, den OV „Vergeltung" zu starten, um jegliche „offenen antisowjetischen Äußerungen" – in Fürstenberg sprachen manche sogar von Racheplänen – von „operativ bekannten Einzelpersonen" zu erfassen und zu bekämpfen.

Wie in anderen Fällen wurde der Friedhof am Tag der Beerdigung weiträumig abgeriegelt. Der Maßnahmenplan „Kapelle" regelte die „Absicherung" der Beisetzung, und „3 Quellen" setzte man „zur Beeinflussung des Baer“ ein, um den verzweifelten Vater „unter Kontrolle“ zu halten. Über eine besondere Versicherungsnummer wurden alle Kosten abgerechnet. Überdies bot man Horst Baer an, in den Westen überzusiedeln, was der jedoch ablehnte. Das Wort „erschossen“ durfte der Vater auf den Grabstein seiner Söhne nicht eingravieren lassen.

Erst am 15. Januar 1990, kurz vor dem Ende der DDR, schrieb ihm derselbe Kreisbaurat, der ihm das zuvor verboten hatte, lapidar: „Sie können Ihre gewünschte Grabinschrift vornehmen lassen.“

Der lange Atem der Ermittler

Polizei versus Stasi

Eigentlich sollte es ein ruhiger Feierabend nach einem anstrengenden Tag auf dem Traktor werden. Doch gegen 19.15 Uhr fand am 21. Februar 1977 ein müder Mann auf dem Heimweg eine blutüberströmte junge Frau am Straßenrand, in der Nähe von Mittweida. Sie war ohnmächtig und von mehreren Messerstichen so schwer verletzt, dass sie auf dem Weg ins Krankenhaus verstarb.

Die Polizei identifizierte das Opfer als Petra Lange, damals gerade 19 Jahre alt. Die Kriminalisten konnten auch ihren letzten Weg feststellen: Wie immer war die junge Frau mit dem Zug von der Arbeit gekommen. Auf dem Weg nach Hause musste Petra Lange ihrem Mörder begegnet sein.

Ihr Bruder Rainer, damals als Unteroffizier bei der NVA, entsinnt sich, wie schnell an jenem Montag alles verlief: „Sofort in die Kaserne, Urlaubsschein, nach Hause fahren. ‚Es geht um einen Todesfall', das hatten sie mir gesagt." Wen es betreffen könnte, ahnte Rainer Lange noch nicht: „Das Letzte, was mir eingefallen wäre, war der gewaltsame Tod meiner Schwester."

Am Fundort der schwer verletzten Frau, der sich auch als Tatort erwies, sicherte die Kripo Spuren. Die wichtigste war der Abdruck eines Handballens im feuchten Ackerboden. Remo Knoll, Kriminalist und Autor mehrerer Bücher zum Mordgeschehen in der DDR: „Es sind damals 7000 Leute daktylokospiert worden, das heißt, ihre Fingerabdrücke wurden untersucht. Und das waren vor allem Leute, die in irgendeiner Beziehung zu Petra Lange standen." Ein Tatverdacht gegen irgendjemanden ergab sich dadurch aber nicht.

Doch zogen nach derartigen Taten stets Gerüchte ihre Bahnen, und das war auch 1977 in Mittweida so. Man munkelte, mehrere Männer seien über die Frau hergefallen und sie sei erschossen worden. Letzteres war nicht der Fall, aber das Gerücht implizierte unausgesprochen den Verdacht, die sowjetischen Besatzer könnten hinter der Tat stecken. Ihnen traute man vieles zu, und die Erfahrung hatte immer wieder gezeigt, dass Verbrechen von Mitgliedern der GSSD gern vertuscht wurden.

Die Kriminalisten gerieten immer mehr in Zugzwang, denn es war davon auszugehen, dass ein unerkannter Mörder frei herumlief. Deshalb entschlossen sie sich nach Auffinden einer weiteren Spur zu einem Fahndungsersuchen an die Bevölkerung, ohne die Tat direkt zu benennen. Frank Schleußing, damals Einwohner der Stadt: „Ich kann mich noch ganz genau daran erinnern, dass in einem Schaufenster auf dem Marktplatz in Mittweida ein Pullover ausgestellt war. Anscheinend hat man am Tatort Abdrücke eines Strickpullovers gefunden und hat dann diesen Pullover mit dem entsprechenden Muster nachgestrickt und die Bevölkerung dann gebeten, wer kennt jemanden, der so einen Pullover besitzt."

Auch diese Aktion lief ins Leere. Bald mussten die Akten vorläufig geschlossen werden.

Elf Jahre später nahm das MfS die Ermittlungen erneut auf. Den genauen Grund dafür verraten die Akten nicht. Es gibt aber den Hinweis, dass es im Rahmen eines OV geschah. Vielleicht spielte dabei die dem Tatort nahe gelegene SED-Bezirksparteischule eine Rolle, die von den Gerüchten um den ungeklärten Mord nicht ausgespart geblieben war. Was auch immer der Grund gewesen sein mag – die MfS-Ermittler fingen noch einmal ganz von vorn an. Remo Knoll: „Und der Ansatz war, den das MfS verfolgt hat, wir lassen jetzt mal alle Spuren außen vor, wir konzentrieren uns auf die Menschen, die in dem Zug saßen."

So geriet Holger F. ins Visier der Ermittlungen. Er kannte Petra Lange, wohnte in der Nähe des Opfers und fuhr am Tatabend mit der Bahn. Die Kriminalpolizei hatte ihn 1977 zwar vernommen, aber nicht verdächtigt. Nun, elf Jahre später, verstrickte er sich in Widersprüche.

Und es stellte sich ein fataler Fehler der Polizei heraus. Den Handballenabdruck hatte man „aus Effektivitätsgründen" nur mit *einer* Hand der im Zusammenhang mit dem Mord vernommenen Personen verglichen – und zufälligerweise war es bei Holger F., der inzwischen 28 Jahre alt und Vater zweier Kinder war, die falsche Hand. Er gestand schließlich, dass er Petra Lange ausrauben wollte und aus Angst, sie würde ihn identifizieren können, getötet habe. Wegen Raubmords wurde er 1989 zu dreizehneinhalb Jahren Haft verurteilt.

Die Stasi, die sich ohnehin in ständiger Konkurrenz zu den Kriminalisten der VP befand und sich ihnen überlegen fühlte, nutzte den Fall, um ihr Verdienst gebührend herauszustreichen. Erich Mielke gratulierte und befahl: „Den Genossen, die den Mordvorgang aufgeklärt haben, ist Anerkennung und Dank auszusprechen. [...] So gut die Tatsache der Aufklärung auch ist, macht es sich notwendig, bestimmte Lehren aus der Bearbeitung zu ziehen, wenn auch die Schwächen in erster Linie bei der Kriminalpolizei liegen."

Bisweilen ist bei Falschurteilen im Nachhinein schwer zu

sagen, ob sie ermittlungstechnischen „Schwächen" zuzuschreiben sind oder auf irgendeinem Kalkül beruhen. Das zeigte beispielsweise ein Urteil wegen Totschlags zu drei Jahren Haft, das das Landgericht Halle im Juni 2012 gegen die inzwischen 56-jährige Marion W. aus Weißenfels sprach. Die ehemalige Chefsekretärin hatte im Dezember 1988 ihren damaligen Lebensgefährten durch Stiche ins Herz getötet. Dem war ein Leben voller Demütigungen und Gewalttätigkeiten vorausgegangen.

Die DDR-Gerichtsmediziner hatten im Obduktionsbericht eindeutig konstatiert, dass die Verletzungen des Opfers für ein Fremdeinwirken sprachen. Trotzdem stuften die Ermittler den Fall als Suizid ein und schlossen die Akten. Erst nach einer Anzeige des Sohns von Marion W. im Jahr 2009 wurden die Ermittlungen wiederaufgenommen. Nun stand der Vorwurf eines heimtückischen Mords zur Verhandlung, und der verjährte nicht.

Die Angeklagte gestand die tödlichen Messerstiche ins Herz, beteuerte aber: „Ich wollte keinen Moment, dass er stirbt. Ich hatte Angst, ich war verzweifelt." Dem schenkte das Gericht Glauben. Überdies fertigte das Landeskriminalamt eine Computersimulation des Tathergangs an. Sie zeigte, dass das Messer schräg von oben nach unten in die Brust gerammt worden war. Das Landgericht ging deshalb davon aus, dass sich das Opfer gewehrt habe und folglich kein heimtückischer Mord vorlag. Damit war die These des Staatsanwalts, nach der Marion W. ihren Lebensgefährten im Schlaf erstochen habe, widerlegt.

Nicht klären konnte Richter Jan Stengel, weshalb die DDR-Behörden 1988 von einem Freitod ausgegangen waren und ob damit die wahren Hintergründe der Tat vertuscht werden sollten. Er stellte dazu fest: „Bei Nachforschungen in Archiven der Stasi-Unterlagenbehörde hat es keine Hinweise darauf gegeben, dass die Stasi die Angeklagte schützen wollte." Ob die Akten aus irgendeinem Grund verschwanden oder nur ein „Zusammenspiel von Faulheit und Arroganz" zur falschen Annahme eines Suizids führte, wisse man nicht.

In einem anderen Fall konnten nachträgliche Ermittlungsergebnisse einen Mordverdacht widerlegen. Am 20. Juli 2017 teilten die Staatsanwaltschaft Frankfurt (Oder) und das Polizeipräsidium Land Brandenburg mit: „Am 26.07.1984 wurde im damaligen Wohnheim des KIM [Kombinat Industrielle Mast] in Bernau die 54-jährige Helga N. in ihrer Einraumwohnung tot aufgefunden. Aufgrund der Auffindesituation und der Art der Verletzungen – mehrfache Stichverletzungen sowie Folgen stumpfer Gewalteinwirkung auf den Oberkörper – ging man von einem Tötungsverbrechen aus. [...] Das Opfer war in Bernau allgemein bekannt, da sie bei der Post als Kassiererin Kontakte zu vielen Bürgern der Stadt hatte. Die seinerzeit geführten umfangreichen Untersuchungen zum Fall mussten nach fast eineinhalb Jahren Ende 1985 ergebnislos eingestellt werden. Nach wie vor sprachen jedoch alle Umstände für ein Tötungsverbrechen. Allerdings erbrachten die Vernehmungen und Überprüfungen von mehreren hundert Personen keinerlei Anhaltspunkt für ein Motiv oder einen konkret ausgerichteten Tatverdacht."

Mitte der 1990er-Jahre, dann ab 2004 und noch einmal ab 2011 wurde der Fall erneut bearbeitet. So entstand ein neues Gutachten. „Darin kommt man nunmehr zu dem Ergebnis, dass sowohl das Verletzungsbild als auch die Auffindesituation deutlich für eine sogenannte atypische Selbsttötung sprechen. In Gesamtbewertung aller Erkenntnisse kann somit nach 33 Jahren ermittlungsseitig und wissenschaftlich fundiert der Beleg erbracht werden, dass hier kein Tötungsverbrechen vorliegt." Der Fall zeigte, wie aufwendig es ist, derartige Todesfälle nach so langer Zeit überhaupt noch zu rekonstruieren.

Kaum bekannt ist, dass unmittelbar nach dem Ende der DDR manchen Fällen aus deren Anfangszeit noch einmal nachgegangen wurde. Einer davon betraf den Fund von zwei Leichen, die im Juni 1951 aus dem Süßen See bei Eisleben gezogen worden waren. Friedrich Keitel aus Seeburg, damals 15 Jahre alt, erinnerte sich noch fast 60 Jahre später daran: „Sie lagen dann abgedeckt am Ufer. Keiner traute sich, etwas zu sagen. Nicht einmal der Bürgermeister wusste was, auch in der Zeitung stand nichts über die beiden unbekannten Toten."

Im Dezember 1993 gingen Kriminalhauptkommissarin B. und ihr Kollege M. der Sache noch einmal nach. Einer ihrer Ansatzpunkte war das merkwürdige Schicksal des damaligen Chefs der Hallenser Mordkommission Gerhard Bohne. Nach dem Doppelmord war er mit der Aufklärung des Verbrechens gut vorangekommen, bis eines Tages die MfS-Bezirksverwaltung befohlen hatte: Alle Dokumente und Beweismittel sind sofort vollständig abzugeben, weitere Nachforschungen in dieser Sache sind streng verboten.

Das ließ sich Gerhard Bohne nicht bieten und ermittelte weiter. Dann, am 8. September 1953, wurde er plötzlich verhaftet. Am 24. April 1954 verurteilte ihn das Bezirksgericht Halle wegen Spionage zu lebenslangem Zuchthaus.

Die beiden Kriminalisten sichteten 1993 die MfS-Ermittlungsakten zum Fall Bohne. Darin waren auch die Gegenstände aufgelistet, die 1953 bei ihm beschlagnahmt worden waren. Darunter befand sich ein Hefter mit der Aufschrift „Mordakten Weimann 1951", in dem der Name des Stasi-Mitarbeiters Walter B. auftauchte.

Am 7. Dezember 1993 wurde der einstige Stasi-Mann zu

einer Befragung ins Polizeipräsidium Chemnitz, früher Karl-Marx-Stadt, bestellt. Er konnte sich an nichts mehr erinnern. Kommissar M. notierte: „Herr B. wies noch darauf hin, dass er diese Zeit auch bewusst verdrängt habe, weil ‚man ihm eine Straftat untergeschoben habe', die zu seiner Entlassung aus dem MfS führte. In den Jahren danach sei er stets beobachtet worden."

Eine zweite Befragung wurde am 8. Dezember 1993 am Krankenbett des früheren Stasi-Chefs der Landesverwaltung Sachsen-Anhalt, Martin Weikert, durchgeführt. Er war am 31. Oktober 1982 als Generalleutnant in Rente gegangen und erinnerte sich vage an die Leichen aus dem Süßen See. Die damals erfolgte Verhinderung der Aufklärung durch die Stasi hielt er durchaus für möglich, so etwas sei öfter vorgekommen. Kommissar M. hielt fest: „Wahrscheinlich sei, dass die beiden Männer vom sowjetischen Geheimdienst NKWD ermordet worden sind und nach Fund der Leichen und Beginn der Ermittlungen der Mordkommission das MfS den Befehl von den Sowjets bekommen habe, Akten und Beweismaterial bei der Polizei zu beschaffen und zu übergeben." Damit war die späte Nachuntersuchung der Kriminalisten abgeschlossen.

Doch weshalb landete Mordermittler Gerhard Bohne 1954 im Gefängnis? Das wusste einer seiner Mithäftlinge. Der inzwischen 84-jährige Bankdirektor a. D. aus Hof in Bayern, Siegfried Schlegel, berichtete auf Nachfrage am 23. Dezember 2008: „Ich habe Gerhard in Waldheim kennengelernt. Er erzählte mir, dass er wegen Spionage verurteilt worden sei, weil er einen Mordfall nicht weiter aufklären durfte. Nach dem Verbot wandte er sich auf der Suche nach Hilfe in West-Berlin an den ‚Untersuchungsausschuss freiheitlicher Juristen'." Der UfJ galt zu jener Zeit als eine der „aktivsten Feindorganisationen" des Westens, die gegen die DDR arbeiteten. Gerhard Bohne wurde Ende der 60er-Jahre in die Bundesrepublik entlassen. Der Fall der beiden Leichen vom Süßen See blieb allerdings ungeklärt.

Leichter war es für die Ermittler, wenn sich auch lange nach einem Geschehnis noch Zeugen finden ließen. Das traf auf eine Tat zu, die das Landgericht Neuruppin ab April 2016 verhandelte und an deren Ende trotz vieler Zweifel ein Freispruch stand. Staatsanwältin Anette Bargenda kommentierte das Urteil: „Das war der fast perfekte Mord." Sie hatte für eine Freiheitsstrafe von zehn Jahren plädiert.

Es ging um den Tod des Sohns der Angeklagten Erna F., die inzwischen 74 Jahre alt war. Alles war 42 Jahre zuvor in Schwedt an der Oder geschehen. Am 5. November 1974 um sechs Uhr morgens wurde Notarzt Dr. Peter Friedrichs in eine Dreiraumwohnung in der Ernst-Thälmann-Straße gerufen. Dort lebte Erna F. nach zwei Scheidungen als alleinerziehende Mutter mit ihren drei Kindern. Der Arzt stellte den Tod des 8-jährigen Sohnes Mario fest. Dabei fielen ihm die rosafarbenen Totenflecke des Kindes auf – Anzeichen für eine Vergiftung mit Stadtgas. Dr. Friedrichs regte eine Obduktion an, die zwei Tage später seinen Verdacht bestätigte: Im Blut des Jungen befanden sich 73 Prozent Kohlenmonoxid, eine tödliche Konzentration.

Erna F., damals 32 Jahre alt und Sekretärin im Petrolchemischen Kombinat Schwedt, geriet unter Verdacht, weil sich die hohe Gaskonzentration nur erklären ließ, wenn das Kohlenmonoxid direkt an der Quelle, dem Gasherd in der Wohnung, eingeatmet worden war. Aus eigener Kraft hätte Mario danach sein Kinderbettchen nicht mehr erreichen können. Als er starb, waren auch die beiden Töchter Carmen und Martina in der Wohnung, die aber keinerlei Vergiftungserscheinungen aufwiesen. Der Notarzt stellte bei seinem Besuch keinen Gasgeruch in der Wohnung fest, und die Mutter hatte alles als Unfall erklärt. Ihr Sohn habe Rosinenkuchen genascht, am Gasherd gespielt und sich selbst vergiftet. Er sei ohnehin ein „schwieriges Kind" gewesen, schwer erziehbar, und Erna F. hätte ihn gern in einem Kinderheim untergebracht. Das hatte man abgelehnt, weil die DDR-Jugendhilfe ihn nicht für verhaltensauffällig hielt.

Trotz des eindeutigen Obduktionsergebnisses sah der damals zuständige Staatsanwalt Bruno Gromm kein überzeugendes Mordszenario. Im Jahr 1987 reiste Erna F. dann in den Westen aus und siedelte sich in Göttingen an.

Viele Jahre später, im August 2009, ging bei der Staatsanwaltschaft Hannover ein anonymer Brief ein. „Anzeige" war der Text auf dem halben DIN-A4-Blatt überschrieben. „Frau Erna F. hat ihren eigenen Sohn Mario mit Gas ermordet. Warum wurde die Frau für die grausame Tat nie zur Verantwortung gezogen?" Der Junge sei „der geldgierigen Mutter, die auch noch anschaffen ging, im Wege" gewesen. Als Tatort wurde Schwedt genannt.

Das führte 42 Jahre nach Marios Tod zu besagter Anklage wegen Mords gegen Erna F. vor dem Landgericht Neuruppin. Im Prozess belastete die Tochter Carmen W., inzwischen 54 Jahre alt, ihre Mutter schwer: „Niemand hat damals an einen Unfall geglaubt. Ich auch nicht. Dafür waren die Umstände zu merkwürdig." Urheberin der Anzeige gewesen zu sein, stritt sie jedoch ab. Als mögliches Mordmotiv gab Carmen W., die ihre Mutter vor Gericht nur „Frau F." nannte, an: „Eine Mutter stellt man sich anders vor, liebevoll, aber sie wollte ihre eigenen Lebensvorstellungen umsetzen, dabei störten wir Kinder." Und sie erklärte, Mario habe in jener Novembernacht allein im Kinderzimmer geschlafen, während die Mädchen im sonst verbotenen Schlafzimmer nächtigen durften. Schließlich habe ihr die

Mutter eingeschärft, welche Schalterstellung des Gasherds sie angeben soll, falls die Polizei danach frage.

Auch der damalige Notarzt verwies erneut auf die merkwürdigen Umstände des Todes. In einem neuen Gutachten bestätigte Rechtsmediziner Dr. Wolfgang Mattig, dass sich der Junge die tödliche Menge Kohlenmonoxid nicht selbst beibringen konnte. Nach seiner Berechnung mussten alle drei Brenner des Herds geöffnet gewesen sein. Das Gas hätte bei offenen Türen zwei Stunden ausströmen müssen, um das Kinderzimmer überhaupt zu erreichen und den festgestellten tödlichen Wert von 73 Prozent Kohlenmonoxid im Blut herbeizuführen. „Mario konnte nicht noch einmal aufgestanden sein und die Gashähne wieder zudrehen", erklärte der langjährige Chef des Rechtsmedizinischen Instituts in Potsdam. Die Hähne waren, als Mario gefunden wurde, jedoch geschlossen.

Während des gesamten Prozesses bestritt Erna F. den Mordvorwurf. Damit basierte der ausschließlich auf den Indizien. Trotz der eindeutig scheinenden Aussagen der Sachverständigen konnte das Gericht mögliche andere Abläufe nicht völlig ausschließen.

Der Umstand, dass Gerichtsakten nicht mehr auffindbar waren, die Lebensumstände von Erna F. in der DDR und schließlich ihre Ausreise in den Westen beförderten auch in diesem Fall die Vermutung, irgendwie stecke wieder einmal die Stasi hinter der ganzen Sache. Beweisen ließ sich das aber nicht einmal in Ansätzen. Vier vorliegende Seiten aus dem MfS belegten lediglich, dass Erna F. wegen versuchten Betrugs und Urkundenfälschung vorbestraft war. Sie hatte einer Kollegin 1980 Schecks gestohlen, diese gefälscht, sich Geschirr und Bettwäsche von dem Geld gekauft und war dafür zu einem Jahr und sechs Monaten Haft auf Bewährung verurteilt worden. Außerdem verlor sie ihre Arbeit als Sekretärin und arbeitete danach als Garderobiere in der Gastronomie. Dabei soll sie auch in Hotels der Prostitution nachgegangen sein.

Mordverdacht, Stasi und Prostitution – die Stichworte genügten, um dem Fall ein überregionales Medieninteresse zu sichern. Bisher ungekannte Abgründe des Sozialismus wurden vermutet, und die Illustrierte *Stern* fragte: „Ein Sittengemälde der DDR?“ Solch ein Umgang mit dem tragischen Tod eines Kindes schuf so ein eigenes „Sittengemälde“ der deutschen Verhältnisse nach über 25 Jahren Einheit.

Da kein eindeutiger Tatablauf festgestellt werden konnte, griff für das Gericht der Grundsatz „Im Zweifel für den Angeklagten“ – Erna F. musste freigesprochen werden. Der lange Atem der Ermittler führte in diesem Fall zu keiner endgültigen Klärung. Richter Udo Lechtermann resümierte zum Ergebnis der Verhandlung: „Was im Ergebnis bleibt, ist die Ungewissheit. Und damit ist die Sache zu Ende. Mehr können wir nicht tun.“

Die mumifizierte Leiche eines Arztes

Ungeklärte Todesfälle

Das scheinbar spurlose Verschwinden von Menschen regte zu allen Zeiten und überall die Fantasie an. Trat nach dem Geschehen eine Zeitenwende ein, wie etwa das Ende der DDR, blühte sie besonders üppig.

So war es auch im Fall des Arztes Siegfried B. aus Rehbrücke bei Potsdam, dort als „Brandy" bekannt. Er verschwand am 30. März 1985. Gerüchte schwirrten durch den Ort. „Brandy" sei in den Westen abgehauen, hieß es. Das hätte er seiner Familie niemals angetan, meinten andere.

Mit einer Schnapsflasche und einer Decke unter dem Arm soll Siegfried B. seinerzeit verschwunden sein. „Ich geh noch mal raus", habe er zu seiner Frau gesagt, was für einen passionierten Jäger nicht ungewöhnlich war. Auch nicht, dass er die Nacht über wegblieb. Vier Tage später meldete ihn die Familie als vermisst. Nicht nur die Polizei, sondern auch die Stasi suchte auf dem Grundstück mit Leichenspürhunden nach ihm – vergeblich.

Nun gingen die Vermutungen der Nachbarn in eine bestimmte Richtung. Musste „Brandy" nicht als Hauptmann der Reserve der NVA auch Gutachten über ungeklärte Todesfälle bei der Armee ausstellen? Und hatte er nicht zu Werner K., einem Produktionsleiter bei der DEFA, der ihn immer mal wieder als Filmarzt am Set unterbrachte, gesagt: „Ich muss hier raus"?

Also munkelte man: Siegfried B. wusste zu viel, die Stasi habe ihn deshalb liquidiert.

22 Jahre später, im Mai 2007, fanden Handwerker bei Renovierungsarbeiten auf seinem Grundstück zufällig die mumifizierte Leiche von Siegfried B. Sie lag hinter einem Stapel Eternitplatten, daneben eine leere Schnapsflasche und ein Abschiedsbrief.

Nun wurde erneut ermittelt und eine toxikologische Untersuchung veranlasst. Kurz vor Weihnachten 2007 teilte Staatsanwalt Christoph Lange mit, die Untersuchung habe bei dem Toten eine „hoch dosierte Einnahme von Schlaf- und Beruhigungsmitteln sowie Angst lösender Psychopharmaka" ergeben. Er resümierte: „Es gibt keine Hinweise auf fremde Gewalteinwirkung."

Es ist offenbar die Unfassbarkeit des Todes, die die Menschen immer wieder zu Spekulationen antreibt. Über solche Fälle berichten heutzutage Presse, Funk und Fernsehen. Doch letztendlich geraten sie trotz allen kurzzeitigen Aufsehens in Vergessenheit. Obwohl die Aufklärungsquoten bei Mord und anderen Tötungsverbrechen heute wie damals sehr hoch sind, gibt es immer noch Fälle aus der DDR, die ungelöst geblieben sind.

Der zwölfjährige Jörn Bourrys verschwand am Nachmittag des 4. Juni 1975 in Schönow bei Bernau. Er lebte bei seiner Oma und sollte seiner Mutter, die nur zehn Minuten entfernt wohnte, Geld bringen. Sie war jedoch nicht zu Hause. Das kam hin und wieder mal vor, weshalb Jörn das Geld in einem Versteck hinterlegte. Doch das Geld verschwand – ebenso wie der Junge. Eine Postfrau sah ihn noch über den Gartenzaun des mütterlichen Wohnhauses klettern, danach verlor sich seine Spur – bis heute. Nur seine Jacke wurde entdeckt, rund 30 Kilometer entfernt, bei Oranienburg.

In Mecklenburg-Vorpommern verschwand am 21. Januar 1989 die 13-jährige Schülerin Kathrin Jarosch. Sie wollte mit dem Fahrrad vom Hof der Oma in Sandkrug bei Lübz nach Karbow zur Schule fahren. Dort kam sie nie an. Die Polizei fand das Fahrrad, die Schultasche und den Sportbeutel, nicht aber die Leiche des Mädchens.

Am 19. August 1990 wurde der 6-jährige Michel Obenauff aus Eickendorf im Salzlandkreis von seiner Mutter als vermisst gemeldet. Drei Jahre später, am 3. August 1993, fand man seine skelettierte Leiche in einem ungenutzten Kartoffelkeller des Dorfs. Einzig die Schuhe fehlten. Die genaue Todesursache konnte nicht mehr festgestellt werden.

Oder der Fall Beatrice R.: Am 7. Oktober 1990, vier Tage nach dem Ende der DDR, fand ein Mann auf einer verwilderten Wiese unweit des Leuna-Geländes die Leiche der 19 Jahre alten Frau aus Halle. Sie wurde vergewaltigt und erwürgt. Das Opfer war am 1. Oktober nach dem Besuch der Disco im Jugendclub Leuna nicht nach Hause gekommen. Die Suche nach dem Täter blieb erfolglos.

Für die Polizei sind solche „kalten Fälle" immer wieder Anlass dazu, längst geschlossene Akten erneut zu öffnen. Dabei geht es manchmal auch um unbedeutend erscheinende Hinweise, die vielleicht nicht angemessen gewürdigt wurden, doch von Bedeutung sein könnten. Genau aus diesem Grunde fahndete der Fernsehsender RBB im Oktober 2018 nach einem kleinen Schmuckstück, das 34 Jahren zuvor verschwunden war.

Karin Drescher aus Rochlitz lebte zu jener Zeit bei ihren Eltern. Die damals 17-Jährige hatte nach der Schule gerade eine Ausbildung als Schreibkraft begonnen. Ihr Freund diente bei der NVA auf Rügen. Am 13. Juli 1984 durfte er zum Wochenendurlaub ausrücken. Karin Drescher wollte ihn bereits am

Hauptbahnhof in Leipzig abholen, um keine Minute der kostbaren Zeit mit ihm zu versäumen.

Am Abend verließ sie die Wohnung. Mutter Ursula fragte noch, ob sie ihre Tochter begleiten solle, doch das lehnte das Mädchen fröhlich ab. „Wir haben sie nicht wiedergesehen", sagt die Frau 34 Jahre später, und noch immer klingt die Hoffnung mit, dass der Mörder ihrer Tochter vielleicht doch noch eines Tages gefasst wird.

Damals bauten Karin Dreschers Mutter und ihr Bruder Bernd zuversichtlich auf die Polizei. Als der Freund der Tochter am 14. Juli 1984 in der Wohnung erschien und nach Karins Verbleib fragte, gaben sie eine Vermisstenanzeige auf. Drei Tage später ereilte sie dann die traurige Gewissheit, dass Karin nicht mehr am Leben war. Der frühere Volkspolizist Uwe Voigt: „Die Auffindesituation war so, dass wir von einer Sexualstraftat ausgegangen sind. Die Leiche war teilweise entkleidet. Sie fand sich an einem Feldweg an der alten F 95 zwischen Rochlitz und Leipzig." Die lila Bluse von Karin Drescher und ihre Jeans wurden auf dem Feld entdeckt. Einzig das Medaillon, das sie getragen hatte, blieb bis heute verschwunden. Ein starker Regen hatte alle weiteren Spuren verwaschen. Es konnte nie ermittelt werden, ob sie an jenem Abend den Bahnhof in Rochlitz erreicht hatte oder vielleicht als Anhalterin in das Auto ihres Mörders gestiegen war.

Bernd Drescher hat bis heute die Hoffnung noch nicht aufgegeben: „Die einzige denkbare Möglichkeit wäre, nach mehr als drei Jahrzehnten doch noch das verschwundene Medaillon zu finden."

In den Wirren der politischen Geschehnisse im Jahr 1989 konnten manche Taten aber nicht bis zum Ende verfolgt werden. Einen solchen Fall kennt Ralph Stephani, 1989 als Mordermittler im thüringischen Sömmerda tätig. Am Abend des 2. Juli jenes Jahres besuchte die 22-jährige Krankenschwester Carmen Klehm die Disco im Volkshaus Sömmerda. Als ihre Eltern Gerhard und Ursula am Abend dieses Sonntags aus dem Urlaub zurückkehrten, war die junge Frau nicht zu Hause. Sie informierten die Polizei. In der Bezirkszeitung *Das Volk* erschien ein Zeugenaufruf.

Diese Notiz las ein Mann, der sich daran erinnerte, dass ihm sein Mitarbeiter Holger F. erzählt hatte, er habe in der Nacht jenes Sonntags an der Turnhalle im Neubaugebiet Neue Zeit ein Pärchen beim Liebesspiel beobachtet. Dies meldete er der Polizei. Auch Carmens Schwester Silvia Wittwer, mittlerweile 50 Jahre alt, erinnert sich bis heute an den damals 28-jährigen Einzelgänger, der gegenüber der Familie Klehm wohnte: „Der Mann hat unsere Schwester ständig mit dem Fernglas beobachtet, sodass sie sich schon gar nicht mehr im Bikini auf den Balkon traute."

Schon bei den ersten Befragungen verstrickte er sich in Widersprüche. Sie führten aber dazu, dass die Leiche von Carmen Klehm am 6. Juli 1989 hinter der Turnhalle gefunden wurde. „Die Frau war zweifelsfrei ermordet worden", stellte Ralf Stephani fest. „Nur der Täter weiß, wie er es getan hat." Die Leiche lag unbekleidet im Gebüsch, die Sachen, die Carmen in der Disco getragen hatte, waren im Umfeld verstreut.

Ein Stab von bis zu 120 Kriminalisten ermittelte. Am 11. Juli wurde die junge Frau in einem weißen Sarg beerdigt. Ihre Schwester Anetta Bauer, mittlerweile 57 Jahre alt, entsinnt sich der riesigen Aufmerksamkeit, die der Fall vor 30 Jahren in der Stadt erregte: „Es kamen bestimmt mehr als 1000 Leute. Der Friedhof war eine einzige Trauergemeinde."

Die Polizei wähnte sich derweil auf dem richtigen Weg, denn

in der Wohnung des Verdächtigen Holger F. fand sie Dinge, die zweifelsfrei Carmen Klehm gehört hatten. In den unruhigen Monaten Ende 1989 herrschte jedoch in allen DDR-Behörden eine tiefe Verunsicherung. Ralph Stephani: „Es war eine schwierige Zeit für Staatsanwalt und Polizei, da ist er uns von der Schippe gesprungen."

Am 5. Dezember 1989 wurde der Verdächtige aus der U-Haft entlassen. Zwei Tage später mischte er sich unter die 28 Redner einer Wende-Demo vor dem Sömmerdaer Rathaus und beklagte öffentlich sein Schicksal: „Was dieses Jahr mit meinem Leben passiert ist, ist eine Schweinerei. Ich bin seit zwei Tagen wieder da. Ich kann euch mit reinem Gewissen in die Augen schauen, euch Sömmerdaern, allen. Ich habe mit dem Mord an dem Mädchen Carmen – Nachnamen weiß ich gar nicht, ich kenne das Mädchen gar nicht, leider – nichts zu tun." Danach verschwand er aus der Stadt. Inzwischen lebt er in Baden-Württemberg.

Auf dem Marktplatz war schon damals Unruhe aufgekommen, denn viele Menschen hielten die Freilassung von Holger F. für eine Folge der bisher ungekannten Ängstlichkeit der Polizei, die im Zuge der friedlichen Revolution in die Kritik geraten war. Erneut berichteten Zeitungen über den Fall und den Hauptverdächtigen, die Staatsanwaltschaft des Bezirks Erfurt ermittelte noch einmal. Am Ende teilte sie mit: „Trotz Ausschöpfung aller zum Teil sehr aufwendigen Ermittlungsmöglichkeiten wurde jedoch nicht eindeutig bewiesen, dass Holger F[...] die Straftat begangen hat, sodass nach dem gesetzlich fixierten Grundsatz im Zweifel zugunsten des Beschuldigten zu verfahren war."

Carmen Klehms Schwestern Silvia Wittwer und Anetta Bauer haben den Sarg inzwischen aus Sömmerda nach Henschleben überführen lassen. Die Eltern sind mittlerweile verstorben. Die beiden Schwestern sind sich einig: „Wir haben die große Hoffnung, dass es noch ein Verfahren gibt, mit dem der Täter gefunden wird."

Auch für Ralph Stephani ist der Tod von Carmen Klehm bis heute nicht endgültig zu den Akten gelegt: „Ich habe es nie aufgegeben, den Fall zu Ende zu bringen. [...] Der Täter sollte sich nicht sicher fühlen." Die Chancen für eine Überführung des Täters stehen gar nicht so schlecht, da es noch Spermaspuren gibt, die an der Ermordeten gesichert wurden. Allerdings lagerte man die damaligen Asservate so ein, dass beim erneuten Öffnen die DNA-Spuren zerstört werden könnten, wie Tests ergeben haben. Aber vielleicht wird die Wissenschaft auch dieses Problem lösen.

Wie nahe die Ermittler manchmal auch noch nach vielen Jahren einem Verdächtigen kommen können, zeigte ein Fall, der Mitte der 1990er-Jahre erneut in deren Fokus geriet. Ende Januar 1986 fiel der Lehrerin Petra Metscher auf, dass ihre elfjährige Schülerin Nancy Gropler aus Burg bei Magdeburg in der Schule fehlte. Als ihr Bruder Christian am nächsten Tag erzählte, dass seine Schwester auch in der Nacht nicht zu Hause war, alarmierte die Frau den Kriminalisten Bernd Lamprecht. Nancys Eltern arbeiteten in der Landwirtschaft und hatten wegen ihrer unregelmäßigen Arbeitszeiten das Fehlen der Tochter noch gar nicht bemerkt.

Sofort begann die Polizei mit einer groß angelegten Suche. Lautsprecherwagen fuhren durch die Stadt, Presseveröffentlichungen erschienen, und Plakate wurden geklebt. Eine heiße Spur schien sich aufzutun, als sich ein anonymer Anrufer im LPG-Büro meldete. Er erklärte Nancys Mutter: „10 000 Mark, dann bekommst du deine Tochter zurück." Die Polizei konnte ihn jedoch nicht ausfindig machen, und er rief auch nicht noch einmal an.

Danach konzentrierte sich alle Hoffnung auf eine weitere Spur. Das Mädchen hatte ihren Schulkameradinnen von einem „Onkel Wolfgang" erzählt, der ihr Altpapier versprochen habe. Die Kriminalisten verhörten Nancys Onkel Wolfgang Gropler: „Klar haben sie mich verdächtigt, ich war ja acht, neun Mal da, da haben sie mich geholt von zu Hause. Aber ich konnte nachweisen, dass ich nicht in Burg war." Der richtige „Onkel Wolfgang" wurde nie gefunden. Rund 50 Leute suchten Keller und Dachböden der Umgebung ab. Doch Nancy Gropler blieb verschwunden – bis zu Ostern 1986 ein Jutesack mit einer Kinderleiche am Ufer des Elbe-Havel-Kanals angetrieben wurde. Am Ostersonntag, dem 30. März 1986, wurde sie obduziert. Es war das vermisste Mädchen, missbraucht und erstickt.

Neben der Kripo ermittelte auch die Stasi mit ihren Mordexperten in dem Fall. Bernd Lamprecht sah das damals als Vorteil: „Wir kriegten dadurch unheimlich viele Informationen rein, denn die hatten ja Leute, die sie befragen konnten, an die wir sonst nicht herangekommen wären."

Dass gerade dies 1986 die Aufklärung des Falls möglicherweise verhinderte, ahnte er zu jener Zeit nicht. Alle Spuren liefen ins Leere. Die Polizei vermutete, dass die Leiche mit einem Auto an den Kanal gebracht wurde, fand aber keinen Verdächtigen. Die Akten mussten geschlossen werden.

Fast zehn Jahre später, 1995, entdeckte der Journalist Bernd Kaufholz einen Hinweis in den Stasi-Akten, der zu einer Wiederaufnahme der Ermittlungen durch die Kripo Stendal führte: „Da ging es darum, dass nun jemand ins Visier der Kripo geraten war durch die Akten, die beim MfS geführt worden sind. Man hat auch damals schon einen Helmut H. im Visier gehabt [...], in den polizeilichen Akten taucht das nicht auf."

Der durch die Stasi-Akten entdeckte Verdächtige hatte Beziehungen zur Familie Gropler gepflegt, seinen Trabi trotz des von der Polizei eingezogenen Führerscheins gefahren und konnte für die Tatzeit kein Alibi vorweisen. In der DDR-Zeit hatte Kriminalist Lamprecht nichts von alledem erfahren: „Obwohl ich ja mit den Verwandten zu tun hatte, kenne ich diese Spur so nicht. Ich kann es mir nur so vorstellen, dass jemand dort eben gesagt hat, diese Spur würden wir in der Kreisdienststelle des MfS mit bearbeiten, weil wir Kontakte dazu haben."

Zeitzeugen aus Burg äußern sich weniger diplomatisch. Immer wieder ist die Vermutung zu hören, der damals aus den Ermittlungen der Polizei herausgehaltene Verdächtige habe „besondere Kontakte" zur Stasi gehabt. Beweisen kann das heute niemand mehr. Und den Verdächtigen zu befragen ist auch nicht möglich: Kurz nach dem Bekanntwerden der neuen Ermittlungen wählte Helmut H. den Freitod.

Auch in Gera spielt immer noch ein bereits über 30 Jahre alter „kalter Fall" eine Rolle. Im November 1983 spielte die damals vierjährige Michaela mit Gleichaltrigen und verschwand dabei spurlos. Die Kinder konnten nur sagen, „ein Onkel" habe sie mitgenommen. Das Kind wurde nie gefunden. Bereits damals hatte die Polizei jedoch einen Verdächtigen. Als der gelernte Betonbauer 1987 im Streit seine Freundin ermordete, verdichteten sich die Hinweise.

Bekannte des Verdächtigen hatten Reste roter Gummistiefel im Ofen in der Wohnung des Mannes gesehen – Stiefel, wie sie auch die kleine Michaela trug. Bei der Vernehmung beschrieb er die Farben ihrer Kleidung, obwohl die Fahndungsfotos in Schwarz-Weiß waren. Staatsanwalt Jens Wörmann ist auch heute noch davon überzeugt, dass es sich dabei nur um Täterwissen handeln konnte. Schließlich gestand der Mann damals sogar die Tat – doch er tischte der Kripo nacheinander sieben verschiedene Versionen auf, die aufgrund der Ermittlungen zum Teil nicht wahr sein konnten. Zu guter Letzt widerrief er alles.

Bereits Anfang der 90er-Jahre wurden die Ermittlungen auf Betreiben der Polizei erneut aufgenommen, bald aber wieder abgebrochen. Im Jahr 2010 startete ein weiterer Versuch. Ein Mord ohne Leiche ist schwierig zu klären, wenn kein glaubwürdiges Geständnis vorliegt, kommentierte Staatsanwalt Wörmann die Bemühungen.

Dennoch gibt es in diesem Fall ein zwar nicht befriedigendes, doch zumindest beruhigendes Ende: Der Hauptverdächtige im Fall Michaela sitzt seit seiner Verurteilung wegen des Frauenmords 1987 in Haft. Er gilt weiterhin als gefährlich. Die Reststrafe auf Bewährung auszusetzen wurde bislang abgelehnt.

Nachsatz

Entwicklung der Kriminalität nach der Deutschen Einheit

Seit es Ende 1989 im Gebälk der DDR zu krachen begann, verging kein Tag mehr ohne Pressemeldungen über Alltagskriminalität vom Handtaschenraub bis zur Körperverletzung. Das kannten die ostdeutschen Bürger so bisher nicht. Erklärungen wurden gesucht. Die *Berliner Zeitung* gab die allgemeine Stimmung wieder, als sie am 19. Juli 1990 die Frage stellte: „Sind steigende Kriminalität und sinkender Erfolg der Polizei der Preis unserer neuen Freiheit?" Auch die selbst gegebene Antwort entsprach wohl der Meinung der Mehrheit in der Bevölkerung: „Offenbar ist es so. Die mit der politischen Freiheit gewachsene soziale Unsicherheit bietet der Kriminalität Nährboden. Der nicht mehr allseits kontrollierte Bürger ist sich selbst überlassen, verfügt über geweitete Freiräume. Manch einer kann damit schlecht umgehen. Die Polizei schließlich ist nicht mehr die, die sie mal war."

Aber waren nicht die Bürger gerade für mehr Freiheit und weniger Kontrolle, speziell gegen die Kontrollmacht der Polizei, auf die Straße gegangen?

Der Blick auf die Kriminalstatistik der DDR weckt zunächst den Eindruck, dieser Staat habe es geschafft, dass das Verbrechen langsam ausstarb. Die Delikte verringerten sich rapide in Qualität und Quantität. Betrug die sogenannte Belastungsziffer, der Anteil an Kriminellen pro 100 000 Einwohner, in den Jahren 1946 bis 1948, also vor Gründung der DDR, im Durchschnitt 2536, so sank sie zwischen 1950 und 1959 auf 878 und in den 1960er-Jahren sogar auf 776. Danach pendelte sich der Wert bis zum Ende der DDR auf knapp 700 Täter ein.

Würde man diesen Zahlen glauben, entsprach die Belastungsziffer in der DDR etwa einem Zehntel der Kriminalität in der Bundesrepublik, aber auch in anderen westlichen Ländern wie Großbritannien, Frankreich, Österreich oder Italien. Allerdings ergab sich das günstige DDR-Bild vor allem durch unterschiedliche Zählweisen.

Für 1988 wies die Statistik 119 124 Straftaten aus. Im Frühjahr 1991 stellte die „Projektgruppe Kriminalität" jedoch fest, dass wegen der unterschiedlichen Gesetzeslage zum Beispiel „polizeilich registrierte Eigentumsverfehlungen" wie etwa rund 230 700 „Anzeigen mit weiterer strafrechtlicher Verfolgung" oder 1700 „deliktische Kinderhandlungen" in der DDR nicht erfasst wurden. Nach in der Bundesrepublik üblicher Zählweise wären es in jenem Jahr in der DDR 393 900 Straftaten gewesen. Armin Forker, Kriminalistikprofessor an der Uni Jena, resümierte: „Wenn man die Hochrechnungen der Kriminalstatistik der DDR nach den Erfassungskriterien der polizeilichen Kriminalstatistik der Bundesrepublik betrachtet, muss man sagen, dass die DDR-Kriminalität ein gutes Drittel bis beinahe die Hälfte und nicht das damals propagierte Zehntel des Niveaus der Bundesrepublik ausgemacht hat."

Ungeachtet dessen gab es im Osten eine deutlich geringere Deliktdichte als im Westen. Drogenkriminalität oder Kriminalität im Prostitutionsumfeld etwa existierten kaum in der DDR. Auch die Mordrate war mit unter 140 Taten pro Jahr relativ gering.

Vor allem aber ist zu berücksichtigen, dass nur gezählt werden kann, was entdeckt oder zur Anzeige gebracht wurde. Fachleute nennen das Hellfeld-Kriminalität. Ihr steht die sogenannte Dunkelziffer gegenüber. Sie lässt sich nicht prozentual aus der registrierten Kriminalität ableiten. Entscheidend ist das Anzeigeverhalten – und das war im Osten signifikant anders als im Westen. Eine dörfliche Prügelei wurde in der DDR kaum je angezeigt. In der viel stärker sozial differenzierten westlichen Gesellschaft indes folgte die Anzeige oft als „Rache" des Unterlegenen. Verband sich Diebstahl dort fast ausschließlich mit Privateigentum, wurde in der DDR unterschieden, ob jemand auf den Besitz eines anderen oder auf das „Volkseigentum" zugriff – und im letzten Falle gab es keinen Geschädigten, der sich bestohlen fühlte.

Ganz besonders zu hinterfragen ist die DDR-Kriminalstatistik überall dort, wo es um Taten mit politischem Hintergrund ging. Auch hierbei unterschieden sich Ost und West erheblich: Wer frei bestimmen kann, wann er wohin geht, kann sich keines „ungesetzlichen Grenzübertritts" schuldig machen. Und wer das „Recht auf Arbeit" genießt, kann nicht aus Arbeitslosigkeit zum Gesetzesbrecher werden.

War die gefühlte Sicherheit in der DDR größer und die tatsächliche Kriminalität geringer als heute, hatte dies seinen Grund in solider Polizeiarbeit sowie in einer wirksamen Verbrechensprävention und einer strukturierten Resozialisierung straffällig Gewordener. Das lässt sich ebenso positiv wie negativ interpretieren. Die einen sehen darin das Verhalten einer fortschrittlichen Gesellschaft, die anderen repressive Elemente gegenüber dem Bürger.

Unstrittig dürfte hingegen sein, dass ein geschlossenes gesellschaftliches System mit starker Durchgriffsmöglichkeit auf das Individuum bessere Bedingungen schafft, abnormes Verhalten zu entdecken und zu sanktionieren. Doch kann man dieses Modell kaum zum Vorbild erheben, basiert es ja darauf, dass der Bürger weitestmöglich bevormundet und kontrolliert wird.

Was hat sich im Osten Deutschlands verändert, und wie geht es weiter? Fünf Thesen mögen diese Fragen beantworten.

Die Gesellschaft veränderte sich

Das Ende der DDR brachte eine in Ostdeutschland seit 40 Jahren nicht mehr gekannte soziale Differenzierung. Das führte bei vielen zu dem subjektiven Gefühl, ungerecht behandelt zu werden, aber auch zu vermehrter tatsächlicher Ungerechtigkeit. Die Differenzierung im sozialen Gefüge ließen Milieus entstehen, die Kriminalität fördern. Wo es vermeintliche „Verlierer" gibt, setzen manche darauf, mit ungesetzlichen Mitteln ihre Lage zu verbessern.

Die Rolle des Geldes veränderte sich

Geld spielte in der DDR nicht die wichtigste Rolle im Leben der Bürger. Es war weniger vorhanden, gleichmäßiger verteilt und in seinen Anwendungsmöglichkeiten begrenzt. Viel Geld zu besitzen stellte nur für sehr wenige ein erstrebenswertes Lebensziel dar. Das Geld „arbeiten zu lassen" war ebenso unmöglich, wie es spekulativ zu vermehren. Wer sich in der DDR Vorteile verschaffen wollte, tat dies mit Beziehungen jeglicher Art weitaus wirksamer, als es mit dem blauen Karl-Marx-Hunderter je möglich gewesen wäre.

Bislang ungekannte Formen der Kriminalität entstanden

Drogenkonsum und damit einhergehende Beschaffungskriminalität, Delikte im Umfeld des Rotlichtmilieus oder sozial fundierte kriminelle Strukturen gab es in der DDR nicht. Diese neuen Formen der Kriminalität belasten heute das gesellschaftliche Zusammenleben. Auch dass in einem freiheitlichen Staat mit offenen Grenzen zu den Nachbarländern verschiedene Kulturen aufeinandertreffen, hat neues Konfliktpotential geschaffen.

Der technische Fortschritt schuf neue Delikte

Computer und Smartphones brachten neue und bisher ungekannte Möglichkeiten für Kriminelle. Cyberkriminalität kennt keine Ländergrenzen, ist relativ gefahrlos zu praktizieren und verspricht große Gewinne. Ob Betrug bei Bestellungen im Internet, das Hacken von Bankkonten oder virtueller Identitätsklau – für einen Angriff braucht niemand mehr Schlösser knacken oder durchs Fenster steigen. Und nahezu jeder kann zum Opfer werden.

Polizei und Justiz sind überlastet

Wer sein Portemonnaie aus der Tasche gezogen bekommt oder einen Kratzer am Auto vorfindet, hat keine großen Chancen, dass ihm Gerechtigkeit widerfährt. Schafft solch ein Delikt den Weg bis vor den Richter, bleibt die Strafe meist milde. Wo sich viele ungerecht behandelt fühlen, kommen selbst Bagatellen zur Anzeige. Die Folge ist eine immense Überlastung von Polizei und Gerichten – und das subjektive Gefühl vieler, der Staat würde vor der Kriminalität kapitulieren. Diesen Wermutstropfen wird hinnehmen müssen, wer in einem Rechtsstaat lebt. Und wer möchte schon auf eine freiheitlich verfasste Gesellschaft verzichten – 30 Jahre, nachdem die früheren DDR-Bürger sie sich erkämpft haben?

Abkürzungen

ABV	Abschnittsbevollmächtigter
ADN	Allgemeiner Deutscher Nachrichtendienst
AWG	Arbeiterwohnungsbaugenossenschaft
DEFA	Deutsche Film AG
FDGB	Freier Deutscher Gewerkschaftsbund
FDJ	Freie Deutsche Jugend
GENEX	Geschenkdienst- und Kleinexporte GmbH
GR	Grenzregiment
GSSD	Gruppe der sowjetischen Streitkräfte in Deutschland
HO	Handelsorganisation (Einzelhandelskette)
HO-G	HO-Gaststätte
HV A	Hauptverwaltung Aufklärung
IM	Inoffizieller Mitarbeiter
KI	Kriminaltechnisches Institut in Berlin
KoKo	Kommerzielle Koordinierung
LPG	Landwirtschaftliche Produktionsgenossenschaft
MfS	Ministerium für Staatssicherheit
Mil-ND	Militärischer Nachrichtendienst
MOG	Militärobergericht
MStA	Militärstaatsanwalt
MUK	Morduntersuchungskommission
NKWD	Innenministerium der UdSSR
NVA	Nationale Volksarmee

OG	Oberstes Gericht
ORB	Ostdeutscher Rundfunk Brandenburg
OV	Operativer Vorgang
RBB	Rundfunk Berlin-Brandenburg
RIAS	Rundfunk im amerikanischen Sektor
SED	Sozialistische Einheitspartei Deutschland
StPO	Strafprozessordnung
VEB	Volkseigener Betrieb
VP	Volkspolizei
VPKA	Volkspolizeikreisamt
ZK	Zentralkomitee der SED

Anmerkungen

Der Dank des Autors gilt all jenen, die ihn mit Antworten auf seine Fragen unterstützten und ungenannt bleiben wollen.

In den öffentlich zugänglichen und zitierten DDR-Zeitungen und -Akten wurden in der Regel die Namen der Täter genannt, worauf hier verzichtet wird. Die Auslassungen sind durch eckige Klammern gekennzeichnet.

Namen von Beteiligten, Opfern und Tätern, über die in den Massenmedien besonders umfangreich berichtet wurde, werden auch hier genannt.

Rechtsanwalt Friedrich Karl Kaul nennt in seinen Publikationen als Tattermin im Fall Günther Haack, der im Kapitel „Zweierlei Maß" dargestellt wird, den 17. August 1958. Die Berichterstattung über das Urteil in der Presse datiert diesen auf den 13. Februar 1958. In anderen Berichten wird der 18. Oktober 1957 als Tattag genannt.

Zeitzeuge Peter Kunzig, der im Kapitel „Der mörderische Engel im Krankenhaus" zitiert wird, nennt als Tattag im Fall des Babymords durch Sabine K. den 20. Juni 1983. Der Gerichtsbericht der *Berliner Zeitung* vom 16. Februar 1985 belegt eindeutig den 20. Juni 1984 als den Tag der Tat.

Quellen

Bücher

Amthor, Artur: Ruhe in Rostock? Von wegen. Ein Oberst a. D. berichtet, Berlin 2009

Behling, Klaus: Die Kriminalgeschichte der DDR. Vom Umgang mit Recht und Gesetz im Sozialismus. Politische Prozesse, skurrile Taten, Alltagsdelikte, Berlin 2018

Ders.: Fernsehen aus Adlershof. Das Fernsehen der DDR vom Start bis zum Sendeschluss, Berlin 2016

Ders.: Leben in der DDR. Alles was man wissen muss, Berlin 2018

Ders.: Auf den Spuren der alten Meister. Kunsthandel und Kunstraub in der DDR, Berlin 2018

Ders.: Hightech-Schmuggler im Wirtschaftskrieg. Wie die DDR das Embargo des Westens unterlief, Berlin 2007

Beckert, Rudi: Die erste und die letzte Instanz. Schau- und Geheimprozesse vor dem Obersten Gericht der DDR, Goldbach 1995

Bols, Manfred: Ende der Schweigepflicht. Aus dem Leben eines Geheimdienstlers, Berlin 2002

Engelmann, Roger; Joestel, Frank: Die Hauptabteilung IX: Untersuchung (MfS-Handbuch), Berlin 2016

Girod, Hans: Blutspuren. Weitere ungewöhnliche Mordfälle aus der DDR, Berlin 2012

Henneberg, Hellmuth: Meuterei vor Rügen – was geschah auf der Seebad Binz? Der Prozess gegen die Junge Gemeinde 1961 in Rostock, Rostock 2002

Hoff, Peter: Polizeiruf 110. Filme, Fälle, Fakten, Berlin 2001

Kaul, Friedrich Karl: Der Verteidiger hat das Wort. Hier und drüben, Berlin 1978

Knoll, Remo; Schurich, Rainer: Serienmorde in der DDR I. Spezielle Motivlagen in der Kriminalpraxis, Berlin 2018

Koop, Volker: Deckname „Vergeltung". Die Stasi und der Tod der Brüder Baer, Bonn 1997

Ders.: Zwischen Recht und Willkür. Die Rote Armee in Deutschland, Bonn 1996

Marmulla, Berndt: Der Sockenmörder. Authentische Kriminalfälle aus der DDR, Berlin 2013

Statistisches Amt der DDR (Hrsg.): Statistisches Jahrbuch der Deutschen Demokratischen Republik '90, Berlin 1990

Wagner, Heinz Josef: Die Militärjustiz der DDR, Berlin 2006 (zwei Bände)

Wolff, Friedrich: Verlorene Prozesse. Meine Verteidigung in politischen Verfahren 1952–2003, Berlin 2009

Presse, Artikel, Aufsätze

Albold, Bärbel: Mord verjährt nie: Carmens rätselhafter Tod ist nicht vergessen. Thüringer Allgemeine, 24.07.2010

Austilat, Andreas: Geheimsache Mord: Wie die Stasi Verbrechen vertuschte. Der Tagesspiegel, 30.01.2017

Berger, Hans-Jürgen: Standortvorteile für schwere Jungs. Neue Zeit, 02.11.1990

Bergt, Heike: Zeitzeugen vor der Kamera. Märkische Allgemeine, 21.03.2017

Bischoff, Klaus: Droht eine Explosion der Verbrechen das Land DDR zu erschüttern? Berliner Zeitung, 19.07.1990

Bischoff, Karin: Gericht spricht Mutter von Vorwurf der Kindstötung frei. Berliner Zeitung, 13.10.2016

Dies.: Die Spur auf dem roten Rock. Ebd., 06.08.2004

Dies.: Mordkommission für ungeklärte Fälle. Ebd., 04.06.2012

Böttcher, Peter: Was man bei uns nie und nimmer lernen kann. Berliner Zeitung, 07.07.1988

Brock, Günter: Schuldig – doch wer klagt den Ehemann an? Neues Deutschland, 29.10.1966

Cichos, Petra: Stasi setzte Tausende auf „Rosa Listen". Focus, 14/93

Dassler, Sandra: Verurteilt – 16 Jahre nach dem Mord. Der Tagesspiegel, 15.10.2004

Eisenhardt, Uta: Mordprozess nach 42 Jahren: Erna F. und ihr toter Junge im Kinderbett. Spiegel-Online, 04.10.2016

Fellenberg, Heinz: Keine Toleranz gegenüber ideologischer Koexistenz. Neues Deutschland, 01.12.1965

Förster, Andreas: Stasi-Akten. Der rätselhafte Tote aus dem Ruppiner See. Berliner Zeitung, 19.04.2017

Friedrichsen, Gisela: Das Rätsel eines abscheulichen DDR-Mordfalls. Die Welt, 09.04.2017

Dies.: Lebenslang für den Mann, der sein Verbrechen komplett vergaß. Ebd., 30.08.2017

Gehrke, Bernd: Die 68er-Proteste in der DDR, 18.03.2008 auf www.bpb.de

Germann, Lars und Mülller, Udo: Die Suche nach dem verlorenen Sohn. Stern, 14.02.2008

Goos, Hauke: Der Gefangene. Spiegel-Online, 17.11.2014

Harbort, Stefan: Modus operandi bei Serienmördern, ohne Datum auf www.der-serienmoerder.de (abgerufen 25.12.2018)

Halle, Heike: Liebeskummer, Alkohol und der Raub am Nachttresor. Berliner Zeitung, 23.01.1988

Hallstein, Miriam: „Als ich den Film sah, habe ich geweint". Die Welt, 29.09.2014

Hasselmann, Fred; Schnedelbach, Lutz: Nach sieben Jahren: Kripo klärt Mord an DDR-Funktionär. Berliner Zeitung, 24.06.1995

Herrnkind, Kerstin: Mordprozess nach 42 Jahren: „Der war einfach tot". Stern, 37/16

Hinrichs, Helge: Plumpe Korrektur am Lottoschein versucht. Neue Zeit, 02.03.1988

Ders.: Unglaublich dreist auf der Stelle gefasst. Ebd., 03.02.1988

Ders.: Alkohol tut ihm gar nicht wohl. Ebd., 06.09.1988

Ders.: Dieb hinterließ seine vollständige Adresse. Ebd., 19.10.1988

Ders.: Mordversuche mittels Gespräch per Telefon. Ebd., 04.05.1988

Hoffgaard, Anne-Dorle: „Die Stadt war wie gelähmt", 24.10.2013 auf www.kirche-mv.de

Hofmann, Eric: Vor 40 Jahren verschwand Dresdens Sophienschatz aus dem Stadtmuseum, 22.09.2017 auf www.tag24.de

Hübner, Ralf: Der nie aufgeklärte DDR-Kunstraub, 15.09.2017 auf www.sächsische.de

Husen, J.: Erster Banküberfall nach der Währungsunion. Berliner Zeitung, 07.07.1990

Jiménez, Fanny: Warum manche Menschen mörderisch böse werden. Die Welt, 16.02.2015

John, Martin: Gerupfte Vögelchen. Neues Deutschland, 24.08.1961

Kascha, Hartmut: Im Sommer 1989 wurde unsere Schwester ermordet. Bild, 13.08.2014

Kaufholz, Bernd: Diese 40 Morde sind noch nicht aufgeklärt. Volksstimme, 22.08.2011

Kellerhoff, Sven Felix: Der Stasi-Killer, der sich selbst sprengte. Die Welt, 14.05.2013

Kluger, Anne: Vom „Teufel Alkohol" in der DDR. Zeitgeschichte Online, August 2015 auf www.zeitgeschichte-online.de

Kobbelt, Fridgard: Oberstes Gericht änderte Urteil. Neues Deutschland, 22.12.1966

Kowalzik, Hans-Jürgen; Bubber-Menzel, Evelyn: Die Güstrower Stasi-Bluttat. Schweriner Volkszeitung, 13.08.2015

Kremming, Rolf: DDR-„Spezialkommission" - Geheimakte Mord. Berliner Kurier, 22.04.2017

Kroschky, Dietmar: Nach vielen Tagen bangen Wartens: Entführtes Baby wieder zu Hause. Neues Deutschland, 12.10.1988

Kunze, Mimosa: Betrunken am Steuer - eine Frage des Charakters? Neue Zeit, 30.06.1988

Lauterbach, Jörg: Der älteste Mörder Brandenburgs ist tot. Märkische Allgemeine, 17.01.2019

Liere, Judith: Falschgeld in der DDR: Selbstgemalt ist fast bezahlt. Spiegel-Online, 24.02.2014

Lukaschewitsch, M.: Mordfall Maja Steiner durch DNA-Analyse nach 15 Jahren aufgeklärt. Die Welt, 13.12.2003

Luley, Peter: Im Zweitakter auf Triebtäter-Jagd. Spiegel-Online, 29.01.2013

Meinhof, Renate: Das eisige Echo des Verdachts. Süddeutsche Zeitung, 08.02.2002

Mollenschott, Elvira: Eine handfeste Kriminalgeschichte. Neues Deutschland, 13.02.1963

Neumann, Peter: DDR-Stasi-Akten: Per S-Bahn-Entführung in den Westen. Berliner Zeitung, 03.08.2014

o. A.: Aus dem Kinderwagen geklaut. Stern-TV auf www.stern.de
o. A.: „Ein Exitus könnte uns nur recht sein". Der Spiegel, 40/92
o. A.: DDR/SCHMUGGEL: Glatt durchgewinkt. Ebd., 31/78
o. A.: Korruption in jeder Farm. Ebd., 19/75
o. A.: Prostituiertenmörder soll 13 Frauen getötet haben. Ebd., 14.12. 2007
o. A.: Frauenmörder nach DDR-Recht verurteilt, 30.08.2017 auf www.t-online.de
o. A.: Angst und Schrecken per Telefon. Neues Deutschland, 04.05.1988
o. A.: Skandalöser Freispruch im Weinhold-Prozeß. Neue Zeit, 03.12.1976
o. A. (Pseudonym „Remus"): Einmalig in der Kriminalgeschichte - Schuld und Sühne des Karlshorster Mutter-Mordes. Ebd., 04.11.1955
o. A. (gez. ling): Dilettant fälschte Barlach. Thüringische Landeszeitung, 29.06.1969
o. A. (gez. H. S.): Nach wenigen Stunden war das Baby gefunden. Neue Zeit, 11.09.1985
o. A.: Kriminalität einst viel höher als zugegeben. Neue Zeit, 12.03.1991
o. A.: Spektakulärer Kriminalfall der DDR. Stern, 10.08.2015
Orlob, Stefan: War der deutsche forensische Psychiater Hans Szewczyk der erste moderne Profiler?, ohne Datum auf www.gerichts-psychiatrie.de (abgerufen 05.01.2019)
Osang, Alexander: Der mit der Schrotflinte war die Nummer acht. Berliner Zeitung, 21.08.1993
Ostendorf, Heribert: Ursachen der Kriminalität, 24.04.2018 auf www.bpb.de
Posmik, Kai: DDR-Geschichte: Wie 25 nagelneue Trabis geklaut wurden. Mitteldeutsche Zeitung, 21.01.2011
Prochnow, Michael; Wagner, Jonas; Kammer, Jan: Die Suche nach Karin Grabowskis Mörder. Ostsee-Zeitung, 19.08.2017
Reisch, Ulrike: Erneuter Banküberfall mit Waffengewalt. Berliner Zeitung, 03.10.1990
Renneisen, Hans-Jürgen: Skrupellose Täter wurden verurteilt. Berliner Zeitung, 27.06.1979
Rhön, Brigitte: Sachverhalte verfälscht - Militärstaatsanwälte erhielten Bewährungsstrafen. Neue Zeit, 28.11.1992
Roggenbuck, Josefina: „Jeder liest die komplette Akte", 03.11.2017 auf www.svz.de

Schattauer, Goran; Döking, Sven: Und dann war Felix weg. Focus, 4/2006

Schiebeck, Heide: Freisprüche gefordert – Urteile gegen DDR-Militärstaatsanwälte am Freitag. Berliner Zeitung, 30.11.1990

Dies.: Härtere Strafe für die Mordversuche per Telefon. Ebd., 09.07.1988

Dies.: Kein Ziel, keine Freunde und schließlich Alkohol. Ebd., 03.08.1988

Dies.: Das Motiv zum Mord waren Anabolika. Ebd., 22.05.1990

Dies.: Anderen helfen? – Der eigene Vorteil entschied. Ebd., 02.04.1988

Starke, Frank: Hohe Freiheitsstrafe für skrupellosen Spekulanten. Neues Deutschland, 19.01.1980

Schulz, Gerhard: Vorsätzlicher Mord am eigenen Kind. Berliner Zeitung, 16.02.1985

Ders.: Sieben Stunden auf der Suche nach dem Baby. Ebd., 10.11.1984

Schuster, Siegfried: Oberstes Gericht hob Fehlurteil auf. Berliner Zeitung, 01.08.1975

Szenessy, Mario: ZEIT-Kritik. Die Zeit, 27/75

Thümmel, Marion: Mord an der Pöhl seit 25 Jahren ungesühnt, 10.04.2012 auf www.vogtland-anzeiger.de

Trappe, Thomas: Der Hepatitis-Skandal in der DDR. Ärzte-Zeitung, 09.10.2012

Volgmann, Thonas: Zehn Frauenmorde, die nie aufgeklärt wurden. Schweriner Volkszeitung, 27.01.2017

Weckbrodt, Heiko: Größter DDR-Kunstraub jährt sich. Dresdner Neueste Nachrichten, 10.08.2016

Wehowsky, Stephan: Keine Freiheit ohne Verbrechen? Focus, 19/94

Wieland, Günther: Ein Raubmord und das Schweigen in Bonn. Neues Deutschland, 25.08.1984

Wilhelm, Frank: Wie ein Babymord in der DDR an einem Tag aufgeklärt wurde. Nordkurier, 24.11.2017

Wolter, Andreas: Schmuggler, Schieber, Spekulanten. (Bericht über TV-Reportage), 30.08.2018 auf www.mdr.de

Wüllenweber, Walter: Kein Zeremoniell für den Panzersprenger. Berliner Zeitung, 15.02.1992

Zeidle, Hans-Jürgen: Ein schwerer Verkehrsunfall und seine tragischen Folgen. Neue Zeit, 02.02.1982

Zöller, Silke: Urteil nach Mord vor 24 Jahren. Mitteldeutsche Zeitung, 12.06.2012

Fernsehen und Radio

Ast, Jürgen; Bennewitz, Inge: „Revolte" am Ostseestrand. Die wahre Geschichte der Glatzkopfbande. astfilm productions, 2001

Baeyer, Laetitia von: Spur der Täter. (zum Kindermord in Görlitz 1965). MDR, 2016

Erler, Michael: Die großen Kriminalfälle. Tod einer Bestie - Der Fall Hagedorn. ARD, 2001

Gutschmidt, Carsten; Tanner, Birgit: Geheimakte Sophienschatz. ZDF, 2009

Hennings, Alexa: Muskeln made in DDR. Deutschlandfunk Kultur, 03.04.2016

Köhler, Henry: Doppelmord im Niemandsland? Der Fall Werner Weinhold. Spiegel-TV / MDR, 2002

Lischke, Steffi: Mysteriöse Kriminalfälle der DDR - Tödliche Tabus. fernsehkombinat GmbH & Co.KG, 2017

o. A. Der besondere Fall: Täter - Opfer - Polizei. Ungeklärter Mord an Karin Drescher. RBB, 07.10.2018

Rothermund, Nina: Mysteriöse Kriminalfälle der DDR - Habgier unter Genossen. fernsehkombinat GmbH & Co.KG, 2018

Dies.: Mysteriöse Kriminalfälle der DDR - Im Fadenkreuz der Stasi. Ebd., 2017

Rutsch, Hans-Dieter: Der Ripper von Magdeburg. ARD, 2008

Schlag, Gabi: Die Spur der Täter. (zum Fall Simona A.). MDR, 2018

Dies.: Die geheimen Mordermittler der DDR. ZDF, 2017

Dies.: Die Spur der Täter (zur Transitleiche in Bad Klosterlausnitz). MDR, 2017

Scholz, Gunther: Die großen Kriminalfälle - Der Kreuzworträtsel-Mord. cine film GmbH, 2000

Wolter, Andreas; Kunst, Burkhard: Zocken statt Sozialismus - Glücksspiel in der DDR. ARD, 2003

Weitere Internetquellen

Bischoff, Alexander: Wo ist Marion? FDJ-Sekretärin vor 40 Jahren spurlos verschwunden, 24.10.2017 auf www.tag24.de

Sächsisches Oberverwaltungsgericht, Urteil Vereinsverbot „Nationale Sozialisten Chemnitz", 3 C 8/14 vom 08.09.2016 auf https://www.justiz.sachsen.de

Zefys Zeitungsinformationssystem, Deutsche Staatsbibliothek Berlin, *DDR-Presse von 1949 bis 1990* auf www.zefys.staatsbibliothek-berlin.de
www.kraftfuttermischwerk.de
www.hermsdorfregional.de
www.neues-forum.info
www.body-xtreme.de
www.planetwissen.de
www.svz.de
www.widerstand-in-mv.de
www.duwirstvermisst.de
www.wo-ist-felix.de
www.sobierajski-dipps.de
www.ostblog.de
www.emanzipation-im-sozialismus.de
www.zeitgeschichte-online.de
www.forum-ddr-grenze.de
www.ungeloeste-kriminalfaelle.forumprofi.de
www.vogtland-anzeiger.de
www.polizei.brandenburg.de